KB145231

AM TOPOLOGIES

팀 토폴로지

TEAM TOPOLOGIES
팀 토폴로지
빠른 업무 플로우를 만드는 조직 설계

매튜 스켈톤 · 마누엘 페이스 지음   김연수 옮김

i!i
에이콘

매튜

모든 지원과 영감에 감사합니다.
– 아내, 수지 벡(Suzy Beck)에게

지지치 않는 사랑과 지원에 감사합니다.
– 가족을 굳건하게 지켜주는 인생 파트너, 케이티(Katie)에게

마누엘

이 책이 너희에게 아빠가 살아가면서 하는 일이 무엇인지
알도록 도와줄 것이란다.
– 인생의 온기를 느끼게 해주는 댄(Dan)과 벤(Ben)에게

 에이콘출판의 기틀을 마련하신 故 정완재 선생님 (1935-2004)

이 책에 쏟아진 찬사

"팀 토폴로지는 시장과 기술 변화를 예상하고 그에 적응하는 데 필요한 신선한 통찰력을 제공한다. 기업은 생존을 위해 기존의 명령과 통제 구조를 잊어야 한다. 대신, 권한을 리더들에게 위임함으로써 최고의 정보를 기반으로 행동하고 반응하게 해야 한다. 경영진들과 비즈니스 리더들은 이 책의 전략을 활용해 높은 성과를 내는 팀에 집중하고, 오늘날의 다양한 요구와 미래의 지평을 효과적으로 다룰 수 있을 것이다."

— **베리 오라일리**(Berry O'Reilly), 엑스캠프(ExecCamp) 창업자, 비즈니스 조언가,
『Unlearn』(McGraw Hill Education, 2018),
『Lean Enterprise』(O'Reilly Media, 2014) 저자

"조직을 어떻게 구성하고 어떤 행동을 독려하는가는 경영의 기본이다. 그럼에도 불구하고, 디지털, 데브옵스 및 SRE 트랜스포메이션을 거치는 IT 조직 설계 패턴을 목록으로 만들고 분석한 이들은 거의 없었다. 스켈톤과 페이스는 이 과감한 도전을 했을 뿐 아니라, 대체할 수 없는 고유한 자원을 만들어 냈다."

— **데이먼 에드워드**(Damon Edwards), 런덱(Rundeck) 공동 창업자

"팀 토폴로지는 흐름의 증진을 위해 팀 구조를 평가하고 최적화하는 데 꼭 필요한 프레임워크를 제공한다. 적절한 규모와 경계, 커뮤니케이션 수준을 갖춘 팀은 기업에게는 가치를, 팀 구성원에게는 만족감을 전달한다. 팀 토폴로지는 체계적 접근 방식과 실제 사례 연구를 조합함으로써 기술팀의 모든 잠재력을 이끌어 낸다."

— **그렉 버렐**(Greg Burrell),
시니어 신뢰성 엔지니어(Senior Reliability Engineer), 넷플릭스(Netflix)

"매튜 스켈톤과 마누엘 페이스가 쓴 팀 토폴로지는 매우 독특하다. 팀 토폴로지는 기술 기업들에게 큰 영향을 끼칠 것이다. 지속적 전달이 가능한 팀을 형성하려면 구조적이고 체계적인 접근 방식을 적용해야 한다. 스포티파이의 몇 가지 규칙을 모방하는 것만으로는 부족하다. 이 책이 부족한 부분을 채워 줄 것이다."

— **닉 튠**(Nick Tune), API 플랫폼 리드(API Platform Lead), 나비코(Navico)

"콘데 나스트 인터내셔널Conde Nast International에서 **데브옵스 토폴로지**는 현재 데브옵스 상태를 이해하고, 원대한 데브옵스 운영의 비전을 정의하기 위한 핵심이다. 우리는 모델에서 상세히 기술된 내용을 따라 운영상 발생할 수 있는 여러 함정과 안티 패턴을 효과적으로 회피할 수 있었다. 난 매튜와 마누엘이 데브옵스 토폴로지를 한층 성장시키고, 그들이 최신의 학습 결과를 반영해 조직 설계를 위한 팀 토폴로지를 출간해서 더할 나위 없이 기쁘다."

— **크리스탈 허스콘**(Crystal Hirschorn), 엔지니어링(VP of Engineering), 글로벌 전략 및 운영 부문 부사장(Global Strategy and Operations), 콘데 나스트(Condé Nast)

"높은 성과를 내는 팀은 현대 디지털 경제에서 가치를 생성하는 핵심 요소다. 그러나 그런 팀과 관련된 적응 에코시스템을 육성하고 확장하는 것은 굉장히 어려운 목표다. 팀 토폴로지에서 스켈톤과 파이스는 차세대 디지털 운영 모델을 구조화하는 혁신적 도구와 개념을 제공한다. 전 세계 CIO와 아키텍트, 디지털 제품 전략가라면 반드시 읽어야 할 책이다."

— **찰스 베츠**(Charles Betz), 수석 분석가(Principal Analyst), 포레스터 리서치(Forrester Research)

"매튜 스켈톤과 마누엘 페이스는 '팀 토폴로지는 기능적인 책이다'라고 말했다. 그들이 한 말은 사실이다. 팀 토폴로지의 구성은 뛰어나고 다루는 내용 또한 명확하다. 건전한 사고방식에 기반하며, 독자로 하여금 조직을 사회 기술적 시스템 혹은 에코시스템으로 간주하게 한다. 이런 가정으로부터 기술적·인간적 조직의 효과적인 설계를 위한 실질적 제안과 기술(단순한 처방이 아니라)을 제공한다. 기술 및 조직 설계에 관심이 있다면 반드시 읽어야 할 책이다."

— **나오미 스탠포드**(Dr. Naomi Stanford),
조직 설계 실천가(Organization Design Practitioner), 교수이자 저자

"패턴과 언어에 관해 매튜와 마누엘이 수행한 연구 결과는 시간 경과에 따른 팀 컨텍스트를 조직에 맞춰 전환하기 위한 전략을 수립하고, 비즈니스와 기술 리더십을 흐름과 지속적 전달 중심으로 연결하는 데 매우 큰 가치를 제공한다."

— **리차드 제임스**(Richard James), 디지털 테크놀로지 & 엔지니어링 수장
(Head of Digital Technology & Engineering), 네이션와이드(Nationwide)

"팀은 조직의 기본 구성 요소이며, 팀의 업무 방식과 운영 시스템이 성과의 높고 낮음을 구분한다. 이 책은 여러분의 현재 상황에 맞춰 조직 시스템을 최적화하도록 하는 매우 잘 정의된 정보를 제공한다."

— **제레미 브라운**(Jeremy Brown), 디렉터(Director),
레드햇 오픈 이노베이션 랩스 EMEA(Red Hat Open Innovations Labs EMEA)

"데브옵스는 훌륭하다. 하지만 실제로 조직에서는 이를 어떻게 구현해야 하는가? 사일로가 없는 팀에 모든 구성원을 배치하고, 크나큰 개방형 사무 공간에 함께 앉아 일하고, 점심을 먹고, 축구를 하면 되는가? 팀 토폴로지는 다른 지침서에서는 다루지 않은 데브옵스의 핵심적인 질문들을 해결하는 템플릿을 제공한다."

— **제프 수스나**(Jeff Sussna), 수스나 어소시에이츠(Sussna Associates)
창업자 및 CEO, 『Designing Delivery』(O'Reilly Media, 2015) 저자

"전통적 업무 방식으로 인한 어려움을 분석할 방법, 이를 완화할 수 있는 실질적 전략(즉, 인지 부하 감소, 적절한 팀 API 구현과 같은 새로운 상호 작용 모두)을 찾고 있다면, 지금 즉시 이 책을 읽어라!"

— **다니엘 브라이언트**(Daniel Bryant),
기술 컨설턴트 및 어드바이저(Technical Consultant & Advisor) 및
「인포큐(InfoQ)」 뉴스 관리자

"팀 토폴로지는 팀과 팀이 지원하는 IT 아키텍처 사이의 공생 관계를 탐험하는 흥미진진한 읽을거리를 제공한다. 팀 토폴로지는 고정된 조직도나 자기 조직의 혼돈을 넘어 사람과 IT 시스템을 함께 발전시키는 방법을 알려준다."

— **미르코 헤링**(Mirco Hering),
글로벌 데브옵스 리드 엑센추어(Global DevOps Lead Accenture),
『엔터프라이즈 데브옵스』(에이콘, 2020) 저자

추천의 글

시스템을 작고 단순하게 유지하는 것은 가치 있는 목표이며 가장 성공한 시스템의 특성이기도 하다. 리만의 법칙Lehman's laws에서 말하는 소프트웨어 진화, 그중에서도 특히 지속하는 성장은 시스템이 사용되면서 새로운 요구 혹은 기회를 인식함에 따라 새로운 역량들을 추가해야 하는 발전적 압력을 담고 있다. 복잡성이 증가하는 상황에 대처하려면 이중 설계, 즉 시스템 설계와 그 시스템을 생성하고 발전시키는 조직의 설계 영역에 관한 중요성이 커져야 한다. 지금까지 시스템과 소프트웨어 설계, 아키텍처와 관련한 수많은 연구와 업무가 수행됐고, 그 결과 수많은 도메인 주도 설계 및 소프트웨어 아키텍처 관련 서적이 출간됐다. 팀 토폴로지는 콘웨이의 법칙에 기반해 소프트웨어 개발 조직의 설계 문제를 다룬다.

> 기본적 논지는…즉, 시스템을 설계하는 조직은…그 조직에서 사용하는 커뮤니케이션 경로를 복제한 설계를 할 수밖에 없다는 것이다. 우린 이 사실이 시스템 설계 관리에 커다란 영향을 미치는 것을 봐 왔다. 우리는 조직 설계 구조와 관련된 한 기준을 발견했다. 설계를 위한 노력은 커뮤니케이션의 필요에 따라 조직화돼야 한다.[1]

멜 콘웨이가 논문에서 소프트웨어 개발을 위한 조직 설계에 대해 내린 결론의 인용구는 이 책의 시작과 잘 맞아떨어진다. 팀 토폴로지는 팀 구조와 상호 작용 모드에 관한 조직 패턴을 설명하며, 조직이 시스템에 가하는 힘을 설계에서의 우려 사항으로 간주한다.

흔히 시스템 복잡도가 증가하면, 그 시스템을 구현하고 발전시키는 조직의 인지 요구도 함께 증가한다. 팀 토폴로지 접근 방식은 팀을 설계할 때 명확한 책임과 경계를 가진 팀의 인지 부하를 관리하는 것에 집중한다. 적절한 범위, 책임 경계, 자연스러운(상대적으로 독립적인) 시스템 (하위) 구조는 팀에 정렬돼야 한다. 이를 달성하려면 콘웨이의 법칙이 중요하며, 이를 활용해 명확한 경계를 갖고 느슨하게 결합된 응집 구조를 유지할 수 있다(역 콘웨이 전략이라고도 불리며, 본문에서 설명한다).

그러므로 팀 토폴로지는 콘웨이의 논문을 유용하게 다듬어서 현재 상황에 맞게 설정할 것이다. 물론, 팀 토폴로지는 그 이상이다. 팀 토폴로지에서는 새로운 4가지 팀 패턴을 정의하고, 각 패턴의 산출물, 형태, 해결하거나 형성하는 힘을 설명한다. 스트림 정렬팀은 가장 기본이 되는 팀 유형이다. 이 팀은 흐름에 최적화된 팀이며, 가치를 지속적으로 전달하고, 관련된 피드백 사이클에 완전히 반응하기 위해 노력한다. 다시 말해, 시스템을 설계할 때는 스트림 정렬팀 사이에 필요한 흐름을 지원하고, 의존성과 조정을 낮춰야 함을 의미한다. 난해한 하위시스템 팀과 플랫폼 팀은 스트림 정렬팀의 부하를 줄인다. 스트림 정렬팀은 난해한 하위시스템 팀 혹은 플랫폼 팀이 제공하는 하위시스템이나 플랫폼 역량(여러 스트림 정렬팀이 수행하는 개발, 전달 및 운영의 모든 단계를 지원한다)을 소비한다. 활성화 팀 또한 비슷하게 다른 팀을 지원하나, 서비스 제공자로 스트림 정렬팀이 새로운 기법을 학습하고 새로운 기술을 조사하도록 돕는다. 이로써 스트림 정렬팀이 효과를 높이는 일에 집중하도록 한다.

매튜 스켈톤과 마누엘 페이스는 그들의 깊은 경험을 책에 녹여냈다. 다양한 팀 유형에 따른 성공에 필요한 요소들을 여러가지 상황 변화에 맞춰 설명하고 설계의 함축성을 식별하면서, 피해야 할 안티 패턴도 설명했다. 또한 관대하게도 실제 업무에서 현실적인 통찰력을 끌어내고, 참고할 것들을 제공한다. 책에 수록된 다양한 사례 연구는 이 책이 지닌 가치를 더욱 높여 준다.

팀 토폴로지는 핵심 구조 패턴, 상호 작용 모드 및 역동, 발전을 위한 고려사항 등 조직 구조와 관련한 정보를 충분히 제공하면서 이를 더욱 깊이 이해할 수 있도록 한다. 팀 토폴로지는 팀을 형성해 도전을 달성하게 하거나 기존 팀이 더욱 효과적으로 가치를 전달할 수 있도록 돕는 실질적이고 명확하며 집중적인 지침을 제공한다.

— **루스 말란**(Ruth Malan), 아키텍처 컨설턴트(Architecture Consultant),
브레드메이어 컨설팅(Bredemeyer Consulting)

지은이 소개

매튜 스켈톤Matthew Skelton

1998년부터 상용 소프트웨어 시스템 개발, 배포, 운영 업무를 해왔다. 런던 주식 거래소London Stock Exchange, 글락소스미스클라인GlaxoSmithKline, 에프티닷컴FT.com, 렉시스넥시스LexisNexis 및 영국 정부UK government에서 일했으며, 콘플럭스Conflux(confluxdigital.net)의 컨설팅 부분 수장을 맡고 있다. 공저로 『Continuous Delivery with Windows and .NET』 (O'Reilly, 2016), 『Team Guide to Software Operability』(Skelton Thatcher, 2016)가 있다. 리딩 대학University of Reading에서 컴퓨터 사이언스 및 사이버네틱스 학사, 옥스포드 대학University of Oxford에서 뉴로 사이언스 석사, 오픈 대학Open University에서 음악 석사 학위를 받았으며, 영국 공인 차터드 엔지니어chartered engineer(CEng)다. 자유 시간에는 트럼펫 연주나 합창, 작곡, 트레일 러닝을 즐긴다.

마누엘 페이스Manuel Pais

독립 데브옵스 및 지속적 전달 컨설턴트로 팀 설계, 프랙티스, 플로우가 전문 분야다. 전략 평가, 실용적 워크숍 및 코칭을 통해 여러 조직이 데브옵스와 지속적 전달(기술적 및 인간적 관점에서)을 정의하고 도입하도록 돕는다. 공저로 『Team Guide to Software Releasability』 (Skelton Thatcher, 2018)가 있다.

매튜와 마누엘은 전 세계 수많은 고객과 현대 소프트웨어 시스템을 위한 조직 설계 분야에서 함께 일했다. 현대 소프트웨어 시스템을 위한 조직 설계 워크숍은 수많은 기업이 팀 상호 커뮤니케이션과 소프트웨어 아키텍처에 관해 다시 생각하는 계기가 됐으며, 그 결과 소프트웨어 전달의 흐름과 효과를 개선하는 데 일조했다.

감사의 글

책을 집필하는 것은 수많은 사람과 협업하는 과정이며, 이들이 없었다면 집필을 마치지 못했을 것이다. 세세한 피드백을 준 찰스 T. 베츠Charles T. Betz, 제레미 브라운Jeremy Brown, 조안 몰레스키Joanne Molesky, 닉 튠Nick Tune 및 루스 말란Ruth Malan 등 동료들에게 감사한다. 또한 사례 연구와 산업 부문 예시에 인용한 여러 저자와 원작자들(알버트 베르틸손Albert Bertilsson, 앤더스 이바손Anders Ivarsson, 앤디 험프리Andy Humphrey, 앤디 루비오Andy Rubio, 데미안 달리Damien Daly, 데이브 호치키스Dave Hotchkiss, 데이브 와이트Dave Whyte, 에릭 미닉Eric Minick, 페르난도 코르나고Fernando Cornago, 구스타프 닐슨 코테Gustaf Nilsson Kotte, 헨릭 크니버그Henrik Kniberg, 이안 왓슨Ian Watson, 마르쿠스 라우터트Markus Rautert, 마이클 램버트Michael Lambert, 마이클 마이바움Michael Maibaum, 미구엘 안투네스Miguel Antunes, 폴 잉글스Paul Ingles, 푸락 아그라왈Pulak Agrawal, 로빈 웨스턴Robin Weston, 스테파니 쉬한Stephanie Sheehan 그리고 볼프강 존Wolfgang John)에게 감사한다.

또한 데브옵스 토폴로지 원형에 이바지한 모든 분, 특히 제임스 베틀리James Bettely, 제이미 부캐넌Jame Buchanan, 존 클라팜John Clapham, 케빈 하인드Kebin Hinde 그리고 맷 프란츠Matt Franz에게 감사한다. 특별히 팀 토폴로지 접근 방식을 외부에서 열정적으로 봐준 존 커틀러John Cutler, 데브옵스 토폴로지 패턴 원형을 활용하도록 도와준 개리스 러쉬그로브Gareth Rushgrove에게 감사를 전한다. 쉼 없이 함께 연구해준 콘플럭스Conflux의 동료, 요빌 바르트케비시우테Jovile Bartkeviciute에게도 감사를 전한다.

IT 레볼루션 프레스IT Revolution Press의 안나 노악Anna Noak과 린 브라운Lean Brown을 비롯한 편집팀은 너무나도 멋졌다. 다른 편집자 분들과 디자이너 분들께도 감사를 전한다. 이들의 조언과 지원, 열정은 그 가치를 이루 말할 수 없을 정도다. 2017년 런던 데브옵스 엔터프라이즈 서밋 DevOps Enterprise Summit in London에서 발표할 수 있도록 초대해 준 진 킴Gene Kim에게 감사한다. 발표를 통해 팀 토폴로지에 관한 아이디어의 가치를 확실히 깨달았다.

마지막으로 팀과 소프트웨어 사이에 존재하는 멋진 관계에 관심을 두고 결국 이 책을 쓰도록 영감을 준 모든 아이디어, 스피치, 글을 제공한 모든 이(알란 켈리Allan Kelly, 앤디 롱쇼Andy Longshaw, 찰스 T. 베츠Charles T. Betz, 도넬라 메도즈Donella Meadows, 제임스 루이스James Lewis, 진 킴, 멜 콘웨이 Mel Conway, 미르코 헤링Mirco Hering, 레이첼 레이콕Rachel Laycock, 루스 말란Ruth Malan 그리고 랜디 숩Randy Shoup)에게 감사를 전한다.

옮긴이 소개

김연수(yeonsoo.kim.wt@gmail.co,)

소프트웨어 개발과 함께 업무 생산성 향상을 높이는 활동을 지원하고 자 꾸준히 학습하며 실험하고 있다. 최근 관심사는 '나와 주변을 끊임 없이 변화시키고 좋은 지식을 전달하는 것'과 '스스로 지속할 수 있는 삶'이다. 옮긴 책으로는 『IT 전쟁과 평화』(에이콘, 2019), 『케라스로 배 우는 신경망 설계와 구현』(에이콘, 2020), 『카이젠 저니』(제이펍, 2019), 『알파제로를 분석하며 배우는 인공지능』(제이펍, 2019), 『구글에서 배 운 직장인 실무 컴퓨터 활용 45』(제이펍, 2020), 『파이썬으로 배우는 게임 개발 입문편 & 실전편』(제이펍, 2020), 『마케팅 성공을 높여주는 구글 애널리틱스』(위키북스, 2020) 등이 있다.

옮긴이의 말

현대 소프트웨어 개발은 팀 단위로 이뤄집니다(소프트웨어 개발뿐 아니라, 다른 많은 일도 마찬가지입니다). 더 훌륭한 소프트웨어를 개발하기 위한 다양한 원칙과 프랙티스들이 하루가 멀다고 소개되며, 많은 사람이 좀 더 나은 개발 환경을 만들기 위해 노력하고 있습니다. 그 과정에서 약간의 성공을 맛보기도 하고 때로는 좌절을 만나기도 합니다.

여러분이 속한 조직은 지금 어떤 일을 하고 있습니까? 그 일을 하기 위해 어떤 방식으로 대화를 하고 있습니까? 그 대화는 여러분의 조직이 달성하려는 목표를 이루는 데 긍정적인 역할을 하고 있습니까, 아니면 부정적인 역할을 하고 있습니까? 그리고 무엇보다 먼저, 여러분의 조직은 필요한 대화를 하기에 적합한 형태를 갖추고 있습니까?

1968년 컴퓨터 시스템 연구가인 멜 콘웨이는 조직 구조와 조직 내 개발 시스템 구조의 관계를 연구한 논문에서 다음과 같은 내용을 발표했습니다.

> "시스템을 설계하는 조직들은…해당 조직의 커뮤니케이션 구조를 복제한 형태의 시스템 외에는 설계할 수 없다."

물론 콘웨이의 연구가 발표된 시기는 지금으로부터 수십 년 전이고, 당시 산업 형태는 현재와 같지 않습니다. 그러나 팀을 구성하는 주체는 여전히 사람이며, 구성원들의 대화가 팀을 움직인다는 사실은 변하지 않았습니다. 이후 (최근 들어 더욱) 콘웨이의 법칙은 팀 설계와 진화의 원동력에 깊은 통찰을 제공했습니다. 소규모 조직, 가까워진 고객, 요구사항의 빈번한 변경, 잦은 출시 등 다양한 변화에 능동적으로 대응할수록 콘웨이의 법칙이 시사하는 바는 더욱 분명해집니다.

팀 토폴로지는 콘웨이의 법칙에 기반해 다양한 환경에서 효과적인 커뮤니케이션을 끌어내고, 그 결과 효과적으로 목표를 달성하는 조직은 어떻게 만들어야 하는지 설명합니다. 저자들이 말하듯 팀 토폴로지는 소프트웨어를 성공적으로 구현하고 운영하는 방법입니다. 은탄환처럼 모든 상황에 단번에 적용할 수는 없겠지만, 저자들이 제시한 아이디어를 바탕으로 여러분의 조직이 원하는 바와 조직 특성에 최적화된 조직 형태를 만드는 데 필요한 통찰을 얻을 수 있을 것입니다. 팀 토폴로지를 잘 활용해 조직도에는 드러나지 않는 아니, 조직도로는 표현할 수 없는 조직 내 가치 있는 내적 대화의 통로를 만들어 내길 바랍니다. 그 통로를 통해 조직의 목표를 효과적으로 달성할 수 있기를 기대합니다.

번역하는 동안 도움을 주신 모든 분께 감사드립니다. 이 책의 번역 기회를 주신 에이콘 권성준 대표님, 예쁘게 책을 만들어주신 에이콘 편집팀 여러분, 베타 리딩에 참여해 주신 모든 분께 감사드립니다. 여러분의 도움 덕에 더 많은 분이 책을 쉽고 편안하게 읽을 수 있게 됐습니다.

마지막으로 책을 번역하는 동안 한결같은 사랑으로 곁을 지켜준 아내와 세 아이에게 너무나도 감사합니다. 사랑합니다. 고맙습니다. 덕분에 삽니다.

2020.07.
경기도에서 **김연수** 드림

차례

들어가며

> **현대적** 조직 설계…는 고객의 목소리를 반영하는 협력 기술을 설계하
> 는 것이다.
>
> — **나오미 스탠포드**(Naomi Stanford), 『Guide to Organization Design』

팀은 업무를 수행하는 주체인 동시에 비즈니스에 정렬됨으로써 지속
적으로 가치를 전달하기 위한 최선의 수단이기도 하다. 이상적인 팀
은 오래 유지되고 자율성을 띠며, 구성원들이 몰입 상태에 있다. 그러
나 팀이 고립돼서는 안 된다. 팀은 다른 팀과 상호 작용하는 방법과
시기를 알아야 한다. 팀의 상호 작용은 시간이 지남에 따라 발전하면
서 제품과 기술이 수명을 이어가는 동안 필요한 발견과 실행 단계를
지원해야 한다. 간단히 말하자면, 조직은 자율 팀을 필요로 할 뿐만
아니라, 팀에 관해 끊임없이 사고하고 팀을 발전시켜 고객에게 빠르
게 가치를 전달해야 한다.

이 책은 다양한 성숙도를 가진 여러 비즈니스에 걸쳐 우리가 사용하
고 관찰했던 조직 설계에 관한 실질적이고, 단계적이며, 적응적인 모
델을 제공한다. 이를 팀 토폴로지라 한다.

그러나 팀 토폴로지는 소프트웨어를 성공적으로 구현하고 운영하는
데 일률적인 공식은 아니다. 이 책에서 기술하거나 권장한 것과는 완
전히 다른 조직 역동으로 성공한 다양한 팀과 조직이 존재한다(특히
훌륭한 문화와 베스트 프랙티스를 이미 적용한 조직들이 그렇다).

이 책은 많은 팀과 조직이 (성공을 거둔) 뛰어난 플레이어의 업무 방식
을 모방하는 것이 아니라, 참조하고 해석하는 데 직접적인 도움을 주
기 위해 쓰였다. 우리는 팀 토폴로지가 오케스트라나 빅 밴드가 연주
하는 곡의 일부가 되기를 원하지, 최고 수준의 재즈 트럼프 연주자의

멜로디가 되기를 원하지 않는다. 악보는 대규모 음악 앙상블 연주팀이 성공적인 연주를 하도록 돕지만, 공연과 연주의 세세한 부분까지 모든 것을 담고 있지는 않다. 시기, 장소, 연주자들의 조합에 맞게 앙상블 연주팀이 그 악보를 해석해 내야 한다. 이와 유사하게 일관적인 용어 사용과 협업 방식에 관한 동의는 좋은 소프트웨어 전달을 달성하는 데 큰 가치를 제공한다.

팀 토폴로지 접근 방식은 팀 구조 최적화에 골머리를 앓고 있는 조직, 또는 팀 설계가 좋은 비즈니스 성과와 소프트웨어 시스템에 미칠 수 있는 영향을 인지하지 못하고 있는 조직에 도움을 줄 수 있다. 조직은 팀 토폴로지를 활용해 이전보다 훨씬 더 빠르고 지속적인 성공을 거둘 수 있다.

이 책은 효과적인 전달과 소프트웨어 시스템 운영을 달성하고자 하는 모든 이를 위해 쓰였다. C 레벨 리더(CTO, CIO, CEO, CFO 등), 각 부문 수장, 소프트웨어 아키텍트 및 시스템을 효과적으로 전달하고 운영하길 원하거나 그래야 하는 모든 사람에게 도움이 될 것이다.

이 책을 출판하기까지

2013년 데브옵스^{DevOps}와 지속적 전달^{Continuous Delivery}을 영국 내 모 기업에 소개할 때였다. 매튜는 데브옵스 토폴로지 패턴^{DevOps Topologies patters}과 안티 패턴^{anti-pattern}을 고안해 'What Team Structure Is Right for DevOps to Flourish?'라는 제목의 글을 블로그에 올렸다.[1] 당시 그가 컨설팅하던 기업은 현대적인 소프트웨어 전달의 접근 방식을 도입하는 데 어려움을 겪고 있었고, 매튜가 만든 초기 토폴로지 패턴을 사용해 기업들은 다양한 선택지를 탐험했다.

마누엘은 2015 큐콘 런던^{QCon London} 소프트웨어 개발 컨퍼런스에서 매튜와 인터뷰를 했는데, 매튜는 컨퍼런스에서 콘웨이의 법칙^{Conway's law}과 초기 데브옵스 토폴로지 패턴에 관해 발표했다. 인터뷰 결과는

'How Different Team Topologies Influence DevOps Culture'라는 기사로 「인포큐^{InfoQ}」에 게재됐고 다양한 언어로 번역됐다.[2] 그 해, 마누엘은 데브옵스 토폴로지 확장을 거들었고 커뮤니티로부터의 공헌들도 이어졌다.

이후 데브옵스 토폴로지는 폭발적으로 사용되기 시작했으며 수많은 발표와 기사, 대화에 꾸준히 회자됐다. 데브옵스 토폴로지는 산업 분야를 불문하고 모든 규모의 조직들이 팀의 관계와 그 상호 작용인 조직 문화와 소프트웨어 아키텍처에 미치는 영향으로 고려하도록 도왔다.

시간이 지나면서, 처음 만들어진 데브옵스 토폴로지가 팀의 상호 관계에 대한 고정적 관점을 제공하는 것을 깨달았다. 이는 초기 단계 논의를 위해서는 매우 유용하지만, 범위가 매우 제한된다는 문제가 있었다. 전 세계 기업에 교육과 컨설팅을 제공하는 과정에서, 고립되거나 자율적인 상태에서 업무 성과를 내는 팀이 있는가 하면, 강한 협력을 하는 상태에서 업무 성과를 내는 팀도 있다는 것을 발견했다. 그 이유가 무엇인지 스스로 질문하면서, 고객들의 피드백을 기반으로 우리의 아이디어를 계속 발전시켜 나갔다.

그러한 결과로 만들어진 것이 바로 여러분이 손에 들고 있는 책이다. 팀 토폴로지는 역동적이고 진화하는 조직 설계 접근 방식으로 다양한 지역과 산업계에서 얻은 실제 시나리오를 바탕으로 만든 것이다.

이 책을 활용하는 방법

팀 토폴로지는 기능적인 책이다. 페이지가 허락하는 한 인터랙티브한 콘텐츠, 많은 학습 내용을 전달하고자 했다. 또한 학습 효과를 높이기 위해 몇 가지 디자인 요소들을 고안했다.

먼저, 이 책은 3부로 구성된다.

1부에서는 콘웨이의 법칙, 우리가 구현하는 시스템 설계에 조직적 상호 관계가 제약을 가하는 방법과 이런 경향을 활용하는 방법을 살펴본다. 다음으로 팀의 의미를 정의하고 효과적인 팀워크에 영향을 미치는 몇 가지 제약을 다룬다.

2부에서는 업계에서 입증된 일련의 고정적 팀 패턴, 콘웨이의 법칙과 조직 컨텍스트를 염두에 두고 특정 패턴을 선택하는 것의 의미를 살펴본다. 여러분이 속한 조직적 관점에서 더욱 적합한 팀 토폴로지가 무엇인지 광범위하게 생각해 볼 기회가 될 것이다. 2부에서 다룬 내용은 콘웨이의 법칙과 기본 팀 토폴로지를 활용해 팀을 시스템의 특정 영역에 정렬하는 방법을 결정하는 데 도움이 될 것이다.

마지막으로 3부에서는 빠르게 변화하는 운영 환경에 대응해 혁신과 빠른 전달을 달성하는 강력한 역량을 제공할 수 있도록 조직 설계를 진화시키는 방법을 다룬다. 팀 토폴로지 접근 방식을 활용해 시장과 사용자 요구에 민감한 조직을 만드는 방법을 설명하고, 채용과 기술에 미치는 영향을 설명한다.

1, 2, 3부 첫 부분에는 각 장의 핵심 내용을 표시했다. 각 장에는 다양한 도식을 사용해 유용한 정보를 강조했다. 또한 이해하기 쉬운 시나리오, 사례 연구, 서로 다른 환경에 적용할 수 있는 명확한 권장 사항들도 수록했다.

마지막으로 이 책에서 제시한 많은 그림에 담긴 형태와 색상, 패턴들은 지속적인 의미가 있다는 것을 밝힌다.

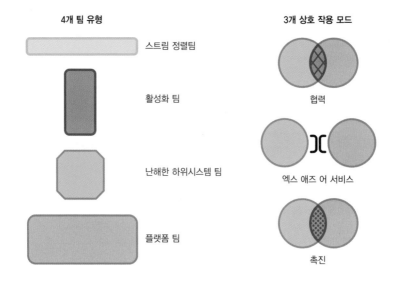

그림 0.1 4개 팀 유형과 3개 상호 작용 모드

이를 완전히 이해하고자 한다면 책을 처음부터 끝까지 차례대로 읽을 것을 권한다. 각 장이 진행되면서 주제들 또한 점점 확장되기 때문이다. 그러나 각 장은 독립된 내용을 담고 있도록 구성했다.

여러분이 현재 처해 있는 상황에 따라 다양한 방법으로 이 책을 읽을 수 있다. 다음 예를 참고하라.

- 다양한 팀 유형과 그에 따른 효과를 더욱 명확하게 알고 싶다면
  - 1장(개요), 4장(정적 팀 토폴로지)과 5장(기본 토폴로지)을 순서대로 살펴봐라.
- 거대한 모놀리식 소프트웨어 시스템을 분리하고 싶다면
  - 6장(경계)과 3장(팀)을 순서대로 살펴봐라.
- 소프트웨어 시스템 아키텍처를 개선하고 싶다면
  - 2장(콘웨이의 법칙), 4장(정적 토폴로지)과 6장(경계)을 순서대로 살펴봐라.

- 소프트웨어 개발팀의 성과를 개선하고 싶다면
  - 3장(팀), 6장(경계)과 5장(기본 토폴로지)을 순서대로 살펴봐라.
- 팀 내 의욕을 증진하고 성과를 개선하고 싶다면
  - 3장(팀)과 5장(기본 토폴로지)을 순서대로 살펴봐라.
- 계획된 성장을 돕기 위한 노력을 어디에 투자해야 할지 알고 싶다면
  - 1장(개요)과 5장(기본 토폴로지), 8장(토폴로지 진화)을 순서대로 살펴봐라.
- 변화하는 비즈니스 요구를 만족시키는 팀 토폴로지의 변화 방법에 대해 알고 싶다면
  - 7장(동적 측면)과 8장(팀 토폴로지 변화와 조직적 감지)을 순서대로 살펴봐라.

이 책에 영향을 준 핵심 개념들

이 책은 우리의 경험은 물론, 다른 여러 접근 방식과 사고방식에서 많은 영향을 받았다. 우선, 조직을 조직 내 개인과 팀의 상호 작용으로 형성된 사회 기술적 시스템 혹은 에코시스템이라고 가정했다. 다시 말해, 조직은 사람과 기술의 상호 작용이라는 것이다. 이런 측면에서는 사이버네틱스cybernetics(특히, 조직을 **감지 메커니즘**sensing mechanism으로 활용하는데 이는 1948년 노버트 비너Norbert Weiner가 쓴 책 『Cybernetics(사이버네틱스)』(MIT Press, 1965)가 출판된 시기로 돌아간다), 시스템 사고(특히 에드워즈 데밍W. Edwards Deming의 업적), 커네빈 프레임워크Cynefin framework와 같은 접근 방식을 활용한 도메인 복잡도 평가(데이브 스노덴Dave Snowden과 메리 분Mary Boone이 2007년 하버드 비즈니스 리뷰에 게재한 'A Leader's Framework for Decision making'에 기술) 및 적응 구조 이론adaptive structuration theory(제라딘 드생티스Gerardine DeSanctis와 마샬 스콧 풀

Marchall Scott Poole이 「조직 과학Organization Science」의 기사 '진보된 기술 사용에서의 복잡성 확인Capturing the Complexity in Advanced Technology Use'에서 주창한 이론으로 기술의 영향은 고유하게 정해지지 않으며 사용자, 즉 조직이 이해하는 것에 따라 영향이 결정된다고 강조)과 같은 아이디어에서 영향을 받았다.

두 번째로, 우리는 팀the team을 단순한 개인의 집합과는 다른 방식으로 행동하는 집단으로 보고, 팀의 진화와 운영을 위해서는 충분한 양육과 지원이 필요하다고 가정한다. 이런 측면에서는 브루스 터크먼Bruce Tuckman(1965년 논문 「Developmental Sequence in Small Groups(소규모 그룹에서의 개발 순서)」에서 팀 발전 4단계 모델로 형성기forming, 격동기storming, 규범기norming, 성과기performing를 제안), 로스 포레스터Russ Forrester와 알란 드렉슬러Allan Drexler(1999년 논문 「A Model for Team-Based Organization Performance(팀 기반 조직 성과 모델)」에서 팀 기반 조직 성과를 연구), 파멜라 나이트Pamela Knight(2007년 논문 「Acquisition Community Team Dynamics」에서 터크만이 제안한 격동기가 팀 수명 전체에 걸쳐 일어난다는 증거를 발견), 패트릭 렌치오니Patric Lencioni(독창적인 저서 『탁월한 조직이 빠지기 쉬운 5가지 함정』(위즈덤하우스, 2002)에서 공통적인 상호 작용 문제를 다룸)의 아이디어는 물론 유사한 팀 중심 이론과 연구 결과에서 영향을 받았다.

세 번째로, 우리는 콘웨이의 법칙(혹은 그 변형)이 소프트웨어 형태를 형성하는 강력한 원인이며, 조직이 이 법칙에 내포된 의미를 명시적으로 해결함으로써 이익을 얻을 수 있다고 가정한다. 이런 측면에서는 멜 콘웨이Mel Conway, 루스 말란Ruth Malan(소프트웨어 아키텍처 컨설턴트이자 팀 조직 설계 수상자), 제임스 루이스James Lewis(소트웍스ThoughtWorks 기술 디렉터이자 역 콘웨이 전략reverse Conway maneuver의 지지자)를 비롯한 여러 저자와 실천가들의 글과 아이디어에서 영향을 받았다.

마지막으로, 우리는 대규모 시스템 구현과 운용에 있어 실제적 성공을 기록한 수많은 기업(아디다스^{Adidas}, 오토 트레이더^{Auto Trader}, 에릭슨 ^{Ericsson}, 넷플릭스^{Netflix}, 스포티파이^{Spotify}, 트랜스유니언^{TransUnion} 등)의 자료를 활용했다. 이 조직들은 규모와 속도에 따라 수개월 혹은 수년에 걸친 조직 구조 및 팀의 상호 작용 변화를 통해 가시적 이득을 얻었다.

이 책이 팀과 팀의 구조 그리고 팀의 기능에 대한 여러분의 사고에 자극이 되기를 기대해 마지않는다.

1부

전달 수단으로서의 팀

핵심 요약

1장

- 콘웨이의 법칙(Conway's Law)은 소프트웨어 구조와 팀의 상호 작용을 함께 설계함으로써 얻을 수 있는 주된 이점을 설명한다. 이 둘은 매우 유사한 영향력을 행사하기 때문이다.
- 팀 토폴로지(Team Topologies)는 팀의 목적과 책임을 명확하게 제시하고, 결과적으로 팀이 상호 작용을 통해 얻는 효과를 증진한다.
- 팀 토폴로지는 소프트웨어 시스템을 구현하는 동시에 전략적 측면에서 적응력을 지닌 조직을 만들기 위한 인간적 접근 방법이다.

2장

- 조직은 자신의 커뮤니케이션 경로를 반영한 설계를 하도록 제약 받는다.
- 조직 설계에 따라 **솔루션 탐색 공간**(solution search space)이 결정되고, 그 공간에서 소프트웨어 설계가 이뤄진다.
- 모든 사람에게 다른 사람과 커뮤니케이션하도록 강요해 얻을 수 있는 것은 혼란뿐이다.
- 팀 범위 안에서의 흐름을 권장하는 소프트웨어 아키텍처를 선택하라.
- 팀의 명확한 상호 작용을 위해 커뮤니케이션 경로를 제한하면, 모듈화(modular)되고 결합도가 낮은(de-coupled) 시스템을 만들게 된다.

3장

- 가장 효과적인 소프트웨어 전달(delivery) 수단은 개인이 아니라 팀이다.
- 던바의 수(Dunbar's number)에 맞춰 조직 내 여러 팀의 규모를 제한하라.
- 팀이 인지하는 가장 큰 부하(cognitive load)에 맞춰 팀의 책임을 제한하라.
- 팀의 책임 범위를 명확하게 설정하라.
- 팀의 업무 환경은 팀 성공에 도움이 되도록 변경하라.

조직도의 문제점

조직은 기계적이고 선형적인 구조라기보다 상황에 적응하는 복잡한 유기체로 여겨야 한다.
— **나오미 스탠포드**(Naomi Stanford), 『Guide to Organisation Design(조직 설계 가이드)』
(Diamond Comic, 2007)

기술 업무를 수행하는 사람들Technology workers은 끊임없이 활동한다. 믿을 수 없이 빠른 속도로 시스템을 만들고 업데이트하며, 다양한 유형의 기술을 조합해 흥미로운 사용자 환경을 만든다. 원하는 성과를 달성하려면 모바일 애플리케이션, 클라우드 기반 서비스, 웹 애플리케이션은 물론 임베디드embedded나, 웨어러블wearable, 모든 산업용 사물인터넷Internet of Things, IoT 등의 장비가 효과적으로 상호 작용하도록 해야 한다.

이런 시스템은 현대인의 삶에 전방위로 영향을 미치며 점점 깊숙이 스며들고 있다. 소프트웨어를 제대로 설계하지 않으면 (그래서 소프트웨어와 공급자, 고객 간 상호 작용에 문제가 생기면) 사람들에게 나쁜 영향을 끼친다. 택시 운행 애플리케이션에 오류가 발생하면 이용객은 목적지까지 먼 거리를 돌아가야만 할 것이다. 인터넷 뱅킹 소프트웨어나 프로세스에 오류가 발생하면 임대료를 내지 못할 수도 있다. 의료기기에 오류가 발생하면 생명에 위협을 받을 수도 있다. 명확한 사회기술적sociotechnical 설계가 오늘날만큼 중요한 때는 역사상 없었다.

이처럼 매우 복잡하고 서로 연결돼 움직이는 소프트웨어 시스템을 구현하고 운영하는 것이 바로 팀 활동이다. 팀 활동을 제대로 수행하려면 다양한 플랫폼에 관해 서로 다른 기술을 가진 사람들의 노력이 필요하다. 또한, 오늘날의 IT 조직은 비즈니스나 규제로 가득한 환경의 변화와 압박에 적응하는 동시에 빠르고 안전하게 소프트웨어 시스템을 전달하고 운영해야 한다. 비즈니스를 영위하려면 안정성과 속도의 최적화가 동시에 이뤄져야 한다.

이런 위험성과 필요성에도 불구하고 여전히 많은 조직은 오늘날의 소프트웨어 개발 및 운영 생산성 향상에 역효과를 내는 방식으로 팀을 구성하고 있다. 조직도$^{org\ chart}$와 매트릭스^{matrix}에 과도하게 의존해 업무를 나누고 통제하는 조직은 빠른 속도로 소프트웨어를 전달하면서도 혁신을 수용하는 데 필요한 조건을 만들지 못할 때가 많다. 소프트웨어를 신속하게 제공하고 혁신을 수용하기 위한 필수 조건을 만드는 데 모두 성공하기 위해서는 안정적인 팀과 그 팀 사이의 상호 작용이 필요하다. 조직은 민첩성과 융통성을 발휘할 수 있도록 권한을 부여한 숙련된 팀에 투자해야 한다. 시장의 극심한 경쟁 속에서 살아남으려면 조직이 처한 상황의 변화를 감지하고 그에 맞춰 진화할 수 있는 팀과 구성원을 확보해야 한다.

올바른 사고방식과 적응력^{adaptability} 및 재현력^{repeatability}을 강조하는 도구가 있다면 팀과 구성원을 중심에 두면서도 경쟁에서 신속하고 안전하게 살아남을 수 있다. 마크 슈워츠$^{Mark\ Schwartz}$와 공동 저자들은 2016년 논문 「Thinking Environments(환경에 대한 사고)」에서 이렇게 언급했다. '조직 구조는 고품질의 효과적인 소프트웨어를 전달하는 목표를 달성할 수 있도록 조정해야 한다.'[1]

이런 인터페이스를 다루는 기술팀 구성원으로서, 팀을 '**올바른** 절차를 따르고 **올바른** 도구를 사용하기만 한다면 성공을 달성할 수 있는 대체 가능한 개인의 집합'으로 보는 관점에서 '구성원과 기술을 단일한 사람·컴퓨터 카본·실리콘 사회기술적 생태계'로 바라보는 관점으로 바꿔야 한다. 또한, 팀이 이런 시스템 속에서 본질적 동기를 부여받고 최선의 업무를 수행할 기회를 얻도록 보장해야 한다.

1장에서 소개할 팀 토폴로지는 기술 담당 조직을 설계할 때 활용할 수 있으며, 조직의 목표 달성 속도와 안정성을 동시에 높이는 적응 모델adaptive model이다. 모형을 자세히 설명하기 앞서, 대부분 조직의 실제 커뮤니케이션 구조가 조직도에 표현된 것과 얼마나 다른지, 그리고 그에 내포된 의미가 무엇인지 알아본다.

조직 커뮤니케이션 구조

대부분 기업은 **조직도**를 통해 팀과 구성원의 구조를 한눈에 보고자 한다. 조직도는 팀과 부서, 유닛unit 그리고 다른 조직을 구성하는 개체를 모두 포함하며 그들 사이의 관련성을 보여준다. 조직도를 보면 조직 내 집단의 계층과 커뮤니케이션 체계를 확인할 수 있으며, 의사 전달 방향은 보통 **상하향**이라는 것을 예측할 수 있다.

소프트웨어 시스템 구현의 맥락에서 보면, 조직도는 특히 규제 및 법률 준수 목적이 있다. 그러나 결과의 불확실성이 가득하고 고차원의 협업이 필요한 환경의 맥락에서 보면, 현실적으로 조직도에 의존한 업무 분류는 기대하기 어렵다. 우리에겐 결합 정도가 낮으면서 오랫동안 유지되는 팀이 필요하다. 이런 팀들이 속도와 안정성의 균형을 이루면서 효과적으로 협업할 수 있다.

조직도를 보이는 그대로 취급하는 순간, 구성원 간 커뮤니케이션의 자율성에 제한을 두게 되며 구성원을 소프트웨어 다루듯 구조화하려는 문제가 발생한다. 하지만 사람의 커뮤니케이션 방식은 조직도 위의 선대로만 이뤄지지 않는다. 업무를 완수하기 위해 필요하다면 누구와도 정보를 교류한다. 이것이 그림 1.1과 같이 실제 커뮤니케이션 경로와 조직도상 경로가 다른 이유다.

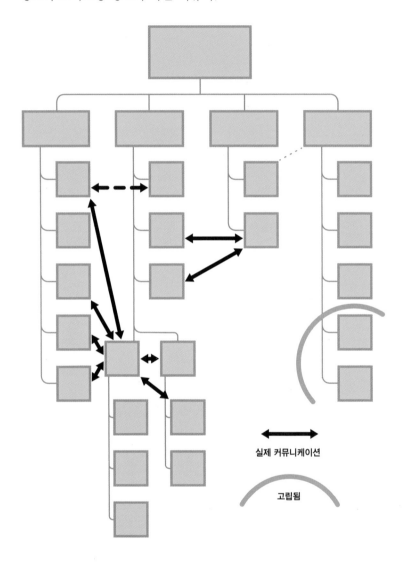

그림 1.1 조직도와 실제 커뮤니케이션

실제로 사람들은 업무를 수행할 때 조직도에 표시된 보고 단계를 그대로 거치기보다 선으로 연결되지 않은 대각선 방향, 혹은 수평 방향으로 의견을 주고받는다. 이런 창의성과 문제 해결 역량은 조직 이익을 위해 권장해야 한다. 하향식(top-down) 또는 상향식(bottom-up) 커뮤니케이션과 보고를 최적화한다는 목적으로 조직도와 다른 커뮤니케이션 흐름을 제한해서는 안 된다.

조직도 중심 사고방식의 문제점

전통적 조직도가 조직의 실제 커뮤니케이션 패턴을 이해하는 데 전혀 도움이 되지 않는다는 사실은 그림 1.1로 확인했다. 조직들은 오히려 개인과 팀 사이에서 필요한 바람직한 커뮤니케이션과 실제 일어나는 커뮤니케이션에 관한 현실적 그림을 그려야 했다. 조직도상 커뮤니케이션과 실제 커뮤니케이션의 차이를 이해하면 기업에 적합한 시스템이 무엇인지 알 수 있을 것이다.

또한, 조직도에 기반해 내려진 결정은 일부 집단에만 최적화되기 때문에 해당 결정이 조직도상 상향 또는 하향에 있는 집단에 미칠 영향을 무시하는 경향이 있다. 국지적 최적화는 그와 직접 관계가 있는 팀에는 도움이 되지만 고객에게 가치를 전달하는 과정 전체를 개선하기는 어렵다. 만약, 업무 흐름에 심각한 병목 현상이 나타난다면 국지적 최적화가 미치는 영향은 미미할 것이다. 예를 들어, 클라우드 및 인프라스트럭처 애즈 코드^{infrastructure-as-code}를 도입한 팀은 새로운 인프라스트럭처를 구성하는 데 몇 주에서 몇 개월 걸리던 시간을 몇 분에서 몇 시간 이내로 줄일 수 있을 것이다. 그러나 프로덕션에 영향을 미치는 모든 변경 사항에 대한 배포 승인을 일주일에 한 번 열리는 이사회에서만 결정한다면, 소프트웨어 전달은 아무리 빠르다 해도 일주일에 한 번이 고작이다.

시스템 사고^{system thinking}는 전체 업무의 최적화에 집중한다. 업무 흐름 전체를 보고, 현시점의 가장 큰 병목을 파악해 제거한다. 그리고 이 작업을 반복한다. 팀 토폴로지는 역동적인 팀 구조를 수립하고 팀이 상호 작용 과정에서 새로운 환경과 조건을 빠르게 받아들여 신속하고 안전하게 소프트웨어를 전달하는 데 중점을 둔다. 지금의 경직된 팀 구조가 현시점에서는 가장 큰 병목이 아닐 수도 있으나, 언젠가는 꽉 막힌 의사소통과 부적절한 절차가 전달 속도를 늦추는 것을 경험하게 될 것이다.

팀의 업무 수행 방법과 상호 교류 과정이 조직도에 명확히 드러난다고 여긴다면 업무 및 책임 할당에서 비효과적인 결정을 내릴 수 있다. 소프트웨어 개발과 동시에 소프트웨어 아키텍처 문서가 구시대의 유물로 변하듯, 현실과 조직도가 항상 일치한다고 볼 수는 없다.

공식적인 조직 구조와 실제 업무 수행 방법 사이에 불균형이 존재함을 우리가 처음 깨달은 것은 아니다. 기어리 럼러Gearly Rummler와 앨런 브라키Alan Brache의 저서 『BPM 방법』(인터워크솔루션즈, 2009)은 지속적인 비즈니스 프로세스 개선과 관리의 틀을 잡았다. 그리고 믹 커스텐Mik Kersten의 저서 『Project to Product(프로젝트에서 제품으로)』(It Revolution, 2018)에 서술된 것처럼 최근 (최소한 IT 도메인에서) 제품과 팀을 중심으로 하는 사고방식은 또 다른 중요한 단계이기도 하다. 우리는 팀 토폴로지가 이 퍼즐(명확하면서도 유연한 팀 구조와 책임, 상호 작용 모드를 확보하는)을 완성하는 마지막 조각이라고 생각한다.

조직도를 뛰어넘어

조직도가 조직 구조를 정확하게 표현한 것이 아니라면 무엇이 조직 구조를 표현하는가? 닐스 플래깅Niels Pflaeging은 그의 저서 『Organize for Complexity(복잡성을 다루는 조직)』(Betacodex, 2014)에 모든 조직에서 서로 다른 세 가지의 조직 구조를 찾아볼 수 있다고 설명했다.[2]

1. 공식구조Formal structure(조직도) – 법이나 명령 준수
2. 비공식 구조Informal structure – 개인 간 **영향력의 영역**realm of influence
3. 가치 창출 구조Value creation structure – 개인 간 혹은 팀 간 평판에 기반한 실제 업무 수행 방식

플래깅은 성공한 지식 업무 조직의 핵심이 비공식 구조와 가치 창출 구조(즉, 구성원과 팀 사이의 상호 작용)에 있다고 말한다.[3] 프레데릭 랄루Frederic Laloux는 『Reinventing Organizations』(Nelson Parker, 2014)

에서, 브라이언 로버트슨^{Brian Robertson}은 『홀라크라시』(흐름, 2017)에서 유사한 특성들을 설명했다.[4]

팀 토폴로지 접근 방식은 플래킹이 정의한 비공식 구조와 가치 창출 구조의 중요성을 인정한다. 팀에 권한을 부여하고, 팀을 조직의 근본으로 여겨 팀 구성원이 더욱 가깝게 협업하고, 단순한 개인의 집합이 아닌 하나의 팀으로 행동하도록 이끈다. 또한, 다른 팀과의 상호 작용에 명확한 합의가 이뤄지므로 행동에 대한 기대가 분명해지는 동시에 팀 사이에 신뢰도 높아진다.

수십 년 동안 비즈니스를 구조화하기 위해 새로운 접근법을 많이 시도했지만, 대부분의 방식은 적용 이후에 나타나는 실제 행동과 구조의 중요성을 고려하지 않은 단편적 조직 구조만 남겼다. 예를 들어, 1990년대 등장해 수십 년 동안 명성을 이어간 **매트릭스 관리**^{matrix management} 접근 방식은 개인이 비즈니스 관리자와 기능적 관리자 모두에게 보고하게 함으로써 매우 불확실했으며, 고도의 기술을 요구하는 태생적 복잡성을 해결하려 했다. 기능만 강조해 구성한 팀에 비해 비즈니스 가치를 중시했음에도 불구하고, 매트릭스 관리 접근 방식은 여전히 (비즈니스와 기술 도메인이 빠르게 진화함에 따라 구식이 된) 고정된 세계의 모습을 반영한다.

매트릭스 관리 접근 방식으로 조직을 재구성하는 것은 노동자에게 큰 두려움과 걱정을 안겨줄 수 있다. 조직 재구성은 시간과 노력을 빼앗고, 비즈니스를 앞으로 나가게 하기보다는 도리어 후퇴시킬 때가 많다. 그 후 기술적 혹은 방법론적 혁신이 뒤따르면 비즈니스는 또 다른 방식으로 조직을 재구성하고, 기존에 형성된 커뮤니케이션을 무너뜨려 이제 막 특색을 갖춘 팀의 분열을 일으킨다.

조직도나 매트릭스 관리와 같이 단일 조직 구조에 의존하는 것은 현대 소프트웨어 시스템 개발에 비효율적이라는 점이 점점 분명해지고 팀 토폴로지 접근 방식은 기술 조직에 필요한 역동적이고 감각적인 관점을 추가한다. 이런 관점은 전통적 조직 설계에서는 누락된 특성들이다.

있다. 단일 조직 구조보다는 현재 상황에 적용 가능한 모델, 즉 팀의 성장과 상호 작용을 중시하는 모델이 필요하다. 팀 토폴로지는 팀과 프로세스, 기술을 모든 종류의 조직에 맞춰 정렬할 수 있는 혁신적이며 진화적인 접근 방식이다.

나오미 스탠포드는 2015년, 그녀의 유명한 저서 『Guide to Organization Design』에서 조직 설계의 다섯 가지 원칙을 기술했다.[5]

1. 강렬한 이유가 있을 때 설계하라.
2. 설계 결정에 활용할 선택지를 개발하라.
3. 설계하기 적합한 때를 선택하라.
4. 정렬alignment에서 벗어나 있음을 알리는 단서를 찾아라.
5. 항상 미래에 주의를 기울여라.

앞으로 이어질 내용은 나오미 스탠포드가 제시한 휴리스틱을 조직 설계에 어떻게 적용할지에 관한 것이다.

팀 토폴로지: 팀에 관한 새로운 사고방식

팀 토폴로지는 엔터프라이즈 소프트웨어 전달에 효과적인 팀 구조에 관해 새로운 사고방식으로 접근한다. 팀 토폴로지는 일관되고 적용 가능한 가이드를 제공한다. 이 가이드에 따라 진화하는 팀을 설계하고, 기술과 사람 그리고 비즈니스 변화를 끊임없이 다룬다. 여기에는 최신 소프트웨어를 구현하고 운영하는 팀의 규모와 형태, 배치, 책임, 상호 교류 모두가 해당된다.

팀 토폴로지는 스트림 정렬팀stream-aligned team, 플랫폼 팀platform team, 활성화 팀enabling team, 난해한 하위시스템 팀complicated subsystem team 등 기본 팀 유형 4가지와 협력collaboration, 엑스 애즈 어 서비스X-as-a-Service, 촉진facilitating 등 핵심 팀의 상호 작용 방식 3가지를 제공한다. 이와 함께 콘웨이의 법칙, 팀 인지 부하, 조직적 감지 방법을 조합함으로써 소프트웨어 시스템을 구축하고 운영하는 데 효과적이고 인간적인 접근 방식을 취한다.

팀이 기술적이고 조직적으로 성숙하면 팀 토폴로지도 진화한다. 기술 및 제품 발견의 시대에서 성공하려면 (팀 경계가 겹친) 고도의 협업 환경이 필요하다. 그러나 개발을 마친 후에도(즉, 기술과 제품을 완성한 후에도) 같은 조직 구조를 고수한다면 팀의 자원을 낭비하거나 오해를 불러일으킬 수 있다.

팀 토폴로지 접근 방식은 조직 구조에서 적응형 모델을 강조하고, 팀 관계를 무엇보다 중요하게 여기면서 기술불가지론적technology-agnostic 메커니즘을 제공한다. 현대의 소프트웨어 중심 기업은 이 메커니즘을 활용해 전략을 바꿔야 할 시점(비즈니스 관점 혹은 기술 관점에서)을 감지할 수 있다. 팀 토폴로지의 궁극적 목적은 팀이 고객의 요구를 제대로 반영한 소프트웨어를 만들고, 구현과 운영, 소유가 쉬운 소프트웨어를 제작하도록 돕는 것이다.

또한, 팀 토폴로지는 소프트웨어 시스템 설계와 구축에 관한 인간적 접근 방식을 강조한다. 팀을 소프트웨어 전달 과정에서 빼놓을 수 없는 요소로 여기고, 팀이 가진 유한한 인지 역량을 존중한다. 팀 토폴로지는 콘웨이의 법칙에 기반한 역동적 팀 설계와 함께 솔루션을 개발하는 전략적 도구라 할 수 있다.

부활한 콘웨이의 법칙

팀 설계와 진화의 원동력으로 콘웨이의 법칙이 중요하다고 언급했다. 그렇다면 콘웨이의 법칙이란 정확히 무엇인가?

1968년 컴퓨터 시스템 연구가 멜 콘웨이Mel Conway는 「데이터메이션 Datamation」[1]에 「How Do Committees Invent?(위원회는 어떻게 발명을 하는가?)」라는 논문을 발표했다. 콘웨이는 논문을 통해 그가 연구한 조직 구조와 조직이 개발한 시스템 구조의 관계를 설명했다. 이 논문은 반짝이는 통찰력으로 가득차 있으며, 그중 일부는 이 책의 후반부에서 다룬다. 콘웨이의 법칙이라고 가장 많이 알려진 구절은 다음과 같다. '조직은 자신의 커뮤니케이션 경로를 반영한 설계를 하도록 제약 받는다.'[6]

콘웨이는 초기 전자 컴퓨터 시스템을 구현한 기업들을 관찰했다. 콘웨이가 말한 **법칙**이란 조직 커뮤니케이션의 실제 경로(플래깅이 언급한 가치 창출 구조)와 조직이 개발한 소프트웨어 아키텍처 사이의 강한 연관성[7], 혹은 알란 켈리Allan Kelly가 **준동형의 힘**homomorphic force[8]이라 부른 것을 의미한다. 준동형의 힘은 소프트웨어 아키텍처와 팀 구조 사이의 모든 것을 동일한 형태로 만드는 경향이 있다. 다시 말해, 실현 가능한 소프트웨어 아키텍처를 올바로 선택해 구현하려면 팀 커뮤니케이션에 관한 이해부터 선행돼야 한다. 만일 만들고자 하는 이론적 시스템 구조와 실질적 조직 모델이 상충하면 둘 중 하나를 바꿔야 한다.

에릭 레이몬드Eric Raymond는 그의 저서 『The New Hacker's Dictionary(신해커사전)』(MITPress, 1996)에서 이에 관한 설명을 재미있는 말 한마디로 전달했다. '컴파일러 하나를 네 그룹이 구현하면, 네 단계로

---

1   1957년부터 1998년까지 미국에서 발간된 컴퓨터 잡지. https://en.wikipedia.org/wiki/Datamation – 옮긴이

이뤄진 컴파일러를 얻는다.'[9]

1968년 콘웨이의 법칙이 등장한 이후, 모든 소프트웨어 구축에 콘웨이의 법칙을 적용해왔다는 것이 더욱 분명해졌다. 소위 **아키텍처 청사진** architecture blueprint이라는 기준에 맞춰 소프트웨어 시스템을 구현했던 이들은, 그 기준이 올바른 방향으로 이끌었다기보다 아키텍처 자체와 맞서 싸우는 것 같던 순간을 확실히 기억한다. 이것이 바로 콘웨이의 법칙이 설명하는 바다.

2015년 무렵 콘웨이의 법칙은 소위 **부활**했다. 당시는 마이크로서비스microservice 아키텍처의 여명기였다. 특히, 소트웍스Thought Works 기술 책임자인 제임스 루이스James Lewis 와 몇몇 기술자들이 **역 콘웨이 전략**('inverse Conway maneuver' 혹은 'reverse Conway maneuver')을 적용해 팀 구조를 설계하자고 제안했다. 역 콘웨이 전략은 팀이 준수해야 하는 고정된 아키텍처 디자인이 아니라, 시스템이 수행해야 하는 것에 초점을 맞춘 팀 구조 설계에 집중한다.[10]

> 팀 구조는 필요한 소프트웨어 아키텍처와 일치하거나, 의도하지 않은 설계가 산출될 가능성을 감수해야 한다.

다시 말해, 소프트웨어 아키텍처를 분리해서 설계할 수 있고, 설계 후에는 어떤 그룹이든 이를 구현할 수 있다고 보는 개념이 근본적으로 잘못됐다는 것이 핵심이다. 시스템 아키텍처와 팀 구조 사이의 격차는 클라이언트 서버client-server 아키텍처는 물론, SOA, 심지어 마이크로서비스까지 모든 유형의 아키텍처에서 드러난다. 이런 이유로 모놀리스(특히, 팀의 인지 역량을 초과해 분리할 수 없는 소프트웨어 담당 분야)를 분할해야 한다. 모놀리스와 관련한 내용은 6장에서 더 심도 있게 다룰 것이다.

인지 부하와 병목

특정 시간 동안 사람의 뇌가 받아들일 수 있는 정보의 양에는 한계가 있다. 이 점을 이해한다면 인지 부하를 쉽게 이해할 수 있다. 팀의 인지 부하는 팀 구성원의 인지 능력을 모두 더해보는 것만으로도 확인할 수 있다.

하지만 인지 부하에 관한 논의 없이 책임이나 소프트웨어 일부를 팀에 할당할 때가 많다. 팀이 발휘할 수 있는 역량과 인지 부하의 정도를 숫자로 표현하기가 쉽지 않기 때문일 수 있다. 혹은 각 팀이 맡은 역할을 어떻게든 수용하고 적응해 처리할 것이라 여기기 때문일 수도 있다.

인지 부하를 고려하지 않으면 팀은 단단하게 뭉쳐서 과도한 수준의 책임과 업무를 감당하기 보다는 흩어져 버리기 마련이다. 이런 팀은 그들의 영역에서 전문성을 추구하지 못하고 컨텍스트 전환^{context switching} 비용 때문에 골머리를 앓게 된다.

로우코드 플랫폼 판매사인 아웃시스템즈^{OutSystems}의 연구 개발 부문 수석 소프트웨어 엔지니어, 미구엘 안투네스^{Miguel Antunes}는 인지 부하를 고려하지 않아 겪는 어려움을 사례를 들어 설명했다. 아웃시스템즈는 5년 전 엔지니어링 생산성^{Engineering Productivity} 팀을 구성해 제품팀을 지원하도록 했다. 제품팀의 제작 업무에 효율성을 높이고, 기반 설비 등을 유지 보수하며 테스트 실행을 개선할 수 있도록 돕는 것이 엔지니어링 생산성 팀의 주요 업무였다. 팀은 꾸준히 성장했고 기존 역할에 더해 지속적 통합^{CI, Continuous Integration}, 지속적 전달^{CD, Continuous Delivery}, 인프라스트럭처 자동화 관련 업무를 맡게 됐다.

이와 같은 내부 성공의 희생자는 8명으로 구성된 스프린트sprint 팀이었다. 스프린트 팀은 스프린트 플래닝sprint planning[2]에서 그들이 맡은 책임에 따른 다양한 요구 사항을 다뤘다. 우선순위를 선정하는 작업은 어려웠고, 하나의 스프린트 동안에도 컨텍스트의 전환이 낮아 구성원들의 업무 의욕은 떨어졌다. 동기부여는 차마 상상할 수도 없었다. 댄 핑크Dan.Pink가 언급한 내적 동기의 세 가지 요소를 생각해 보면 그리 놀랄 일도 아니다. 내적 동기의 세 가지 요소는 자율성autonomy(여러 팀의 요구 사항과 우선순위를 저울질하는 중에 망가진다)과 전문성mastery(모든 일을 하다 보니 어떤 일에도 전문적이지 못하다) 그리고 목적성purpose(책임 영역이 너무 넓다)이다.[11]

아웃시스템즈의 엔지니어링 생산성 팀의 사례는 개발 조직에 내부 서비스를 제공한 경우였지만, 외부 고객에게 제공하는 소프트웨어를 개발하는 팀에게도 충분히 발생할 수 있는 일이다. 일반적으로 한 팀이 책임져야 하는 서비스와 컴포넌트의 수(즉, 팀에게 전달되는 요구 사항)는 시간이 지남에 따라 점점 증가한다. 하지만 새로운 서비스를 개발하는 단계에서는 해당 팀에 인지 부하가 전혀 없으며 모든 시간을 업무에 완전히 투입할 수 있다고 가정할 때가 많다. 기존 서비스의 수정과 개선을 담당하는 개발팀이 이를 무시하면 문제가 발생한다. 결과적으로 해당 팀은 전달의 병목 현상을 겪는다. 팀의 인지 역량 초과로 업무 지연과 품질 문제가 생기고 팀 구성원의 업무 의욕마저 떨어지게 된다.

팀을 최우선 순위에 두고 팀의 인지 부하를 제한해야 한다. 인지 부하의 명확한 인지는 팀의 규모 결정과 책임 할당, 다른 팀과의 경계 설정에 있어 매우 중요한 요소로 작용한다(이에 관해서는 3장에서 더 자세히 다룬다).

---

2   스크럼 개발에서는 2~4주 간격의 독립된 개발 기간(스프린트)을 반복 운영한다. 스프린트 플래닝은 매 스프린트의 가장 처음에 수행하는 계획 회의로 해당 스프린트에서 팀이 어떤 업무를 수행할지 결정한다. – 옮긴이

팀 토폴로지 접근 방식은 전체적으로 변화의 흐름과 운영 시스템의 피드백을 최적화하는 조직의 설계를 강조한다. 이를 위해 팀의 인지 부하를 제한하고 팀 커뮤니케이션을 명시적으로 설계함으로써 (콘웨이의 법칙에 근거해) 우리가 필요로 하는 소프트웨어 시스템 아키텍처를 만들어야 한다.

요약: 팀 구조, 목적, 상호 작용에 대한 재검토

상호 연결된 현대적 시스템과 서비스를 제공하는 소프트웨어를 효과적으로 개발하고 운영하려면 조직과 관련된 다양한 분야를 고려해야 한다. 역사를 돌아보면 대부분 조직은 소프트웨어 개발을 기능적 전문가 개인이 완료할 수 있는 제조의 한 분야로 여겨왔다. 이러한 태도는 꽤 오랜 기간 이어져 최근 설계된 대규모 프로젝트에서도 사회기술적 역학 관계sociotechnical dynamics를 고민한 흔적을 찾아보기 어렵다. 소프트웨어 개발에 대한 조직의 기존 관점은 그림 1.2와 같은 문제들을 초래했다.

애자일Agile, 린 IT Lean IT, 데브옵스DevOps 운동은 소규모의 자주성을 띤 팀을 강조했다. 이러한 특성의 팀은 비즈니스 흐름에 맞춰 작고 반복적인 주기에 따라 소프트웨어를 개발하고 출시하며, 사용자 피드백에 따라 팀 운영 방향을 수정하는 전략을 사용한다. 린 IT, 데브옵스는 시스템과 팀에 관한 진단과 지표 도구의 발전에 커다란 영향을 미쳤다. 단순히 사고나 문제가 발생했을 때 그에 대응하는 것이 아니라, 과거의 트렌드를 반영한 결정을 내리게 도와줌으로써 적극적으로 소프트웨어를 구현하고 운영할 수 있게 했다.

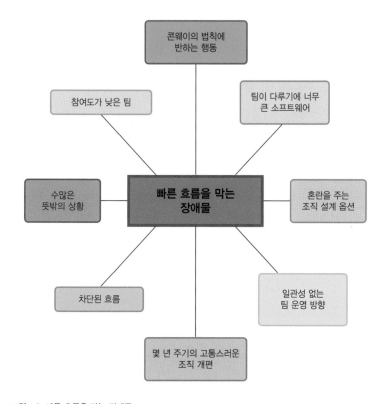

그림 1.2 빠른 흐름을 막는 장애물

그러나 기존 조직들은 그 조직의 특성 때문에 애자일과 린 IT, 데브옵스에서 얻을 수 있는 이점을 충분히 활용하지 못했다. 애자일, 린 IT, 데브옵스는 즉각적 자동화와 도구 도입을 중시하며 문화와 조직의 변화가 순간순간 일어난다. 문화나 조직에서 일어나는 변화를 시각화하기란 쉽지 않고 효과를 측정하기도 어렵다. 하지만 올바른 팀 구조와 접근 방식, 상호 교류를 마련하고 시간이 지남에 따라 진화하고자 하는 팀의 필요성을 이해하는 것은 장기적 성공을 거두기 위해 매우 중요하다.

특히 종래의 조직도는 불확실성과 새로움으로 가득한 환경에서 협력적 지식 업무collaborative knowledge work를 수행하기 위해 팀을 빈번하게 재구성해야 하는 현실과 동떨어져 있다. 콘웨이의 법칙(조직의 구조가 소프트웨어 아키텍처 구조보다 우위에 있다), 인지 부하 제한, 팀 최우선 접근 방식team-first approach을 활용해 분명한 목적을 지닌 팀을 설계하고, 소프트웨어 전달과 전략적 적응력의 흐름을 가장 우선하는 팀의 상호작용을 촉구해야 한다.

팀 토폴로지의 목적은 역동적 협업이 필요한 장소와 시점을 식별하고, 그런 상황에 조직이 적응하는 데 적합한 접근 방식과 정신적 도구를 제공하는 것이다. 또한, 실행에 집중해야 하는 순간이나 커뮤니케이션 부하를 줄여야 하는 순간이 언제인지도 알 수 있게 돕는다.

> **NOTE**
>
> 이 책을 집필하기 위한 연구 과정에서 전략적 상호 작용과 협력적 상호 작용이 완전히 다른 영역이라는 것을 보여주는 멋진 예시를 발견했다. 아무 관계도 없어 보이는 농어(grouper fish)와 곰치(moray eel)는 바위틈에 숨은 작은 물고기를 잡을 때 (신호를 사용해) 확실한 협업을 한다. 곰치는 틈새로 파고 들어가 작은 물고기를 위협한다. 겁에 질려 틈에서 도망쳐 나온 작은 물고기는 농어에게 쉽게 잡힌다. 여러분의 조직 내 농어와 곰치가 더 나은 비즈니스 흐름과 성과를 얻을 수 있도록 하는 방법을 알고 싶다면 다음 내용을 계속 읽어 보자!

2 콘웨이의 법칙과 중요성

콘웨이의 법칙은 다음 질문을 끊임없이 던지라고 한다. "우리 조직 구조상 이용할 수 없다고 여겼던, 보다 나은 설계가 존재하는가?"

— **멜 콘웨이**, 「Toward Simplifying Application Development in a Dozen Lessons
(애플리케이션 개발 단순화를 위한 교훈들)」

1장에서는 조직이 성공하기 위해 팀 조직을 필수 요소로 고려해야 하는 이유에 관해 논의했다. 또한, 조직 안에서의 팀 작용에 대한 이해를 도울 개념과 원칙도 이야기했다. 이 책에서 다룰 핵심을 대략적으로 다뤘다고 보면 된다. 2장과 3장에서는 콘웨이의 법칙이 팀과 조직 구조, 소프트웨어 아키텍처 등을 어떻게 설명하는지 더욱 깊이 들여다볼 것이다. 다음으로 팀 우선 접근 방식이 무엇인지 구체적으로 살펴본다. 1부의 목적은 여러분이 팀 토폴로지를 고려할 때 이해해야 할 조직과 팀 설계의 기본 원칙을 소개하는 것이다. 가장 먼저 콘웨이의 법칙부터 시작한다.

콘웨이의 법칙 이해 및 활용

콘웨이의 법칙은 팀 구성에 있어, 팀이 소프트웨어 시스템에 장기적이고 의도하지 않은 영향력을 미친다는 것을 이해하는 데 매우 중요하다. 의도하지 않은 영향력은 과거 어느 때보다 더 커지고 서로 연결돼 있기 때문이다. 물론 1968년에 만들어진 소프트웨어 구조에 관한 법칙이 여전히 실효성이 있는지 의구심을 품는 이들도 있을 것이다.

우리는 수많은 변화를 겪었다. 마이크로서비스나 클라우드^{cloud}, 컨테이너^{container}, 서버리스^{serverless}와 같은 새로운 개념이 등장했다. 이런 신기술은 국지적으로 팀을 개선하는 데 도움이 됐지만, 조직 규모가 확대됨에 따라 그 장점을 완전히 활용하기는 어려워졌다. 팀의 구성과 상호 작용은 보통 과거의 프로젝트나 레거시 기술(최신 조직도 설계임에도 불구하고, 수십 년까지는 아니어도 수년 가량 된 것들이 대부분이다)을 기초로 해서 이뤄진다.

대기업에서 일해본 적이 있다면, 비즈니스 전체를 활성화하는 데 단일 공유 데이터베이스^{monolithic shared database}가 활용되는 것을 경험했을 것이다. 조금 무책임해 보이지만 기업이 단일 데이터베이스를 운영할 수밖에 없던 이유(기술 스택 관련자나 팀의 전문성 증진과 같은)가 있을 것이며, 그 시점은 아마도 데브옵스와 마이크로서비스가 관심을 끌기 전이었을 것이다. 프로젝트 방향, 아웃소싱을 통한 비용 절감, 경험이 부족한 주니어로 구성된 팀과 같은 요소들이 이런 (지금은 식별할 수 있는) 안티 패턴을 형성하는 데 크게 기여했을 것이다. 단일 데이터베이스^{monolithic database}는 자신에게 의존하는 애플리케이션들을 종속시키며 소규모 비즈니스의 로직 변경이 데이터베이스와 결합된다(이에 관해 6장에서 더 자세히 설명한다). 이런 상황을 극복하려면 좋은 구조적 프랙티스를 실천하는 동시에 새로운 사고방식에 맞춰 팀 구조와 구성을 다듬어야 한다.

스포츠웨어 기업 아디다스^{adidas}는 흥미로운 트랜스포메이션 과정을 경험했다. 그들은 이 과정에서 콘웨이의 법칙에 따라 조직을 설계했고, 이 법칙이 조직 설계의 동인으로 작용하는 것을 직접 확인했다. 플랫폼 엔지니어링 시니어인 페르난도 코르나고^{Fernando Cornago}와 플랫폼 엔지니어링 & 아키텍처 부사장인 마르쿠스 라우터트^{Markus Rautert}는

IT 부서가 비용 소모 부서, 즉 한 벤더에서 소프트웨어 대부분을 제공하고(빈번한 업무 핸드오프hand-off가 필요한) 소수의 내부 엔지니어가 존재하는(엔지니어링보다는 관리 업무를 수행한다고 볼 수 있는) 부서에서 제품 중심의 팀 조직으로 전환한 경험을 소개했다. 아디다스는 비즈니스 목표에 맞게 정렬된 교차기능 팀을 활용하고, 엔지니어링 자원의 80%를 내부 소프트웨어 전달 역량 개발에 투입했다. 나머지 20%는 엔지니어링 플랫폼과 기술 발전, 새로운 전문가들을 양성하는 데 투입했다. 그 결과, 아디다스는 소프트웨어 출시 빈도를 60배나 높였으며 소프트웨어 품질도 향상시킬 수 있었다.[1]

현장에서의 경험을 제외하더라도 콘웨이가 설명한 경향들을 증명하는 다양한 연구 결과가 나오고 있다. 하버드 경영대학원Harvard Business School의 알란 맥코맥Alan MacCormack과 그의 동료들은 수많은 오픈소스open-source 및 클로즈드소스closed-source 소프트웨어 제품을 연구한 결과, '제품 구조는 그 제품을 개발한 조직의 구조를 반영한다'는 가설을 뒷받침하는 강력한 증거들을 찾는 데 성공했다.[2]

자동차 제조, 항공기 엔진 설계 등 다른 분야의 연구에서도 비슷한 결과가 나왔다.[3] 이는 콘웨이의 법칙에서 설명한 것과 유사한 준동형의 힘이 수많은 산업 분야에 널리 적용된다는 주장을 뒷받침한다.

루스 말란Ruth Malan은 현대적 관점에서 콘웨이의 법칙을 다음과 같이 해석한다. '시스템 구조와 조직 구조가 대립하면 언제나 조직 구조가 승리한다.'[4] 그의 말에 따르면 조직이 만든 설계는 그 조직의 기반에 깔린 커뮤니케이션 구조를 그대로, 혹은 약간만 변형해 적용한 것에 지나지 않는다. 그러므로 내부 개발팀 혹은 외부 공급자를 통해 소프트웨어를 설계하고 개발하는 모든 조직은 이 법칙이 주는 전략적 의미에 집중할 필요가 있다.

특히, 기능적 사일로functional silo(QA, DBA, 보안 등 특정 기능에만 전문성을 갖춘 팀)를 기준으로 배열한 조직은 소프트웨어의 전체 흐름을 잘 구조화한 소프트웨어 시스템을 만들지 못한다. 이와 마찬가지로 각기 다른 지역의 판매 채널을 중심으로 배열한 조직은 세계 전 지역에 다양한 소프트웨어 서비스를 효과적으로 제공하는 소프트웨어 구조를 만들지 못한다.

조직이 특정한 아키텍처를 발견하지 못하거나 유지하지 못하는 이유는 무엇인가? 콘웨이가 1968년 발표한 글에 몇 가지 단서가 있다. '모든 (혹은 특정한) 팀 조직에 필요한 커뮤니케이션 경로가 전혀 존재하지 않아서 추구하지 못하는 대안 설계 유형이 존재한다.'[5]

조직이 고안할 수 있는 솔루션의 종류는 조직 내 커뮤니케이션 경로(공식 보고 경로인지 아닌지와 관계없이)에 따라 제한을 받는다. 하지만 이를 거꾸로 활용하면 전략적 이점을 얻을 수 있다. 특정 유형의 설계(해당 설계가 기술 측면에 과하게 집중돼 있다든지)를 피하고 싶다면 조직 구조를 바꿔 문제를 해결할 수 있다. 이와 반대로 조직이 발견한 특정한 설계(더 유연하게 처리할 수 있는)를 적용하고 싶을 때도 조직 구조를 바꿔 원하는 결과를 유도할 수 있다. 물론, 조직이 우리가 원하는 설계를 발견하고 적용한다는 보장은 없다. 하지만 커뮤니케이션 경로를 바꿔 이런 일들이 발생할 가능성을 높일 수는 있다.

콘웨이의 법칙에 입각한 조직 설계는 효과적 소프트웨어 설계를 발견하는 속도를 높이는 전략적 활동인 동시에, 비효과적인 소프트웨어 설계를 피하는 방법이다(8장에서 콘웨이의 법칙에 따라 조직을 전략적으로 진화시키는 방법을 자세히 설명한다).

역 콘웨이 전략

역 콘웨이 전략을 활용해 팀 내 상호 커뮤니케이션을 재구성하고 소프트웨어를 개발함으로써, 조직이 흐름에 최적화된 효과적 소프트웨어 시스템을 구축할 기회를 높일 수 있다. 초기 저항은 있겠지만 경영진의 강한 의지와 팀의 적극적 참여가 있다면, 이 접근 방식은 큰 효과를 발휘할 것이다.

역 콘웨이 전략은 2015년 무렵 기술 업계의 관심을 끌기 시작했으며, 이후 다양한 조직에 적용됐다. 니콜 폴스그렌Nicole Forsgren과 제즈 험블Jezz Humble, 진 킴Gene Kim은 그들의 공저 『디지털 트랜스포메이션 엔진』(에이콘, 2020)에서 고성과 조직high-performer에 역 콘웨이 전략이 특히 중요하다고 강조했다.

> 우리의 연구는 **역 콘웨이 전략**의 효과성을 뒷받침한다. 역 콘웨이 전략이란 조직이 바라는 (소프트웨어) 아키텍처를 구성하려면 그 팀과 조직 구조를 바꿔야 한다는 것이다. 이 전략은 설계부터 배포에 이르는 동안 팀 사이에 폭넓은 커뮤니케이션 활동이 없더라도, 팀이 업무를 완수할 수 있도록 지원하는 것을 목표로 한다.[6]

앞서 언급했던 단일 데이터베이스 안티 패턴monolithic database anti-pattern을 기억하는가? 안정된 팀이 존재하지 않는 상황에서 모든 변화가 임시 프로젝트(심지어 대부분 아웃소싱 상태인)로 진행되므로, 애플리케이션이 데이터베이스 단계(공유 데이터shared data와 프로시저procedure)에서 완전히 결합해 버리는 심각한 상황을 많이 봐 왔다. 이런 현상은 비즈니스의 특정 부분이 상품 시스템commodity system으로 채택되는 시기를 늦춘다. 비즈니스 로직의 나머지 부분에서 상품 시스템을 분리하기 어렵기 때문이다. 이와 같은 기술 부채technical debt의 누적은 조직의 신속한 변화와 경쟁업체와의 차별화 능력을 축소하기 때문에, 진화하는 고객 요구에 맞춰 차별화된 업무를 수행하려는 내부 엔지니어의 자율적인 행동을 방해한다.

그렇다면 역 콘웨이 전략은 어떤 방법으로 조직을 이끌어 원하는 소프트웨어 아키텍처를 얻도록 하는가?

소프트웨어를 구현하는 조직을 대상으로 매우 단순화한 콘웨이의 법칙을 활용해서 얻을 수 있는 아이디어와 힘을 살펴보자. 가상 조직에는 4개 팀이 존재하며, 각 팀은 프론트엔드front-end와 백엔드back-end 개발자로 구성돼 있다. 각 팀은 시스템 내 서로 다른 부분을 개발하며, 데이터베이스 변경은 한 명의 데이터베이스 관리자database administrator, DBA가 담당한다. 업무 흐름을 다이어그램으로 나타내면 그림 2.1과 같다.

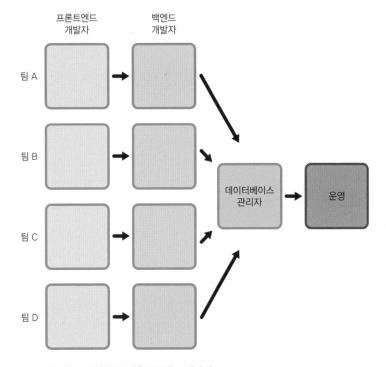

그림 2.1 하나의 소프트웨어 시스템을 개발하는 4개의 팀
프론트엔드 개발자와 백엔드 개발자로 구성된 4개 팀이 하나의 소프트웨어 시스템을 개발한다. 프론트엔드 개발자는 백엔드 개발자와의 커뮤니케이션만 가능하고, 백엔드 개발자들이 데이터베이스 변경을 담당하는 한 명의 데이터베이스 관리자와 커뮤니케이션 한다.

콘웨이의 법칙에 의하면 이런 팀에서 만들어 내는 소프트웨어 아키텍처는 자연스럽게 팀마다 독립된 프론트엔드와 백엔드 컴포넌트, 하나의 공유된 핵심 데이터베이스(그림 2.2)로 구성된다.

다시 말해, 하나의 DBA팀을 공유하기 때문에 하나의 공유 데이터베이스가 구축되고, 독립된 프론트엔드 개발자와 백엔드 개발자들이 일하기 때문에 UI와 앱 단계가 분리된다. 이는 커뮤니케이션의 특성상 나타나는 자연스러운 현상이다. 원하는 소프트웨어 아키텍처가 단일 공유 데이터베이스와 두 단계로 분리된 앱이라면 대단히 바람직한 결과다.

그렇지만 단일 공유 데이터베이스를 원하는 상황이 아니라면 문제가 된다. 콘웨이의 법칙에서 말한 준동형의 힘은 현재 조직 구조와 커뮤니케이션 경로로부터 **자연스러운** 소프트웨어 구조를 만들어 낸다.

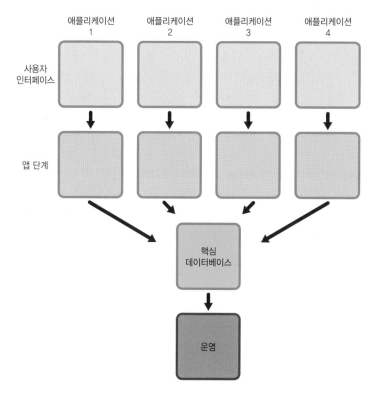

그림 2.2 4팀으로 구성된 조직의 소프트웨어 구조
4개의 독립된 애플리케이션은 각각의 사용자 인터페이스(user interface, UI)와 하나의 백엔드 애플리케이션을 가진다. 백엔드 애플리케이션은 단일 공유 데이터베이스와 커뮤니케이션한다. 이 구조는 그림 2.1에서 설명한 팀 커뮤니케이션 구조와 정확하게 일치한다(그림 2.1을 90도 회전).

다음으로, 새로운 클라우드 기반 소프트웨어 시스템에 마이크로서비스 아키텍처를 사용하기 원한다고 가정해 보자. 각 서비스는 독립적이며 개별 데이터베이스를 갖는다(그림 2.3).

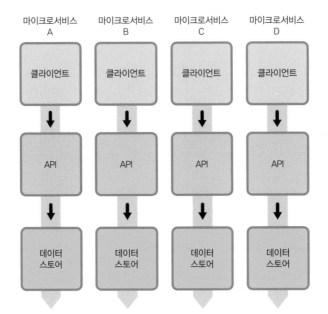

마이크로서비스 A   마이크로서비스 B   마이크로서비스 C   마이크로서비스 D

클라이언트   클라이언트   클라이언트   클라이언트

API   API   API   API

데이터 스토어   데이터 스토어   데이터 스토어   데이터 스토어

그림 2.3 독립 서비스와 데이터 스토어를 갖춘 마이크로서비스 구조
4개의 독립 서비스로 구성된 마이크로서비스 기반 구조. 각 서비스에는 고유의 데이터 스토어와 API 레이어, 프론트엔드 클라이언트가 존재한다.

역 콘웨이 전략을 적용해 원하는 소프트웨어 아키텍처와 **일치**하도록 팀 구조를 설계할 수 있다. 클라이언트 애플리케이션과 API를 담당하는 개발자들을 분리하고 해당 팀에 데이터베이스 개발자를 한 명씩 배치하면 된다(그림 2.4).

콘웨이의 법칙에 따라 구성한 팀은 **자연스럽게** 원하는 소프트웨어 아키텍처를 얻는다. 비즈니스 도메인에 맞춰 정렬된 데이터 스토어를 얻고자 한다면 모든 곳으로부터 입력을 받는 데이터베이스 담당자 혹은 데이터베이스 관리팀을 없애야 한다(각 애플리케이션 개발팀에 데이터 개발 역량을 추가할 수도 있다).

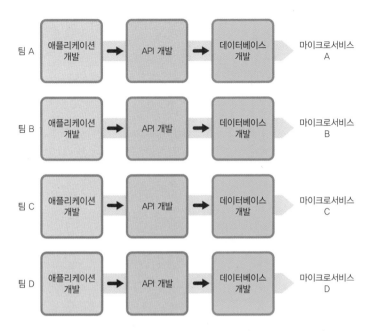

그림 2.4 독립 서비스와 데이터 스토어를 갖춘 마이크로서비스 아키텍처에 적합한 팀 설계
콘웨이의 법칙의 근간인 준동형의 힘에 기반해 조직을 설계하면 4개의 독립 마이크로 서비스를 포함한
소프트웨어 아키텍처를 만들 수 있다(기본적으로 그림 2.3을 90도 회전).

팀 내 흐름을 독려하는 소프트웨어 아키텍처

콘웨이의 법칙에 의하면 우선 필요한 소프트웨어 아키텍처가 무엇인
지 명확하게 이해한 후 팀을 조직해야 한다. 그렇지 않으면 조직의 커
뮤니케이션 경로와 보상에 따라 소프트웨어 아키텍처가 결정되기 때
문이다. 마이클 니가드Michael Nygard는 '팀 할당은 아키텍처의 초안이
다'[7]라고 말했다.

팀 내 흐름Team-Scoped Flow을 고려한 소프트웨어 아키텍처를 설계해야
안전하고 빠른 변화의 흐름을 기대할 수 있다. 전달의 기본 수단은 팀
(3장에서 더 자세히 다룸)이므로 시스템 아키텍처는 팀 내 빠른 흐름이
가능하도록 독려해야 한다. 이는 이미 입증된 소프트웨어 아키텍처
패턴을 따를 수 있다는 의미이기도 하다.

- 느슨한 결합loose coupling: 컴포넌트 사이에 강한 의존성이 존재하면 안 된다.
- 강한 응집력high cohesion: 컴포넌트들은 명확한 책임 한계가 있어야 하며 컴포넌트 내부 요소들은 서로 밀접하게 연관돼야 한다.
- 명확하고 적절한 버전 호환성version compatibility
- 명확하고 적절한 교차팀 테스팅cross-team testing

개념적으로 소프트웨어 아키텍처는 상호 연결된 컴포넌트들의 순서가 아니라, 아키텍처가 만들 수 있는 변화의 흐름과 닮아야 한다. 즉, 기반 플랫폼 위에서 흐름을 설계해야 한다(플랫폼에 관해서는 5장에서 다룬다).

팀 규모에 맞춰 다른 요소들을 유지함으로써 맥코맥과 그의 동료들이 제안한 **참여를 위한 구조**architecture for participation를 만들 수 있다. 이는 모듈의 크기를 제한해 이해하기 쉽게 하고, 설계 변경의 전파를 최소화해 모두가 쉽게 참여할 수 있도록 한다.[8] 다시 말해, 협업하는 사람들의 능력을 최대한 끌어올릴 수 있는 팀 최우선 소프트웨어 아키텍처가 필요하다.

각 요소를 분리하고 팀 규모에 맞춰 유지하는 것이 지속적 조직 테스트의 핵심이다. 존 로버츠John Roberts는 『경영의 미학』(교보문고, 2008)에서 다음과 같이 말했다. '주로 분할된 모델disaggregated model을 따르는 설계를 적용함으로써, 성과 부분에 있어 실질적 이득을 얻을 수 있다.'[9] 성과 이득performance gain은 변화의 흐름에 따라 생성되거나, 새로운 컨텍스트에 맞춰 아키텍처를 조정하는 조직의 능력에 따라 생성된다.

『The Principles of Product Development Flow(제품 개발 흐름 원칙)』의 저자 도널드 라이너트센Don Reinertsen은 '우리는 아키텍처를 활용해 빠른 변화를 촉진할 수 있다. 아키텍처를 분할하면 변화를 좀 더

차분하게 받아들일 수 있다'라고 말했다.[10] 아키텍처가 장애물이 아닌 윤활제 역할을 하는 것이다. 하지만 이는 콘웨이의 법칙에서 강조한 팀 최우선 접근 방식을 따를 때만 나타나는 모습이다.

조직 설계와 기술적 전문성

콘웨이의 법칙이 말하는 준동형의 힘을 인정한다면, 엔지니어링 팀의 형태와 배치를 결정하는 사람이 소프트웨어 시스템 아키텍처에 큰 영향을 미친다는 점 또한 인정해야 한다. 논리적으로도 이는 콘웨이의 법칙이 내포하는 점이다. 루스 말란의 말을 빌리자. '관리자로 하여금 어떤 팀이 어떤 서비스를 만들 것인지 결정하도록 하는 것은 암묵적으로 그 관리자들에게 시스템 아키텍처를 결정하도록 하는 것과 같다.'[11]

HR 부서가 소프트웨어 아키텍처에 관해 얼마나 알고 있는가? 팀 사이의 예산 분배를 어떻게 할지 결정하는 부서의 리더 그룹은 자신의 선택이 소프트웨어 아키텍처 변화에 미치는 영향을 인지하는가?

콘웨이의 법칙이 말하는 준동형의 힘에 관한 증거가 늘어남에 따라, 소프트웨어 시스템을 구축하는 조직이 기술 분야 리더를 투입하지 않은 채 팀의 형태와 책임, 경계를 결정하는 것은 비효율적이라는 것(혹은 쓸모없음)이 밝혀졌다.

실제로 조직 설계와 소프트웨어 설계는 동전의 양면과 같기에, 동일 정보를 가진 그룹이 두 분야를 모두 다뤄야 한다. 알란 켈리는 소프트웨어 아키텍트software architect의 역할을 다음과 같이 설명했다.

> 아키텍트라 불리는 사람들은 그 어느 때보다 탄탄한 전문 기술과 사회 기술을 갖춰야 한다고 생각한다. 그들은 사회적 프레임워크 안에서 사람과 업무를 동시에 이해해야 한다. 또한, 아키텍트의 영역은 순수 기술의 범위를 넘어서야 한다. 아키텍트는 조직 구조와 개인적 이슈 모두를 다뤄야 한다. 즉, 이들 역시 관리자의 역할을 해야 한다는 것이다.[12]

우리는 근본적으로 기술자들을 조직 설계에 끌어들이고자 한다. 그들이 API, 인터페이스interface, 추상화abstraction, 캡슐화encapsulation 등 소프트웨어 설계의 핵심 개념을 알고 있기 때문이다. 나오미 스탠포드는 이를 다음과 같이 설명한다. "부서, 부문, 시스템, 비즈니스 프로세스는…독립적으로 설계될 수 있다. 단, 더 넓은 조직의 인터페이스와 경계는 설계의 부분이 돼야 한다."[13]

불필요한 커뮤니케이션 제한

콘웨이의 법칙에서는 모든 커뮤니케이션과 협업이 좋은 것이라고 간주하지 않는다. 따라서 **팀 인터페이스**team interface를 정의함에 있어서 강한 협업이 필요한 업무와 그렇지 않은 업무의 종류에 대한 기대 수준이 명확해야 한다. 대부분 조직은 커뮤니케이션이 많을수록 항상 더 나은 결과를 가져올 거라 여기지만 실제로는 그렇지 않다.

특정한 팀들 사이에서 이뤄지는 밀도 높은 커뮤니케이션이 필요하다. 예상치 않은 커뮤니케이션을 찾아내고 원인을 밝혀야 한다. 마누엘 소사Manuel Sosa와 그의 동료들은 2014년 항공기 제조와 관련된 연구에서 다음과 같이 언급했다. '관리자들은 모듈형 시스템 사이의 알려지지 않은 디자인 인터페이스…와 예측하지 못한 팀의 상호 작용을 이해하기 위해 끊임없이 노력해야만 한다.'[14]

스크럼 제품 개발 접근 방식의 창시자 중 한 명인 마이크 콘Mike Cohn은 팀 간 커뮤니케이션 상태가 어떤지를 평가하기 위해 다음과 같은 질문을 던졌다. '이 구조가 팀 간 커뮤니케이션의 경로 수를 최소화하는가?…이 구조가 커뮤니케이션하지 않았을 팀의 커뮤니케이션을 독려하는가?'[15]

마이크 콘은 다음을 검증해야 할 필요가 있다고 말한다. 아키텍처 설계상으로는 두 팀의 커뮤니케이션이 존재하지 않아야 하는데, 실제로는 커뮤니케이션이 발생한다면 뭔가 잘못됐다는 것이다. API는 충분히 좋은가? 플랫폼은 충분히 적합한가? 컴포넌트가 누락되지는 않았는가? 만약 낮은 대역폭의 커뮤니케이션(혹은 대역폭이 0인 커뮤니케이션)을 하면서도 여전히 안전하고 효과적이고 빠르게 소프트웨어를 개발하고 출시할 수 있다면 당연히 그 방법을 선택해야 한다. 헨릭 크니버그Henrik Kniberg의 「Real Life Agile Scaling(실질적인 애자일 확장)」[16]을 바탕으로 앞서 설명한 내용을 그림 2.5에 표시했다.

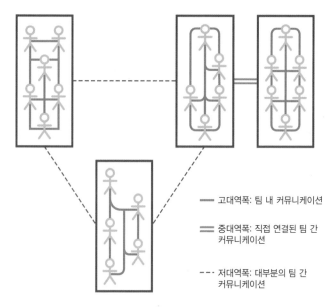

— 고대역폭: 팀 내 커뮤니케이션

═ 중대역폭: 직접 연결된 팀 간 커뮤니케이션

--- 저대역폭: 대부분의 팀 간 커뮤니케이션

그림 2.5 팀 간 커뮤니케이션
팀 내 커뮤니케이션은 고대역폭이다. 직접 연결된 두 팀 사이의 커뮤니케이션은 중대역폭이다. 대부분의 팀 간 커뮤니케이션은 저대역폭에서 이뤄져야 한다.

커뮤니케이션을 제한하는 간단한 방법은 두 팀의 사무실을 분리하는 것이다. 다른 층이나 다른 건물에서 각각 업무를 수행하게 하면 된다. 만일 대부분의 커뮤니케이션을 메신저로 하는 가상 공간의 팀이라면, 팀 대 팀으로 이뤄지는 커뮤니케이션의 양과 패턴을 활용해 소프트웨어 아키텍처가 기대하는 상호 작용에서 벗어난 커뮤니케이션을 식별할 수 있다.

마찬가지로 한 대규모 팀이 하나의 시스템을 두 개 영역으로 분리해 다룬다면, 팀 구성원이 겹치더라도 각 영역을 전담할 두 개의 소규모 팀으로 운영하는 것이 바람직하다. 만약 모든 팀이 설계상 동일한 시스템의 한 개 영역 이상을 다룬다면(예를 들면, 새로운 서비스와 기존 구성요소) 팀을 함께 유지하도록 한다(9장에서 기존 소프트웨어 시스템을 장기적 관점에서 **지속적으로 관리**하기 위한 패턴을 자세히 설명한다).

각 팀이 다루는 소프트웨어 부분의 코드가 동일한 버전 관리 저장소에 있거나, 동일 애플리케이션 혹은 서비스의 동일 부분이라는 이유로 둘 이상의 팀이 소프트웨어에 관한 커뮤니케이션을 해야 한다고 생각할 수도 있다. 논리상 그럴듯하지만 이 또한 분명하게 분리해야 한다. 이런 경우 **종단면**fracture plane 패턴(6장에서 설명)을 사용해 소프트웨어를 작은 덩어리로 분할하면 별도의 저장소에 보관할 수 있다.

모든 사람이 모두와 커뮤니케이션할 필요는 없다

언제 어디서나 채팅 도구를 활용한 즉각적 커뮤니케이션이 일어나는 개방형 사무실에서는 누구나 모두와 커뮤니케이션할 수 있다. 이런 환경에서는 모두가 다른 이들과 커뮤니케이션해야만 업무가 진행될 것이라 생각하는 커뮤니케이션 및 상호 작용 패턴(관련성을 확인하려 소비자에게 책임을 전가하는 등)에 **빠지게** 된다. 콘웨이의 법칙에서 보면 이런 상황은 소프트웨어 시스템에 의도치 않은 영향을 미치며, 특히 하위 시스템 간 모듈성의 부족을 초래한다.

만약 조직이 '모든 구성원은 모든 채팅 메시지를 봐야만 한다'고 하거나, '모든 구성원은 전체 스탠드업 미팅standup meeting에 참여해야만 한다', 또는 '모든 구성원은 회의에 참석해야 한다'고 기대한다면 조직 설계에 문제가 있는 것이다. 콘웨이의 법칙은 이와 같은 다자간many-to-many 커뮤니케이션이 획일적이고 뒤얽혀 있으며, 강하게 결합한 상호 의존적 시스템을 만드는 경향이 있기 때문에 빠른 흐름을 방해한다고 설명한다. 더 많은 커뮤니케이션이 언제나 좋은 것만은 아니다.

주의: 콘웨이의 법칙의 안일한 적용

콘웨이의 법칙을 잘못 해석해 구성한 팀은 원하는 아키텍처에 잘 맞는 것처럼 보이지만, 실제로는 업무의 흐름을 강하게 가로막을 위험이 존재한다. 또한 이런 실수를 한 조직은 교차팀에서 사용하는 도구와 커뮤니케이션의 관계에 관심을 두지 않는다. 하지만 이런 도구야말로 자기 유사 설계를 이끄는 강력한 힘이다. 이 절에서는 콘웨이의 법칙을 안일하게 적용했을 때 발생할 수 있는 몇 가지 잠재적 위험을 알아본다.

도구 선택이 커뮤니케이션 패턴을 이끈다

팀이 커뮤니케이션 소프트웨어 도구를 사용하는 방식은 팀 간 커뮤니케이션 패턴에 강한 영향을 미친다. 현대 소프트웨어 시스템의 구축과 운영 과정에서 조직들이 겪는 문제점은 팀이나 부서의 책임 경계와 도구의 책임 경계가 일치하지 않는 것이다. 때때로 조직은 하나의 도구만으로 업무 수행이 충분한 영역(공동의 인식을 위한 시각을 제공하는)임에도 불구하고 여러 도구를 이용한다. 또는 팀이 여러 도구를 이용해야만 업무를 수행할 수 있음에도, 하나의 도구만 고집하기 때문에 문제가 일어나기도 한다.

앞서 보았듯 콘웨이의 법칙에 의하면 조직이 만드는 (소프트웨어) 아키텍처는 해당 조직의 커뮤니케이션 구조를 모방한 것에 지나지 않는다. 그렇기 때문에 팀이 공동으로 사용하는 도구가 팀의 상호 작용 방식에 미치는 영향에 신경을 써야 한다. 팀 간 협력이 활발히 이뤄지게 하려면 공동으로 도구를 사용하고, 팀 간 책임 경계를 명확히 하려면 별도의 도구(혹은 동일 도구의 분리된 인스턴스)를 사용하는 것이 바람직하다.

IT 운영팀과 밀접한 업무를 수행하는 소프트웨어 개발팀 하나가 필요하다고 가정하자. 두 팀이 서로 다른 업무 관리 도구를 사용한다면, 두 팀 간 커뮤니케이션의 품질은 저하될 것이다. 두 팀의 협업과 원활한 커뮤니케이션을 바란다면, 모두가 만족하는 도구를 선택해야 한다. 같은 이유로, **프로덕션 전용**production only 도구처럼 프로덕션 환경에 접근할 수 있는 팀만 사용할 수 있는 도구도 피해야 한다. 이런 특정 도구를 조직이 구축하는 소프트웨어와 상호 작용하거나 소프트웨어를 측정하는 데 사용한다면, 제한된 접근 권한이 있는 팀과 그렇지 않은 팀 사이에 커뮤니케이션 격차가 발생한다. 커뮤니케이션의 흐름을 도울 수도 있고 방해할 수도 있는 도구의 선택은 팀의 상호 작용에 영향을 미친다.

> **TIP**
>
> **보안을 유지하면서 정보를 가시화하라**
>
> 로그 수집 도구(log-aggregation tool)를 사용하면 프로덕션 환경에 접근 권한이 없는 애플리케이션 팀이 간단하게 프로덕션 로그를 참조하도록(디버깅 목적 등) 할 수 있다. 이런 로그 수집 도구는 모든 로그를 외부에 제공해 인덱싱 처리하므로(필요한 경우 익명 처리), 개별 로그를 사용할 때보다 신속하게 검색할 수 있고 특정 이벤트들과 로그를 관련 지을 수도 있다. 팀은 필요한 정보에 접근할 수 있으며, 프로덕션 보안 관련 통제는 온전히 유지된다(로그가 안전한 방식으로 전송되는지는 별개 문제다).

그러나 두 팀 간 책임 경계가 겹치지 않으면(팀의 역할 구분이 명확해 협업이 필요 없다면) 동일한 업무 추적 관리 도구를 사용하거나 동일한 모니터링 도구를 사용함으로써 얻을 수 있는 이득이 크지 않을 수 있다. 두 팀 중 한 팀이 서비스를 제공하는 조직 외부에 있다면 더욱 그렇다.

요약하자면, 팀의 상호 관계를 고려한 후에 조직 전체가 사용할 단일 도구를 선택해야 한다. 독립된 팀들은 별도의 도구를, 협업하는 팀들은 공유 도구를 사용하도록 하라.

매우 다양한 컴포넌트 팀

몇몇 조직들은 콘웨이의 법칙을 글자 그대로 적용해 수많은 컴포넌트 팀component team을 만들고 시스템의 작은 부분을 구현하게 한다. 난해한 하위시스템 팀이라는 명칭이 잘 어울리는(5장 참조) 컴포넌트 팀은 고도의 전문성을 요구하는 특수한 상황에만 일시적으로 필요하다. 대부분 조직은 빠른 흐름의 최적화를 원하므로 스트림 정렬팀을 선호한다. 5장에서 이 내용을 자세히 다룰 것이다.

지배권 형성이나 인원 감축을 위한 잦은 조직 개편

과거, 수많은 **조직 개편**의 목적은 인원 감축이나 관리자 혹은 리더의 지배권 형성이었다. 콘웨이의 법칙에 따라 조직 구조를 변경하는 목적은 조직이 소프트웨어 시스템 관련 솔루션을 만드는 공간(컨텍스트, 제약 사항 등)을 개선하는 것이다. 이 두 가지 접근 방식은 상호 배타적이다. 소프트웨어 및 **제품** 개발사라면 조직 구조가 제품 아키텍처를 따라야 한다. 팀 최우선 접근 방식을 사용한다면, 관리 목적을 이유로 조직을 개편하는 일은 더이상 없어야 한다.

좀 더 강하게 표현하면, 관리상 편의나 인원 감축을 위한 정기 조직 개편은 조직이 소프트웨어 시스템을 효과적으로 개발하고 운영하는 능력을 마비시킨다. 콘웨이의 법칙과 팀의 인지 부하, 이들과 관련된 역동을 무시한 조직 개편은 마치 어린아이에게 개심 수술open heart surgery을 맡기는 것만큼 위험하고 파괴적인 일이다.

정리: 콘웨이의 법칙은 효과적인 기술팀 설계에 매우 중요하다

콘웨이의 법칙은 한 조직이 구현하는 소프트웨어 아키텍처에 조직 구조와 실제 팀 간 커뮤니케이션 경로가 그대로 나타남을 설명한다. 팀 자체의 설계와 소프트웨어 설계의 관련성을 인식하지 못하고, 분리해서 설계하려는 시도를 피하고자 한다.

이 간단한 법칙의 효과는 실로 상당하다. 조직 설계에 따라 아키텍처 결정을 위한 해결책의 수가 제한되기도 하고, 팀 간 의존성 정도가 달라져 소프트웨어 전달 속도에 큰 영향을 미치기도 한다.

빠른 흐름을 바란다면 팀 간 커뮤니케이션을 제한해야 한다. 팀 간 협업은 개발의 회색 영역, 즉 발견과 전문 기술을 활용해 결실을 거두는 영역에서 매우 중요하다. 하지만 (발견이 아니라) 실행이 중요한 영역에서는 커뮤니케이션 자체가 불필요한 오버헤드로 작용한다.

역 콘웨이 전략은 원하는 소프트웨어 아키텍처(및 전달 속도나 오류 복구 시간과 같은 관련된 이득)를 만드는 핵심 접근 방법 중 하나다. 다시 말해, 원하는 소프트웨어 아키텍처에 잘 맞는 팀을 설계하는 것이다. 2장에서는 간단한 예시를 들어 데이터베이스 역량을 애플리케이션 팀에 포함하면 획일적인 하나의 데이터베이스를 피하면서, 독립된 데이터 스토어를 자율적으로 충분히 유지보수 할 수 있음(물론, 데이터베이스 설계나 다른 데이터베이스와의 동기화 등은 중앙의 DBA팀에게 의존할 수도 있다)을 설명했다.

즉, 소프트웨어 아키텍처를 설계하거나 팀 구조를 개편할 때 콘웨이의 법칙이 미치는 영향을 고려함으로써 소프트웨어 아키텍처와 팀 설계를 수렴시키는 동형의 힘isomophic force을 활용할 수 있다.

팀 최우선 사고

높은 성과를 내는 팀을 해체하는 것은 반달리즘(vandalism)[1]보다 더 나쁘다. 정신 나간 기업이나 할 법한 행동이다.

— **알란 켈리**, 『Project Myopia(프로젝트 묘피아)』

수십 년 전부터 조직 행동 전문가들은 현대의 복잡계complex system에 효과적 팀 성과가 필요하다는 것을 인지했다. 특히, 드리스켈Driskell과 살라스Salas는 다량의 정보를 요구하는 지식 기반의 문제 해결 업무에 있어서는 개개인의 단순 집합체 형태보다 응집력 강한 팀 형태로 업무를 수행하는 편이 훨씬 효과적이라는 사실을 발견했다.[1] 심지어, 과거에는 위계를 철저하게 따르던 미 육군과 같은 조직들까지 팀을 조직 운영의 기본 단위로 채택했다. 퇴역 장군인 스탠리 맥크리스털Stanley McCrystal은 그의 베스트셀러 『팀 오브 팀스』(이노다임북스, 2016)에서 최고의 성과를 낸 팀이 '괄목할 만한 성과를 올린 이유는 구성원 개개인의 역량이 뛰어나서가 아니라, 구성원들이 결합해 하나의 유기체로 작용했기 때문이다'[2]라고 말했다.

---

1 훼손 행위라고도 부르며, 공공 재산 혹은 사회 재산을 파괴하거나 해를 끼치는 행위를 말한다. - 옮긴이

소프트웨어 개발, 특히 현대의 소프트웨어 중심 시스템 개발에 필요한 속도와 빈도, 복잡성, 다양한 변화 등은 팀이 필수 조건이라는 점을 시사한다. 개개인의 역량에만 의존해서는 소프트웨어의 구현 및 발전에 요구되는 정보의 양과 특성을 효과적으로 다루기가 어렵다. 구글은 사내 팀을 대상으로 한 연구 조사에서 팀에 누가 있는지보다 팀의 역학 관계가 훨씬 더 중요하다는 것을 밝혔다. 그리고 성과 측정에서도 개인보다 팀이 더 중요하다는 것을 알아냈다.[3] 따라서 팀은 효과적인 소프트웨어 전달의 시작점이라고 할 수 있으며, 팀의 규모나 수명, 관계, 문제점 인지 등 팀과 관련된 사항들을 다양한 측면에서 고려하고 이를 양성해야 한다.

규모가 작고 오랜 기간 유지되는 팀을 표준으로 삼아라

이 책에서 **팀**의 의미는 매우 구체적이다. 팀이란 공동의 목적을 달성하기 위해 일하는 단위로, 5~9명으로 이뤄진 안정적인 집단이다. 조직 내 업무 전달 및 담당에 있어 가장 작은 개체는 팀이어야 한다. 그러므로 조직은 반드시 개인이 아닌 팀에 업무를 할당해야 한다. 소프트웨어 설계와 전달, 운영의 모든 것은 팀에서 출발한다.

대부분의 조직에서 효과적인 팀은 최대 7~9명 정도 규모다. 예를 들어, 아마존Amazon은 피자 두 판으로 충분히 배불리 먹을 수 있는 인원으로 소프트웨어 팀의 규모를 제한하고 있다.[4] 이는 스크럼과 같은 유명한 프레임워크에서 권장하고 있으며, 던바의 수(인류학자인 로빈 던바Robin Dunbar의 이름에서 유래)로 알려진 그룹 인지 및 신뢰에 관한 진화적 한계에 기반한다. 던바는 한 사람이 깊이 신뢰할 수 있는 인원의 한계가 15명이라는 것을 발견했다.[5] 그 중 전적으로 신뢰할 수 있는 사람은 5명 이내라고 알려져 있다.[6]

팀 구성원 수가 효과적 팀의 적정 인원인 7~9명을 넘게 되면 팀에서 만드는 소프트웨어의 변동성^{viability}도 커진다. 물리적 규모의 확대로 팀 내 신뢰를 쌓기 어려워지고, 부적절한 결정을 내릴 가능성이 커지기 때문이다. 그러므로 조직은 팀 구성원의 수를 제한해 구성원 간 신뢰도를 최대한 높여야 한다.

변화를 빠르게 전달할 때는 높은 신뢰에 명확한 가치를 두고, 이를 고려해 설계하는 것이 중요하다. 높은 신뢰가 있을 때 팀은 실험을 하고 혁신을 이룰 수 있다. 팀 구성원의 수가 증가함에 따라 신뢰가 사라지거나 신뢰도가 낮아지면 전달 속도와 안정성은 저하된다.

> **NOTE**
>
> **신뢰도가 높은 조직이라면 큰 규모의 팀을 유지할 수 있다.**
> 물론, 7~9 규칙에도 약간의 예외는 있다. 신뢰와 상호 존중을 바탕으로 하고, 실패를 용인하는 조직 문화라면 15명 정도 규모의 큰 팀이라도 업무를 잘 수행할 수 있다. 그러나 경험상 이런 조건에 부합하는 조직은 거의 없었다.

규모가 작을수록 신뢰도는 높아진다

팀 규모와 던바의 수에 대한 한계는 팀과 부서, 업무 흐름, 비즈니스 종목 등을 분류하는 데까지 확장된다. 던바의 수뿐만 아니라, 인류학자들의 여러 연구 결과가 인간관계의 종류와 깊이에 분명한 한계가 존재한다는 사실을 보여준다.[7]

- 약 5명: 개인적으로 친밀하게 지내며, 업무 기억을 공유할 수 있는 한계 인원
- 약 15명: 깊은 신뢰 관계를 경험할 수 있는 한계 인원
- 약 50명: 상호 신뢰 관계를 형성할 수 있는 한계 인원
- 약 150명: 단순히 기억할 수 있는 한계 인원

일부 연구에서 사회관계가 효과적으로 이뤄지는 인원은 500~1,500명(최댓값은 최젓값의 3배를 적용) 정도로 제한된다는 사실이 밝혀졌다. 여러분이 이 숫자를 마음에 들어하는지는 중요하지 않다. 어떤 조직이든 팀 구성 및 분류 과정에서 규모의 한계를 마주한다는 사실이 중요하다. 조직 내 팀의 규모가 커질수록 팀 구성원 간 역학 관계와 행동 양식이 미묘하게 달라지거나 근본적으로 바뀌는 현상이 나타나며, 소규모 팀에서 효과를 발휘했던 패턴과 규칙들은 대규모 팀에서는 그 효과를 유지하기가 어려울 것이다.

신뢰는 팀의 효과적 운영에 꼭 필요한 요소다. 그러나 팀 규모가 신뢰 수준의 정도를 넘어설 만큼 확대된다면, 팀 규모가 작았을 때 얻었던 효과를 그대로 기대하기는 어렵다. 소프트웨어 시스템을 구축하고 운영하는 조직이라면, 팀 규모를 던바의 수에 맞춰 의도적으로 제한하는 것도 나쁘지 않다. 조직 내 팀의 예측 가능한 행동과 상호 작용을 유도할 수 있기 때문이다.

- 단일팀single team: 5~8명으로 구성(산업군 경험에 기반)
    - 신뢰 수준이 높은 조직이라도 15명 미만으로 구성
- 트라이브tribe: 50명 미만으로 구성
    - 신뢰 수준이 높은 조직이라도 150명 미만으로 구성
- 부문, 스트림, 손익 라인P&L, profit & loss: 150명 미만 혹은 500명 미만으로 구성

조직은 던바의 수에 맞춘 크기의 그룹으로 구성될 수 있으며, 한 임계값에 다다르면 다른 유닛을 반독립적인 유닛으로 분리해야 할 필요성이 생긴다. **던바의 수에 따른 팀 규모**를 동심원으로 시각화할 수 있다. 원의 중심에서 바깥으로 갈수록 팀 규모는 점점 커진다(그림 3.1 참조. 제임스 루이스James Lewis의 **양파** 개념에 기반함[8]).

소프트웨어 시스템 기반 제품과 서비스의 맥락에서 던바의 수가 말하는 범위는 한 부서의 인원이 50명(혹은 150명이나 500명)을 초과할 때 서로 다른 비즈니스 라인이나 업무 흐름에 참여하는 인원이 명확하게 제한되고, 조직 분류상 다른 집단과의 내·외부 역학 관계가 바뀐다는 것을 의미한다. 다시 말해, 소프트웨어 아키텍처를 새로운 팀 구성에 맞춰 재정렬해야 팀이 계속해서 해당 아키텍처를 실질적으로 소유할 수 있다는 것이다. 우리는 이를 **팀 최우선 아키텍처**team-first architecture라 부른다. 팀 최우선 아키텍처는 많은 조직에 대단히 새로운 사고방식을 요구한다. 아마존(피자 2판 규칙과 함께)과 같은 기업은 팀 최우선 아키텍처가 매우 성공적이며 확장 가능한 접근 방식이 될 수 있음을 증명했다.[9]

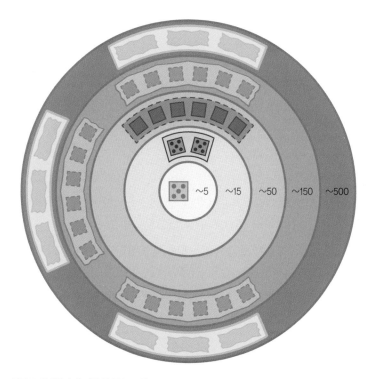

그림 3.1 던바의 수에 따른 팀 규모 조정
조직 내 팀 구성은 던바의 수를 따른다. 약 5명(소프트웨어 팀은 8명)으로 시작해 15명, 50명, 150명, 500명 등으로 규모를 늘린다.

업무는 장기간 유지되는 팀으로 흐른다

새로 구성된 팀이 효과적으로 업무를 수행하려면 시간이 필요하다. 팀이 응집력을 갖추기까지 걸리는 기간은 보통 2주에서 3개월이지만 그보다 더 길어질 수도 있다. 팀이 응집력을 제대로 갖추면 개인들보다 몇 배나 되는 효과를 거둘 수 있다. 어떤 팀이 높은 효과를 거둘 수 있는 단계에 이르는 기간이 3개월이라면, 적어도 3개월 동안은 팀 주변과 팀 안에서 충분한 안정을 제공해 팀이 그 수준에 도달하도록 도와야 한다.

6개월짜리 프로젝트가 이제 막 좋은 성과를 내기 시작한 시점에 팀 구성원을 다른 팀으로 재배치하는 건 시간 낭비다. 프레더릭 브룩스 Fred Brooks가 『맨먼스 미신』(인사이트, 2015)에서 언급했듯, 팀에 새로운 구성원을 투입한다고 해서 팀의 능력이 즉시 향상되지는 않는다(브룩스의 법칙Brooks's law으로 알려져 있다).[10] 새로운 구성원이 투입되는 초기에는 오히려 팀 역량이 줄어들 수 있다. 새로운 구성원이 능력을 발휘하기까지 준비 기간이 필요하고, 새로운 구성원이 팀에 추가될 때마다 팀 내 커뮤니케이션 경로는 기하급수적으로 증가한다. 그뿐만 아니라, 기존 구성원과 새로운 구성원은 서로의 관점과 업무 습관 등을 이해하고 받아들이기 위한(터크만Tuckman의 팀 발전 모델team-development model에서 형성기storming에 해당) 감정 적응이 필요하다.[11]

팀 수명에 관한 최고의 접근 방식은 알란 켈리가 2018년 그의 저서 『Project Myopia』에서 언급한 바와 같이, 팀을 안정된 상태로 유지해

업무가 팀으로 흐르도록 하는 것이다.[12] 팀은 안정되지만 고정된 상태여서는 안 되며, 꼭 필요할 때에만 바뀌어야 한다.

신뢰 수준이 높은 조직의 구성원이라면 팀 성과에 큰 해를 끼치지 않으면서 1년에 한 번 정도 팀을 변경할 수 있다. 클라우드 소프트웨어 전문 기업인 피보탈^{Pivotal}을 예로 들자면, 이 기업의 **엔지니어는 9개월에서 12개월마다 팀을 변경**한다.[13] 신뢰 수준이 낮은 일반 조직의 구성원들은 한 팀에 더 오랜 기간 (18개월에서 2년까지) 머무르며, 팀 결속과 팀유지를 위한 감독이 필요하다.

> **NOTE**
>
> **터크만 팀 성과 모델(Team Performance Model)**
> 터크만 성과 모델은 팀이 성과를 내는 형태를 4단계로 설명한다.
> 1. 형성기(Forming): 처음으로 모임
> 2. 격동기(Storming): 초기 구성원 사이의 개성 및 업무수행 방식 차이를 살펴봄.
> 3. 규범기(Norming): 협업의 표준 방식을 발전시킴
> 4. 성과기(Performing): 높은 수준의 효과를 달성하는 상태에 이름
>
> 그러나 파멜라 나이트(Pamela Knight) 등의 최근 연구에 따르면 터크만 모델은 매우 부정확하며, 특히 격동기의 특성은 팀이 활동하는 동안 꾸준히 나타나는 현상이다.[14] 조직은 팀의 역학 관계에 끊임없이 관심을 기울임으로써 팀이 높은 성과를 유지하도록 해야 한다.

팀이 소프트웨어를 소유한다

장기간 유지되는 소규모 팀이 자리 잡는다면 소프트웨어 오너십을 개선할 수 있다. 팀의 오너십은 현대 시스템이 운영 가능성과 목적 적합성을 유지하는 데 꼭 필요한 **지속 관리**를 제공하도록 돕는다. 또한, 탐색 단계부터 이용 및 실행 단계에 이르는 **수평면**을 복합적으로 고려해 소프트웨어와 그 실행 가능성을 더욱 잘 관리하도록 한다. 제즈 험블과 조안 몰레스키^{Joanne Molesky}, 베리 오라일리^{Berry O'Reilly}는 그들의 저

서 『Lean Enterprise(린 엔터프라이즈)』(O'Reilly Media, 2020)[15]에서 다음과 같이 설명했다. 수평면 1의 시간적 범위는 가까운 미래이며, 1년 내 전달하게 될 제품이나 서비스의 결과를 다룬다. 수평면 2는 앞 단계 이후 짧은 기간을 대상으로 제품과 서비스의 영역 확장을 다룬다. 수평면 3은 수평면 2를 거친 이후 수개월 동안 새로운 서비스와 제품 및 기능의 시장 적합성과 지속 가능성을 평가하기 위해 여러 실험을 하는 영역이다.

한 시스템의 변경 권한을 여러 팀에 주게 되면, 변경으로 빚어진 혼란을 다른 팀에 떠넘기기만 하는 문제가 발생한다. 그러나 한 팀이 시스템이나 하위 시스템을 소유하고, 팀 스스로 업무를 계획할 수 있는 자율권을 행사할 수 있다면 결과는 달라진다. 몇 주 안에 제거할 수 있는 자잘한 수정 사항들을 미리 알고 단기 수정에 관한 합리적 결정을 내릴 수 있다. 팀은 이와 같은 다양한 시간의 수평면과 오너십을 인지함으로써 자신들이 다루는 코드를 효과적으로 관리할 수 있다.

소프트웨어의 모든 부분은 정확히 한 팀이 소유해야 한다. 어떠한 컴포넌트, 라이브러리, 코드도 공동으로 소유해서는 안 된다는 의미다. 런타임에 공유된 서비스는 여러 팀이 사용할 수 있으나, 운영 중인 모든 서비스와 애플리케이션 혹은 하위 시스템은 한 개 팀이 소유하도록 한다. 외부 팀들은 소유팀에 풀 리퀘스트^{pull request}를 만들거나 변경을 제안할 수는 있지만, 의견을 직접 반영할 수는 없다. 소유팀이 다른 팀을 신뢰해 일정 기간 코드 접근 권한을 부여하더라도, 팀의 소유권 자체는 이동하지 않는다.

코드를 팀이 소유하는 것이 영역 싸움의 문제가 아님을 명심하라. 소유팀이 코드를 책임지고 관리하는 것은 맞지만, 팀 구성원 개개인이 다른 구성원을 배제하며 코드를 개인 소유인 것처럼 다루는 태도는 피해야 한다. 팀은 자신을 개인 소유주가 아닌 집사 혹은 관리자와 같은 존재로 여겨야 한다. 코드는 관리할 대상이지, 감시할 대상이 아니다.

팀 구성원들은 팀 최우선 사고방식을 가져야 한다

전달의 주체는 근본적으로 개인이 아니라 팀이어야 한다. 팀 최우선 접근 방식을 따른다면, 팀 구성원들 역시 팀 최우선 사고방식을 갖춰야(혹은 개발해야) 한다는 것을 인식해야 한다. 몇몇 사람은 이 개념을 낯설게 느끼겠지만, 적절한 지도와 학습 과정이 이뤄진다면 더 많은 이들이 이 방식에 적응하게 될 것이다.

팀으로서 함께 일하기 위해 구성원들은 개인의 욕구보다 팀의 욕구를 우선해야 하고, 다음 사항들을 지켜야 한다.

- 스탠드업과 회의에는 정시에 도착한다.
- 논의 및 조사의 방향을 흩트리지 않는다.
- 팀의 목표에 집중한다.
- 새로운 업무를 시작하기 전, 다른 팀 구성원들이 어려움을 해결하도록 돕는다.
- 새로운 팀 구성원이나 경험이 적은 팀 구성원에게 멘토링을 제공한다.
- **이기려는** 논쟁을 피하고 선택 가능한 옵션을 탐색하는 데 함께 한다.

그러나 아무리 지도하고 훈련하더라도, 팀 욕구보다 개인 욕구를 우선시해 팀으로 일하기에 적합하지 않은 사람들이 있다. 이런 사람들은 팀워크를 망가뜨릴 뿐만 아니라, 팀 자체를 파괴하기도 한다. **팀에 독이 되는** 구성원은 미리 제거해 나중에 피해가 발생하는 것을 막아야 한다. 많은 연구 결과가 이 내용을 뒷받침한다. 그중 한 연구에서는 '집단을 중시하는 팀 구성원이 개인을 중시하는 팀 구성원보다 업무에 잘 참여하며, 팀 상호 작용 과정에서 성과를 개선하는 경향이 있다'라는 결과를 얻었다.[16]

팀 내 다양성을 수용하라

요구와 기술이 급변하는 상황에서 팀은 당면 과제의 해결과 다른 팀과의 효과적 커뮤니케이션을 가능하게 할 참신하고 창의적인 방법을 끊임없이 발굴해야 한다. 최근 실시한 민간 및 국방 분야 연구에 따르면, 다양한 배경의 구성원이 모인 팀이 창의적 해결책을 더 빨리 구하고 다른 팀의 요구에 더 잘 공감하는 경향이 있다.[17]

다양한 구성원을 조합해 한 팀으로 구성하면 더 나은 결과를 얻을 수 있는 것으로 보인다. 팀 구성원들이 소프트웨어 사용자들의 컨텍스트와 필요에 대한 가정을 덜 하기 때문이다. 톰 드마르코Tom DeMarco와 티모시 리스터Timothy Lister는 그들의 유명한 저서인 『피플웨어』(인사이트, 2014)에서 이렇게 언급했다. '약간의 이질성이 팀을 굳건하게 만드는 데 매우 중요한 요소일 수 있다.'[18] 새로운 가능성을 발견하는 맥락에서 팀의 다양한 관점과 경험은 해결책의 범위를 더 빠르게 탐색하도록 돕는다. 『Guide to Organisation Design』의 저자 나오미 스탠포드는 이를 다음과 같이 표현했다. '사람과 조직은 다양한 노동력을 통해 이익을 얻으며, 서로의 차이로부터 긍정적 에너지가 유발된다.'[19]

개인이 아니라 팀 전체에 보상하라

『Out of the Crisis(위기를 넘어)』(MIT Press, 2000)의 저자이자 린 제조 운동Lean manufacturing movement의 주요 인물인 에드워드 데밍W. Edward Deming은 경영의 14가지 핵심 중 하나로 '연간 평가 혹은 장점 평가와 목적 중심 관리의 폐지'[20]를 들었다. 현대 조직에서 개인 성과에 보상하는 시도는 좋지 않은 결과로 이어져 구성원의 행동에 악영향을 미친다. 특히, 기업들이 연말에 수익성을 조절하려는 목적으로 개인 보너스를 활용하는 것은 문제가 많다. 뛰어난 개인의 노력은 '최악의 경영 실적을 달성한 해'라는 이유로 빛을 발하지 못하고, 제한된 보너스를 받거나 심지어 보너스를 전혀 받지 못할 수도 있다. 이런 상황에서는 개인 성과와 실제 보너스 간 불일치가 발생해 업무 동기 저하로 이어진다.

팀 최우선 접근 방식에서는 전체 팀^{whole-team}이 함께한 노력에 따라 보상을 받는다. 1990년대와 2000년대에 걸쳐 성공 가도를 달렸던 기술 기업, 노키아^{Nokia}가 정리한 업무 특징 중 하나는 다음과 같다. '조직 전체의 임금 차이가 줄었다. 보너스는 많지 않았고, 팀 단위로 기업 전체 실적에 따라 지급했다. 개인 차원의 보너스는 지급하지 않았다.'[21]

교육 예산에도 비슷한 관점을 적용할 수 있다. 팀 최우선 접근 방식에서는 개인이 아닌 전체 팀 단위로 단일 교육 예산을 책정한다. 만약, 특정 구성원이 피드백을 잘한다는 이유로 한 해 동안 6~7차례 컨퍼런스에 이 구성원을 보내고자 한다면, 이것은 오롯이 팀이 결정할 사항이다.

좋은 경계는 인지 부하를 최소화한다

팀을 (소프트웨어) 전달의 기본 수단으로 정립했다면, 조직은 각 팀의 인지 부하가 너무 높지 않도록 해줘야 한다. 인지 부하가 너무 높은 소프트웨어 시스템을 다루는 팀은, 해당 소프트웨어를 효과적으로 소유하지 못하거나 안전하게 발전시킬 수 없다. 이 절에서는 변화의 빠른 흐름을 안전하게 촉진하기 위해 팀의 인지 부하를 발견하고 제한하는 방법을 살펴볼 것이다.

팀의 책임을 제한해 팀의 인지 부하와 일치시켜라

현대 소프트웨어 전달의 마찰을 높이는 요소로 가장 잘 알려진 하나는 팀이 다뤄야 하는 코드의 크기와 복잡성의 전례 없는 증가다. 이는 팀이 예상치 못한 인지 부하를 초래한다.

인지 부하는 많은 코딩을 하지 않고도 태스크를 실행하는 팀, 즉 전통적 운영 및 인프라스트럭처 팀에도 적용할 수 있다. 이런 팀들도 책임져야 할 영역과 운영해야 할 수많은 애플리케이션, 관리해야 할 도구들 때문에 과도한 인지 부하를 겪고 있다.

팀 최우선 접근 방식에서는 팀의 책임과 그 팀이 다룰 수 있는 인지 부하가 일치한다. 이 긍정적인 파급 효과는 팀 설계 방식과 조직 내 팀의 상호 작용 방법을 바꿀 수 있다.

소프트웨어 전달팀에서의 인지 부하를 다루는 팀 최우선 접근 방식은 팀이 다뤄야 할 것으로 예상하는 소프트웨어 시스템의 크기를 제한하는 것을 의미한다. 즉, 조직은 한 소프트웨어의 하위 시스템 규모가 해당 소프트웨어를 담당하는 팀의 인지 부하를 넘어설 정도로 커지게 해서는 안 된다는 것이다. 이런 관점은 소프트웨어 시스템 형태와 아키텍처에 매우 강력하고 급격한 영향을 미친다. 이에 관한 내용은 뒤에서 더 자세히 살펴볼 것이다.

인지 부하라는 용어는 1988년 심리학자인 존 스웰러John Sweller가 '업무를 기억하는 데 들이는 정신적 노력의 총량'[22]이라는 표현을 한 이후 사용되기 시작했다. 스웰러는 인지 부하를 다음 세 가지로 분류한다.

- 내적 인지 부하intrinsic cognitive load: 문제 영역의 기본 태스크 관련 인지 부하(예, '자바 클래스 구조란 무엇인가?', '새로운 방법은 어떻게 창출하는가?' 등)
- 외적 인지 부하extraneous cognitive load: 수행 중인 업무의 환경 관련 인지 부하(예, '구성요소를 어떻게 재배치해야 하는가?', '서비스 설정은 어떻게 해야 하는가?' 등)
- 관련 인지 부하germane cognitive load: 학습이나 높은 성과 달성 과정에서 주의해야 할 업무 관련 인지 부하(예, '이 서비스가 ABC 서비스와 어떻게 상호작용해야 하는가?'등)

예를 들면, 웹 애플리케이션 개발자의 내적 인지 부하는 사용 중인 컴퓨터 언어에 관한 지식(프로그래밍의 기초 지식)이며, 외적 인지 부하는 동적 테스트 환경 내 인스턴스를 생성하는 데 필요한 구체적 명령어 (기억하기 어려운 여러 콘솔 명령어)일 수 있고, 관련 인지 부하는 프로그 래밍 중인 비즈니스 도메인(발주 시스템 혹은 비디오 처리 알고리즘)의 특 정 측면이라 생각해 볼 수 있다. 조 피어스$^{Jo\ Pearce}$는 소프트웨어 개발 계통의 인지 부하 관련 사례를 다양하게 제시한다.[23]

요점만 말하자면, 조직이 현대 소프트웨어 시스템을 효과적으로 전달 하고 운영하는 방법은 내적 인지 부하(교육, 좋은 기술 선택, 채용, 페어 프로그래밍 등)를 최소화하고, 외적 인지 부하(지루하거나 불필요한 작업, 업무 기억에 가치를 더하지 못하는 작업, 자동화 가능한 작업 등)를 제거하려 노력하는 것이다. 이와 함께 관련 인지 부하를 위한 공간(즉, 부가 가치 value-add의 사고 영역)은 더 많이 남겨둬야 한다.

3장의 앞부분에서 살펴본 것처럼 소프트웨어 시스템을 운영하는 팀 은 최대 7~9명으로 구성하는 것이 효과적이다. 한 팀이 다룰 수 있는 인지 부하량의 최댓값도 존재한다. 대부분의 조직에서는 소프트웨어 일부분에 관한 책임을 팀에 부여할 때, 팀의 인지 부하를 먼저 고려하 지 않는다. 같은 문제를 처리하는 과정에 더 많은 팀이 참여하면 팀 전체가 자연스럽게 인지 부하를 공유할 것이라 여긴다. 그러나 그 팀 들은 브룩의 법칙에서 언급한 것과 비슷한 커뮤니케이션과 상호 작용 의 중압감으로 고통받는다.

시스템 일부에 대한 책임이 팀의 인지 부하량을 초과해 팀 내 스트레 스를 유발하면, 높은 성과를 달성하기 위해 단단하게 결집했던 팀은 공동의 목표가 없는 단순한 개인의 집단으로 변모한다. 팀 구성원들 은 각자 맡은 일이 팀 성과에 얼마나 기여하는지는 고려하지 않고, 그 저 처리하는 데 만족한다.

한 팀의 인지 부하를 제한한다는 것은 팀이 다루는 하위 시스템 혹은 영역의 크기를 제한한다는 것과 같은 의미이다. 드리스켈과 그의 동 료들은 연구 논문을 통해 다음과 같은 전략을 제안했다. '효과적인 팀

워크가 매우 중요한 영역에서는 업무 부담이 덜하도록 구조화(즉, 하위 작업을 위임하는 등)함으로써, 팀이 필수 업무와 팀워크에 신경 쓰도록 해야 한다.'[24]

동시에, 팀은 현재 처리해야 할 내적 인지 부하량과 외적 인지 부하량이 감소하도록 꾸준히 노력해야 한다(훈련이나 연습, 자동화 및 다른 유용한 기술을 활용할 수 있다).

상대적인 도메인 복잡도를 사용해 인지 부하를 측정하라

팀의 인지 부하를 평가하는 방법은 간단하다. 팀 구성원에게 '당신은 효과적으로 일하고 있으며, 주어진 업무에 대해 즉각적으로 대응할 수 있는 상태라고 생각합니까?'와 같은 내용의 질문을 던지면 인지 부하를 빠르게 평가할 수 있다.

물론 이렇게 얻은 답변이 팀 인지 부하를 측정하는 정확한 척도가 된다고 할 수는 없다. 그러나 팀이 과부하 상태인지 아닌지 판단하는 데 커다란 도움이 될 것이다. 팀의 대답이 명확하게 부정적이라면 몇 가지 휴리스틱들을 이용해 인지 부하가 높은 이유를 이해할 수 있다. 팀의 인지 부하가 높다는 사실을 인지한 조직은 적절한 조치를 함으로써 인지 부하를 낮추고, 팀이 다시 효과적이고 적극적으로 업무를 수행하도록 해야 한다. 조직의 적절한 대응은 결과적으로 구성원 각자가 담당 업무의 가치와 목적을 이해할 수 있게 하고, 팀 내 동기 부여 수준을 높인다.

코드의 양이나 모듈, 클래스, 혹은 메서드 수와 같은 단순한 지표를 사용해 인지 부하를 결정하려는 시도는 잘못된 것이다. 컴퓨터 연구가 그래이린 제이Graylin Jay와 그의 동료들은 2009년의 연구를 통해 '어떤 프로그래밍 언어들은 다른 프로그래밍 언어들보다 훨씬 장황함'을 발견했다(마이크로서비스가 출현한 뒤, 폴리글랏polyglot[2] 시스템은 급격하게 일

2　한 시스템을 개발하면서 여러 프로그래밍 언어를 동시에 사용하는 것 – 옮긴이

반화됐다). 또한, 팀들은 더 많은 추상적 개념을 사용하고 코드를 재활용하면서 기존보다는 작지만 단순하지 않은 코드 베이스를 얻었다.[25]

인지 부하를 측정할 때는 도메인 복잡성domain complexity, 즉 소프트웨어를 활용해 해결하려는 상황이 얼마나 복잡한가를 가장 먼저 확인해야 한다. 도메인은 소프트웨어 규모보다 넓게 적용할 수 있는 개념이다. 예를 들어, 하나의 툴 체인을 운영하고 개발하면서 지속적인 전달을 지원하려면 일반적으로 매우 많은 도구를 통합하고 테스트해야 한다. 몇몇 자동화 코드가 필요하겠지만, 코드의 규모는 사용자가 직접 사용하는 애플리케이션 구축에 필요한 것보다 작다. 도메인을 고려하면 경계를 넘어 사고하면서 일반적인 휴리스틱도 적용할 수 있을 것이다.

인지 부하를 계산하는 공식은 없으나 팀이 책임지는 도메인의 수, 그리고 조직 내부 관점에서 보는 해당 도메인의 상대적 복잡성은 평가할 수 있다. 1장에서 소개한 아웃시스템즈의 엔지니어링 생산성 팀은 상이한 도메인(빌드, 지속적 통합, 지속적 전달, 테스트 자동화 및 인프라스트럭처 자동화)을 다루는 상황에서 과부하 상태가 되는 것을 깨달았다. 팀은 서로 다른 제품 영역의 태스크를 동시에 받아들이면서 끊임없이 과도한 양의 업무에 시달렸고, 컨텍스트의 전환을 반복했다. 팀 구성원들은 충분한 도메인 지식이 없다는 데 동감했으나, 학습에 투자할 시간을 찾지 못했다. 실제로 이들의 인지 부하는 대부분 외적 인지 부하였으며, 내적 인지 부하나 관련 인지 부하는 거의 없었다.

팀은 문제 해결을 위해 과감한 결정을 내렸다. 한 덩어리였던 팀을 몇 개의 마이크로팀microteam으로 분할하고, 각 마이크로팀이 하나의 도메인 및 제품 영역(IDE 생산성, 플랫폼 서버 생산성, 인프라스트럭처 자동화)만을 책임지도록 한 것이다. 두 개의 생산성 마이크로팀은 각 제품 영역(IDE와 플랫폼 서버)에 맞춰 정렬됐다. 중첩된 도메인에서는 변화가 빈번하게 일어나지 않았다. 이전의 단일팀 모델은 일반적 상황이 아닌 예외적 상황에 최적화됐다는 것을 알게 됐다. 새로운 구조를 적용하면서 팀들은 해결책을 찾는 동안에는 필요하지만, 영구적 조직 구조까지는 필요하지 않은 교차 도메인 업무 영역에서 더욱 밀접하게 (필요한 경우에는 임시 마이크로팀을 구성하면서) 협업했다.

몇 달이 채 지나지 않아 그들은 예상 밖의 결과를 얻었다. 마이크로팀 각각의 내부 동기가 높아졌고, 한 도메인을 충분히 익히는 데 집중할 수 있었다(각 마이크로팀에는 리더가 존재하지 않았고, 모든 결정에는 팀 구성원 전체가 참여했다). 컨텍스트 전환 빈도수는 줄었고, 팀 간 커뮤니케이션은 더 활발해졌으며, 팀별 업무 또한 분명해졌다(여러 목표의 집합이 아닌 하나의 목적을 공유했기 때문이다). 결과적으로 제품팀이 제공하는 해결책의 적합성 관점에서 업무의 흐름과 질이 크게 향상됐다.

팀이 책임지는 도메인의 수와 종류를 제한하라

단언컨대 '이 팀이 책임지는 도메인의 수와 종류가 올바른가?'에 대한 확실한 답은 존재하지 않는다. 도메인은 물론 팀의 인지 역량 또한 고정적이지 않기 때문이다. 하지만 상대적 도메인의 복잡도를 기준으로 헤아려 보면 팀의 책임과 경계를 형성하는 데 도움을 얻을 수 있다. 도메인의 복잡도를 알 수 없을 때는 팀이 도메인에 대해 느끼는 정도에 따라 우선순위를 정해야 한다. 한 팀에 더 많은 도메인을 **구겨 넣기** 위해 복잡도를 낮추는 행동(예를 들어 '지속적 전달에 수많은 도구를 사용할 수 있으니, 전혀 어렵지 않을 거야'와 같은)은 반드시 실패로 이어진다.

우선 각 팀이 다뤄야 할 도메인을 분명하게 식별하고, 이 도메인들을 단순simple(업무 대부분이 명확한 행동으로 정해진 영역), 난해complicated(변화를 분석하고, 올바르게 해결하기 위해 솔루션을 몇 차례 반복 적용하는 영역), 혹은 복잡complex(솔루션을 개발하려 많은 실험과 발견을 하는 영역) 단계로 분류한다. 분류한 도메인들을 짝지어 여러 팀을 대상으로 비교하면서 분류 결과를 세심하게 조정한다. '도메인 A가 도메인 B와 대립하는가?', '도메인의 복잡도는 비슷한가, 아니면 한 도메인의 복잡도가 다른 도메인보다 특히 높은가?', '현재 도메인 분류는 그러한 상황을 잘 반영했는가?'

첫 번째 휴리스틱은 한 도메인을 한 팀에 할당하는 것이다. 도메인의 크기가 한 팀이 다루기에 너무 크다면, 도메인의 책임을 여러 팀에 부여하지 말고, 해당 도메인을 하위 도메인으로 나눈 뒤, 각 하위 도메인을 한 팀에 할당한다(큰 규모의 도메인을 나누는 방법은 6장에서 알아볼 것이다).

두 번째 휴리스틱은 한 팀(팀의 최적 인원은 7~9명이다)에 2~3개의 **단순** 도메인을 할당하는 것이다. 이런 도메인은 상당히 절차적이며 기계적으로 대응하기 때문에, 도메인 간 컨텍스트 전환 비용이 발생하더라도 감당할 수 있다. 이런 맥락에서, 한 팀이 책임지는 단순 도메인은 크기가 매우 작고, 가끔 간단한 변경만 하는 오래된 소프트웨어 시스템일지도 모른다. 하지만 판에 박힌 업무의 특성상 팀 구성원의 의욕이 사라질 위험성이 존재한다.

세 번째 휴리스틱은 복잡한 도메인을 담당하는 팀에 다른 도메인을 더 할당하지 말아야 한다는 것이다. 아주 간단한 도메인일지라도 더 이상 맡게 해서는 안 된다. 이는 업무 흐름을 방해하는 비용(복잡한 문제 해결에는 시간과 집중이 필요하다)과 우선순위 결정(예측할 수 있고 간단한 문제를 먼저 해결하려는 경향이 있어, 비즈니스의 가장 핵심인 복잡한 문제 해결은 나중으로 밀린다) 때문이다.

마지막 휴리스틱은 한 팀이 난해한 도메인을 2개 이상 책임지지 않도록 해야 한다는 것이다. 8~9명 규모의 팀이라면 2개 도메인을 잘 다룰 수 있을 것 같지만 실제로는 그렇지 않다. 이 팀은 2개의 하위 팀(도메인을 하나씩 분담)처럼 행동하면서도, 팀의 모든 구성원이 2개 도메인을 파악하고 있을 것이라고 기대하기 때문에 인지 부하와 조정

변경 전

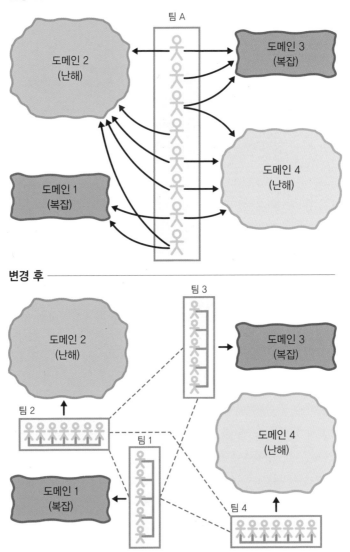

그림 3.2 한 팀이 난해하거나 복잡한 도메인을 2개 이상 담당하지 않아야 한다

변경 전: 한 대규모 팀이 4개 도메인(2개의 난해한 도메인과 2개의 복잡한 도메인)에 분산돼 성과를 내려 애쓰는 중이다. 잦은 컨텍스트 전환과 낮은 개별 참여가 팀 사기에 부정적 영향을 미친다.

변경 후: 여러 소규모 팀이 각각 한 도메인에 집중하면서 동기 부여가 높아지고, 팀은 더 빠르고 예측 가능한 전달을 수행한다. 저(低)대역폭의 팀 간 협업을 통해 2~3개 도메인에 영향을 미치는 문제들을 종종 해결한다.

비용이 증가한다. 이런 문제는 팀을 둘로 나눠 5명으로 구성된 2개 팀
(팀 구성원으로 한두 명을 더 채용해)을 만들면 해결할 수 있다. 2개 팀은
각자 맡은 도메인에 더 집중하고 자율적으로 업무를 수행할 것이다
(그림 3.2 참고).

앞서 설명한 내용은 권장 사항일 뿐, 성공을 보장하는 방법은 아니다.
앞의 가이드라인을 시작으로 여러분의 조직이 진화하고 학습할 수 있
도록 적용해 보길 권한다. 도메인 할당의 결과가 합리적인 것 같아도
팀이 업무 부하를 느낀다면 스트레스가 증가하고 사기가 떨어져 결과
에 악영향을 미친다는 점을 항상 기억하라.

소프트웨어 경계 크기를 팀의 인지 부하와 일치시켜라

소프트웨어 전달팀이 업무를 수행하면서 소프트웨어 시스템을 소유
하고 효과적으로 발전하게 하려면 소프트웨어 하위 시스템의 규모와
경계 설정에도 팀 최우선 접근 방식을 적용하도록 한다. 시스템을 추
상적으로 설계하는 대신, 시스템과 소프트웨어 경계를 전달팀의 인지
부하에 맞춰 설계하는 게 좋다.

단일 아키텍처와 마이크로서비스 아키텍처라는 고정된 형태 중 하나
를 선택하는 것이 아니라, 이를 책임질 팀의 최대 인지 부하에 맞춰
소프트웨어를 설계하는 것이다. 그래야만 지속 가능하고 안전하며 빠
른 소프트웨어 전달을 기대할 수 있다. 소프트웨어 경계에 적용하는
팀 최우선 접근 방식은 우리가 선호하는 특정 형태의 소프트웨어 아
키텍처, 즉 규모가 작고 결합력이 약한 서비스로 연결된다. 소프트웨
어 하위 시스템 경계에 팀 최우선 접근 방식을 적용한 모습을 그림
3.3에 표시했다.

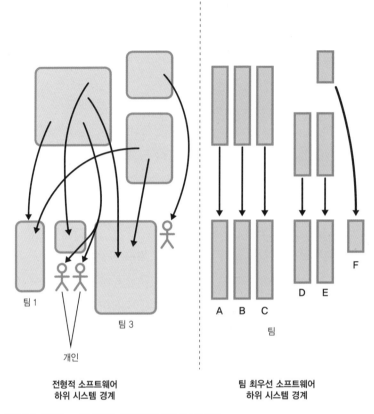

팀 1

팀 3

개인

A B C

팀

D E

F

**전형적 소프트웨어
하위 시스템 경계**

**팀 최우선 소프트웨어
하위 시스템 경계**

그림 3.3 전형적 vs. 팀 최우선 소프트웨어 하위 시스템 경계

왼쪽은 전형적 소프트웨어 하위 시스템 경계를 표현한 것이다. 여러
팀이 조합된 팀과 단일팀, 그리고 개인에게 시스템이나 제품의 다양
한 부분을 할당했다. 오른쪽은 팀 토폴로지에서 제안하는 팀 최우선
접근 방식을 적용한 소프트웨어 하위 시스템 경계를 표현한 것이다.
소프트웨어의 모든 부분을 팀 규모에 맞게 조절했으며, 팀별로 각 부
분을 담당한다.

한 팀이 담당하는 소프트웨어 하위 시스템이나 도메인 규모를 늘리려
면 그 팀의 업무 환경을 조정해 인지 역량을 최대치로 끌어올려야 한
다(내적 인지 부하와 외적 인지 부하를 모두 줄여야 한다).

- 팀 최우선 업무 환경(물리적이거나 실질적인)을 제공하라(이 내용은 3장 후반에 더 자세히 설명한다).
- 팀의 업무 몰입도가 저하되는 요인을 최소화하라. 회의를 제한하고, 이메일을 줄이고, 외부 소통은 전담팀이나 전담 자가 담당하게 하라.
- 관리 스타일을 변경하라. **방법**에 집착하지 말고 목표와 결과를 전달하라. 맥크리스털이 『팀 오브 팀스』에서 언급한 '눈은 두고, 손은 떼라Eyes On, Hands Off '26의 의미를 생각하라.
- 다른 팀이 느끼는 개발자 경험developer experience, DevEx의 품질을 향상하라. 잘 작성한 문서와 일관성, 좋은 사용자 경험 user experience, UX 그리고 다른 개발자 경험 사례를 통해 다른 팀들이 여러분의 팀이 작성한 코드와 API를 활용할 수 있게 하라.
- 소프트웨어를 구현하는 팀의 인지 부하를 줄이기 위한 목적으로 설계된 플랫폼을 사용하라.

조직은 이런 방법을 사용해 팀과 그 구성원이 겪는 업무 외적 부담이나 긴장감을 줄임으로써 팀의 인지 공간을 더 많이 확보하고, 팀이 과거에 다루기 힘들어했던 소프트웨어 시스템의 부분을 맡을 수 있게 한다. 반대로, 조직이 팀 최우선 사무 공간과 훌륭한 경영 관행, 그리고 팀 최우선 플랫폼을 갖추지 않는다면 팀이 감당할 수 있는 소프트웨어 하위 시스템의 크기는 점점 작아진다. 소규모의 하위 시스템 수가 증가할수록 이를 담당할 더 많은 팀이 필요하므로 소요 비용이 증가한다. 소프트웨어의 하위 시스템 경계를 설정할 때, 팀 최우선 접근 방식을 취해 인지 부하를 고려한다면 팀은 더욱 행복해질 것이고 (결과적으로) 비용 또한 감소할 것이다.

솔루션 팀 리더인 알버트 베르틸손^{Albert Bertilsson}과 웹 개발자인 구스타프 닐슨 콧^{Gustaf Nilsson Kotte}은 2017년 이케아^{IKEA} 모바일 팀을 이끌면서 팀의 인지 부하가 계속 증가하는 것을 느꼈다. 2018년 두 사람이 우리에게 의뢰했을 당시, 그들이 이끌던 모바일 팀은 짧은 기간 동안 다양한 시장에 많은 프로젝트를 성공적으로 전달하면서 날로 성장하는 중이었다.

높은 성과를 달성한 이 팀은 그들이 유지 관리한 소프트웨어 제품의 수가 증가함에 따라 더욱 많은 책임을 지게 됐다. 결국, 일부 업무 흐름이 다른 프로젝트의 출시를 방해하는 문제에 봉착했다. 버틸슨과 콧은 팀 구성원들에게 팀이 동일 코드 베이스를 사용하는 2개 제품만을 다뤄야 하고, 콘웨이의 법칙에 따라 팀을 2개로 나눠야 한다고 설득했다(물론, 이 과정에서 팀 구성원들은 매우 크게 반발했다). 여기서 흥미로운 점은 이 팀이 내적 동기(자율성, 전문성, 그리고 목적성)를 충분히 지닌 우수한 팀이었다는 점이다. 그런 팀임에도 불구하고 그들은 인지 과부하로 고통을 느끼고 있었다.

팀 최우선 접근 방식을 소프트웨어 경계에 적용해서 팀이 얻는 또 하나의 이점은 작업 중인 소프트웨어의 공유 모델을 쉽게 갖게 된다는 점이다. 연구 결과에 따르면, 팀 구성원들의 심적 모델이 유사할수록 팀 성과를 더욱 손쉽게 예측할 수 있다. 실수가 줄고, 더욱 응집된 코드를 작성하게 되며, 산출물을 훨씬 빠르게 전달할 수 있게 된다.[27] 팀 중심으로 모든 것을 최적화할수록 이익은 긍정적 방향으로 몇 배가 돼 돌아온다.

> **TIP**
>
> '다른 이들의 인지 부하를 최소화하라'는 좋은 소프트웨어 개발에 있어 가장 유용한 휴리스틱 중 하나다.

'팀 API'를 설계해서 팀 상호 작용을 촉진하라

이제 우리는 팀을 전달의 기본 수단으로 간주하기 때문에 다른 것들을 팀 중심으로 설계할 수 있다. 이 절에서는 팀 API^team API 그리고 잘 정의된 팀 상호 작용과 같은 개념을 살펴볼 것이다. 이 두 가지 개념은 명확하게 소통하는 팀의 일관적이고 역동적인 네트워크를 구축하기에 좋은 방법이다.

코드, 문서, 사용자 경험을 포함하는 '팀 API'를 정의하라

소프트웨어 시스템의 특정 부분을 문제없이 오랜 기간 다뤄 온 팀이 있다면, 안정적인 팀 API(각 팀을 둘러싼 API)를 만들 수 있다. API^application programming interface는 소프트웨어의 상호 작용 방식을 묘사해 설명한 것이고, 이를 확장해 팀에 적용한 것이 팀 API다. 팀 API는 다음과 같은 요소를 내포한다.

- 코드^Code: 런타임 엔드포인트, 라이브러리, 클라이언트, 사용자 인터페이스^UI 등 팀이 만든 산출물
- 버전 관리^Versioning: 팀이 자신이 개발한 코드 및 서비스의 변경 사항을 반영하는 방법(예, 시맨틱 버저닝^semantic versioning인 [SemVer]를 **팀 약속**으로 사용해 상태를 유지)
- 위키^Wiki와 문서^Documentation: 팀 소유의 소프트웨어 사용 방법 기술
- 프랙티스^Practice와 원칙^Principles: 팀이 선호하는 작업 방식
- 커뮤니케이션^Communication: 팀이 원격 커뮤니케이션 도구(채팅 도구 및 화상회의 도구 등)에 접근하는 방식
- 업무 정보^Work information: 현재 팀이 작업 중인 사항과 향후 계획 그리고 중단기 업무의 전반적 우선순위
- 기타: 해당 팀과 상호 교류하기 위해 다른 팀이 요구하는 기타 사항

팀 API는 다른 팀이 편리하게 활용할 수 있도록 다음 사항들을 고려해야 한다. 다른 팀들은 우리 팀과 상호 교류하는 방법을 찾기 쉽고 간단하게 여기는가, 아니면 어렵고 혼란스럽다고 여기는가? 새로운 팀이 우리 팀의 코드와 업무 프랙티스를 이해하기 쉬운가? 다른 팀의 풀 리퀘스트나 다른 제안에 어떻게 대응하는가? 다른 팀이 우리 팀의 백로그backlog나 제품 로드맵product roadmap을 쉽게 이해할 수 있는가?

효과적인 팀 최우선 소프트웨어 오너십을 만들기 위해, 팀은 API를 소비할 고객(즉, 다른 팀)의 목적에 적합하도록 지속적으로 팀 API를 정의하고, 홍보하고, 테스트하며 발전시켜야 한다. 하이디 헬판트 Heidi Helfand의 저서 『Dynamic Reteaming(역동적인 팀 재구성)』(O'Reilly, 2020)에는 피보탈 클라우드 파운드리PCF, Pivotal Cloud Foundry의 프로그램 관리 책임자인 에반 윌리Evan Wiley가 PCF에 존재하는 50개 이상의 팀에 대해 다음과 같이 말한 내용이 있다.

> 우리는 가능한 보다 많은 계약과 API를 기반으로 하는 팀 간 고려 사항의 분리를 유지하고자 했다. 팀 간 어떠한 코드도 공유하지 않으려 노력했다. 특정 팀이 개발한 기능 관련 깃(git) 저장소의 소유권은 해당 팀에만 있다. 다른 팀이 그 코드 베이스에 추가나 변경을 하고자 한다면 풀 리퀘스트를 보내거나, 교차팀 페어 프로그래밍을 해야 한다. 교차팀 페어 프로그래밍을 할 때 우리는 의존성을 가진 팀에게 페어의 절반을 보내고, 그 팀은 페어의 절반을 다시 보내서 해당 기능을 수행하도록 한다.[28]

클라우드 공급자인 AWS는 더욱 엄격한 팀 API 접근 방식을 적용한다. AWS의 CEO, 제프 베조스Jeff Bezos는 거의 편집증 수준의 팀 간 분리를 주장했다. 예를 들면, AWS의 각 팀은 항상 '모든 다른 팀은 서비스 레벨, 한도, 트래픽을 착취할 가능성이 있는 잠재적인 서비스 거부DoS, denial of service 공격자다'라는 가정을 두고 업무를 수행한다.[29]

좋은 팀 API를 만드는 많은 행동과 패턴들은 대개 좋은 플랫폼과 좋은 팀 상호 작용을 만든다(좋은 플랫폼이 무엇인지에 관한 자세한 내용은 5장을 참조하고, 약속 이론promise theory, 즉 사회 과학 기술 시스템에서 협업하기 위한 팀 최우선 접근 방식에 관한 자세한 내용은 7장을 참조한다).

신뢰, 인지, 학습을 위한 팀 상호 작용을 촉진하라

기술력과 경험의 정도가 유사한 여러 팀의 구성원들이 서로 학습하고 전문성을 길러 경쟁력을 갖추려면 적당한 공간과 시간을 제공함은 물론 비용도 투자해야 한다.

전체 팀과 팀 구성원들이 상호 커뮤니케이션하고 학습할 수 있도록 각자 따로 활용할 수 있는 시간과 공간을 명확하게 설정하는 게 중요하다. 이로써 조직은 전체 구성원이 팀의 상호 작용을 촉진하는 흐름을 학습하고 이를 신뢰하도록 만들 수 있다. 팀이 신뢰와 인지력을 쌓고 새로운 것을 학습하도록 하기 위해서는 반드시 (1)신중하게 설계된 물리적·실제적 환경을 제공하고 (2)잠시 책상에서 벗어나 길드guild, 즉 실천 커뮤니티(관심 영역에 관한 정보를 공유하고 관련 지식을 배우려 정기적으로 모이는 자발적 단체 혹은 내부 기술 컨퍼런스 등)에 참여하도록 권장해야 한다.

이와 같은 팀 상호 작용은 일상적인 소프트웨어 시스템의 구현 및 운영의 외부 영역에 존재하기 때문에 콘웨이의 법칙이 덜 명확하게 적용되며, 팀 사이의 교차 협력도 자유롭게 이뤄질 수 있다. 무엇보다 이런 맥락에서 상호 작용을 연습할 기회가 있는 팀은 소프트웨어 시스템을 구현하고 운영할 때, 다른 팀과 더욱 쉽게 상호 작용하는 경향을 보인다. 이런 인과관계는 로버트 액슬로드Robert Axelrod와 마크 버제스Mark Burgess가 수행한 획기적 연구로 밝혀졌다.[30]

명확한 물리적·실질적 환경 설계를 통해 팀 상호 작용을 지원하라

팀이 신뢰를 쌓고 학습하려면 신중하게 설계된 물리적·실질적 환경이 꼭 필요하다. 하지만 모두가 같은 시간 동안 남들과 같은 환경에서 일하고 싶어 하는 것은 아니다. 그 어떤 잡음이나 소음 없이 완벽하게 집중할 수 있는 환경이 필요한 작업(예를 들면, 난해한 알고리즘을 구현하고 테스트하는 일 등)이 있고 협업이 꼭 필요한 작업(예를 들면, 유저 스토리user story나 인수 조건acceptance criteria을 결정하는 일 등)이 있다. 종일 헤드폰을 쓰고 일하는 사람들을 반사회적 인물로 판단해 상호 작용과 협업을 이끌 수 없다고 보는 시각도 있지만, 어쩌면 이들은 사무실의 소음을 피하고 조용한 환경에서 효과적으로 일하고 싶어 나름대로 노력하고 있는 것일 수도 있다.

철저하게 분리된 개별 공간이나 완전 개방형 공간은 팀에 적합하다고 보기 어렵다. 더 나은 무언가가 필요하다. 팀은 내부에서 협력이 빈번하게 이뤄지고, 때때로 외부(다른 팀)와도 협업할 수 있기를 원한다. 독립된 개별 공간(회의실이 부족한 탓에 협업할 시간을 미리 정해야 한다)이나, 완전 개방형 공간(팀 전용 업무 공간이 없다)만으로 이런 균형을 해결할 수는 없다. 스포티파이는 성장 초기에 이런 사실을 인식하고, 두 가지 요구를 모두 만족시키는 사무 공간을 마련했다.[31] 2012년 스포티파이에서 근무했던 헨릭 크니버그Henrik Kniberg와 앤더스 이바손Anders Ivarsson은 '한 트라이브에 소속된 스쿼드들이 물리적으로 같은 공간에서 밀접하게 붙어 일하고, 업무 공간 가까이 위치한 라운지에서 협업하는'[32] 방법에 관해 이야기했다.

효과적인 소프트웨어 전달을 지원하는 사무 공간은 다양한 업무 형태를 모두 고려해 설계돼야 한다. 이런 업무 형태로는 집중 개인 업무, 팀 내 협업 업무, 팀 간 협업 업무가 있다.

진행하는 업무의 형태를 명확하게 드러내는 공간을 갖춤으로써 업무 방해 요소와 불필요한 업무 중단을 줄일 수 있다.

사례 연구: 팀 중심 사무 공간(CDL)

마이클 램버트(Michael Lambert), 개발 총괄(Head of Development), CDL
앤디 루비오(Andy Rubio), 개발팀 리더(Development Team Leader), CDL
영국 기업 CDL은 경쟁이 극심한 소매 보험(retail-insurance) 시장의 선두주자다.

우린 CDL에서의 애자일 과정을 통해 여러 면으로 발전했다. 그중 팀의 업무 환경을 구성한 방법에 많은 이가 관심을 보인다. 처음부터 애자일 팀들을 같은 공간에 배치할 수 있는 혜택이 있었다. 새로운 사무실로 이전한 후 빠르게 성장했고, 많은 개발 프로젝트팀을 예전 본사로 다시 옮겼다. 새로운 개발팀은 그 팀들이 빠져나간 공간에 둥지를 틀었다. 이 공간과 공간을 통해서 얻어낸 오너십은 마음에 들었지만, 교차팀 간 커뮤니케이션을 하거나 다른 팀과 만나기에는 최적화되지 않은 형태였다. 새로운 사무 공간인 **코드웍스**The Codeworks가 완성된 후, 개발 공간의 레이아웃을 어떻게 구성할지 장고에 장고를 거듭했다.

우린 모든 것을 시각화했으므로 자석 화이트보드가 굉장히 많이 필요했다. 예전 건물에서 사용했던 공간은 좋긴 했지만, 팀이 고립되는 걸 막아야 했고, 일정한 물리적 수효와 공간적 제약이 있었다. 팀들이 충분한 공간을 확보하지 못하고, 아주 작은 사무실 몇 개만 사용한다면 팀 전체 회의나 행사 등에 필요한 회의실을 확보하는 것 또한 큰 문제가 된다. 우린 각 팀이 담당 업무를 해낼 수 있는 팀별 전용 공간과 다른 팀과 협업하고 공유할 수 있는 개방형 공간을 모두 원했다.

우린 **벤치 구역**benched bay이라는 접근 방식을 사용했다. 각 팀에 긴 벤치를 하나씩 설치하고 화이트보드를 파티션 삼아 팀을 구분했다. 벽에 맞닿은 공간을 사용하는 팀은 화이트보드 대신 특수 페인트로 벽을 칠해 그 위에 필기할 수 있도록 했다(그림 3.4 참조).

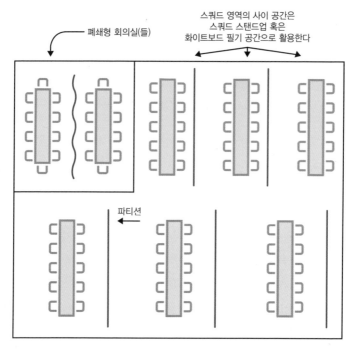

그림 3.4 사무실 레이아웃(CDL)

팀의 규모와 성장 또한 설계에서 매우 중요한 요소다. 어떤 팀은 다른 팀에 비해 더 작을 수 있고, 어떤 팀은 다른 팀보다 빨리 성장해야 할 수도 있다. 팀의 규모를 쉽게 늘릴 수 있도록 벤치의 간격을 조절해서, 목발을 짚고 있거나 통로에 기둥이 있지 않은 한 모두가 쾌적하게 이용할 수 있도록 했다. 규모가 작은 팀들은 공간을 비교적 넓게 활용할 수 있었고, 규모가 큰 팀들은 조금 빡빡하다고 느낄 정도의 공간이었다. 물론 여기에도 제약이 있다. 규모가 너무 큰 팀은 두 개 팀으로 나눠 원래 백로그의 기능을 절반씩 가져가도록 했다. 각 팀은 예전의 팀 문화를 유지하다가 시간이 지남에 따라 다양화되고, 스스로 성장하는 것이 이 방식의 핵심이다. 새롭게 팀을 시작할 때 필요한 **격동기**나 **규범기**를 거치지 않을 수도 있다(행운을 빈다!). 우리는 공간의 크기를 의도적으로 다양하게 하고, 테이블을 한두 개 더 놓을 수 있도록 준비했다.

처음에 팀 벤치는 화이트보드를 중심으로 중앙에 대칭으로 놓였다. 하지만 이내 벤치를 화이트보드에 가깝게 비대칭으로 놓는 것이 더 효과가 있음을 깨달았다. 보드와 먼 쪽에 더 많은 공간이 생겼기 때문에, 팀은 그 공간에 모여 반대편의 화이트보드도 활용할 수 있었다.

이 과정에서 학습한 내용을 새로운 사무실 가장 높은 층에 자리 잡은 신규 디지털 팀의 공간에도 적용했다. 처음 사용했던 파티션은 비싸고 무거워서 이동성이 부족했다. 새로운 디지털 공간에는 더 많은 휴대용(그렇지만 여전히 크고 튼튼한) 화이트보드를 설치했다. 팀들은 조직을 변경할 때마다 스스로 위치를 바꾸거나 레이아웃을 부술 수도 있다.

이 설계는 절대 완벽하지 않다. 모든 공간에는 어떠한 방식으로든 타협이 존재한다. 우리는 실수가 있긴 하지만 계속해서 배우고 적응한다. 이런 실험 중에는 팀 벤치 중앙을 가로지르는 작은 유리 파티션을 제거한 것이나, 서서 일하거나 발 공간이 더 필요한 사람들을 위해 벤치 끝에 높이 조절이 가능한 공간을 만든 것들도 있다.

CDL의 사례 연구에서 보듯, 물리적 업무 환경은 상호 작용하는 팀의 능력에 커다란 영향을 미친다. 성공한 조직들은 구성원들에게 훌륭한 물리적 환경을 제공할 수 있도록 시간과 비용을 들여야 한다.

예를 들어, ING 네덜란드^{ING Netherlands} 은행은 2015년경 주요한 조직 변화의 하나로 사무실 공간을 완벽하게 재설계해 팀과 가치 흐름을 일치시켰다.[33] ING에서는 하나의 스트림 내 유사 제품 및 서비스 관련 업무를 하는 스트림에 정렬된 여러 스쿼드들이 하나의 트라이브를 형성한다. 각 트라이브는 사무실 내 분리된 공간을 소유하며, 트라이브를 구성하는 각 스쿼드는 개별 공간을 하나씩 소유한다. 오피스 레이아웃의 사고 발산^{thought-out} 설계란 다른 스쿼드 혹은 트라이브의 구성원들이 다른 팀의 업무를 쉽게 조감(칸반 보드, WIP^{Work-In-Progress}(진행 중 업무) 제한, 상태 방출기^{status radiator} 등을 활용)함으로써 빠르게 새로운 접근 방식을 습득하는 것을 의미한다. 어떤 조직들은 이를 더욱 확대 적용해 비즈니스 스트림 기준으로 사무실 공간의 전체 층을 자주 재구성하고, 팀별 공간을 스스로 구성하도록 한다.

레드 햇 오픈 이노베이션 랩스Red Hat Open Innovation Labs의 제레미 브라운 Jeremy Brown은 다양한 유형의 업무에 맞춰 환경을 자주 재구성한 방법, 그리고 팀들이 스스로의 공간을 만들어 진화하는 방법에 관해 알려줬 다.[34] 스콧 두를리Scott Doorley와 스콧 위트호프트Scott Witthoft는 2012년 그들의 저서인 『Make Space』(Wiley, 2011)에서 창의성과 유용한 팀 상호 작용을 촉진하는 물리적인 공간 구성에 관한 창의적 아이디어를 제시한다.[35]

사례 연구: 흐름 기반 협업을 위한 스트림 중심의 사무 공간 배치

데이브 와이트(Dave Whyte), 오퍼레이션 엔지니어링 리드(Operations Engineering Lead), Auto Trader

앤디 험프리(Andy Humphrey), 커스터머 오퍼레이션 총괄(Head of Customer Operations), Auto Trader

2013년, 우린 영국 전역에 사무실을 둔 인쇄 기반 비즈니스를 100% 디지털 비즈니스로 바꾸는 작업에 착수하면서, 협업을 강화하고 업무 흐름을 최적화할 방법을 찾기 시작했다. 우린 15개의 사무실을 3개로 재구성했다. 영국 맨체스터Manchester에 있는 본사는 2개 층만 사용했 다. 업무 환경은 가능한 한 개방형으로 조성해 모든 고위 관리자들은 팀과 함께 앉아 일하고, 별도의 전용 사무실은 두지 않았다. 이로써 구성원들의 커뮤니케이션이 훨씬 수월해졌으며, 마침내 **비즈니스**와 IT의 간극을 메우기 시작했다.

새 사무 공간의 설계 시 가장 중점을 둔 것은 협업이었다. 책상 배치부터 한 사람이 책상에 놓을 수 있는 모니터의 수까지 제한했다(사람들이 모니터 뒤에 **숨는** 것을 방지할 목적이었다). 지난 몇 년 동안, 다양한 방식으로 사무실과 좌석 배치를 고민하고 실행해왔다. 그 과정에서 적절한 팀 간 커뮤니케이션을 독려하고 업무 흐름을 증진하려 애썼다.

- 전문적 팀과 비전문적 팀을 같은 층, 같은 영역에 배치: 이 방법은 동일 목표 및 고객을 공유하는 부서 간 장벽을 허물기에 효과적이다. 판매와 제품, 서비스, 기술 부문에서 사용하는 도구가 일치하기 때문에, 그 도구들을 널리 공유하고 같은 방식으로 업무를 수행할 수 있다(예를 들어, 모든 영업·서비스 구성원들은 랩톱을 사용한다. 여러분은 더 이상 맥북MacBook을 사용하기 위해 스타 개발자가 될 필요가 없다. 아니, 되지 않아도 된다).

- 깨끗한 책상 정책clear-desk policy: 구성원들에게 개인 사물함을 제공하고, 매일매일 사무실을 돌아다니며 가치를 높이는 데 필요한 자리에 앉도록 권장한다. 늘 같은 팀, 같은 자리에 있을 필요가 없다.

- 기술 제한Technology restriction: 책상 위에 모니터 한 대만 놓도록 설계했기 때문에 맞은 편의 동료와 자유롭게 상호 교류할 수 있다. 몇몇 기술 스태프들이 모니터 두세 대를 동시에 사용하는 게 당연했으므로, 모니터 수의 제한이 낯설게 다가올 수 있다. 하지만, 이 방법은 협업을 보다 강화하는 목적 달성을 위해 실질적으로 특정한 기술 사용을 제한함으로써, 디지털 조직으로 변모하는 흥미로운 예다. 심지어 책상에는 접이식 다리가 있어서 벤치 효과를 낸다. 구성원들은 책상 다리를 끌지 않고 옮겨 다닐 수 있으며, 다른 사람들과 짝을 지어 함께 앉을 수도 있다.

- 필기할 수 있는 벽Writable walls: 비공식적이고 창의적인 커뮤니케이션을 권장하기 위해 필기할 수 있는 벽을 설치했다. 구성원들은 그 장소가 복도든, 주차장이든 관계없이 벽에 필기하며 자유롭게 논의할 수 있다. 대부분 회의실 벽은 유리로 만

들었기 때문에, 구성원들은 회의실에 누가 있는지 알 수 있고, 필요한 경우 언제든 참여할 수 있다. 이와 함께 비공식적 회의 공간(소파, 안락의자 등)을 만들어 이전처럼 회의실 확보를 위해 고민할 필요 없이, 그곳에 앉아 동료들과 이야기를 나눌 수 있다.

- 이벤트 공간Event spaces: 모든 건물에 이벤트 공간을 배치했다. 회사 모임이나, 이벤트, 밋업meetup을 열고 지역 커뮤니티의 구성원들을 초대할 수도 있다. 이런 이벤트 과정에서 조직 외부의 사람들에 관해 더 잘 알 수 있게 됨은 물론 그들과 협업할 수도 있다.

현재, 특정 비즈니스 부문의 모든 사람은 같은 공간에 앉는다. 예를 들어, 우리가 운영하는 비즈니스의 한 영역인 개인 광고 부문에서는 개인 차량 판매를 다룬다. 이 비즈니스 흐름에 연관된 사람들은 모두 같은 층에 앉는다. 마케팅 담당자, 영업 담당자, 개발자, 테스터, 제품 관리자 등이 모두 같은 공간에 있다. 이는 같은 비즈니스 스트림에 속한 모든 사람은 **고통을 함께 느껴야** 하고, 모든 결정은 함께 소유해야 함을 의미한다. 다른 사람과 함께 앉아 있는 순간부터 상대의 관점에서 사물을 바라보기 시작한다.

우린 업무 흐름과 특정한 협업을 촉진할 수 있도록 매우 신중하게 사무 공간 구성을 계획했다. 팀 구조는 기본적으로 스포티파이 모델을 활용했다. 시스템의 특정 부분을 담당하는 스쿼드는 각각 8명으로 구성되며, 스쿼드가 모이면 트라이브가 된다. 따라서, 한 트라이브에 속하는 스쿼드들은 매우 쉽게 이야기를 나눌 수 있게 했고(시스템의 유사한 부분에서 협업할 수 있다), 트라이브들은 다른 층에 배치하거나 벽을 설치하는 등 물리적 공간을 분리했다.

이런 공간과 팀의 구성 방식은 팀이 매일 할 일을 완료하기 위해 비즈니스 스트림 영역에 더욱 집중하고, 다른 비즈니스 영역의 팀들과 이야기할 필요를 최소화한다. 정기적 길드 학습 세션이나 저녁 시간 밋업을 열어 각 팀을 교차 트라이브 학습에 초대한다.

많은 기업이 원격 우선 정책을 사용하게 되면서 실제 업무 환경이 더욱 중요해졌다. 실제 업무 환경은 위키, 내·외부 블로그 및 기업 웹사이트, 채팅 도구, 업무 추적 시스템과 같은 디지털 공간으로 구성된다. 필요한 도구를 갖추는 것만으로 효율적인 원격 근무가 이뤄지지는 않는다. 팀은 탄력적인 근무시간, 응답 시간, 화상 회의, 커뮤니케이션 방법을 포함해 과소평가 됐을 경우 분산된 팀을 만들거나 파괴할 수 있는 그라운드 룰에 합의해야 한다. 제이슨 프라이드[Jason Fried]와 데이비드 하이네마이어[David Heinemeir]는 2013년 그들의 저서 『Remote』(Ebury, 2013)에서 원격팀이 고려해야 할 수많은 사항을 다루는 방법을 설명했다.[36]

효율적 커뮤니케이션이라는 관점에서, 실제 업무 환경은 사용자들이 빠르게 올바른 답을 찾을 수 있도록 다루기 쉬워야 한다. 특히, 채팅 도구는 채널 이름과 공간 이름을 지정할 수 있어서 그룹 채팅의 접두어를 활용해 예측하거나 검색하기 쉬워야 한다.

```
#deploy-pre-production
...
#practices-engineering
#practices-testing
...
#support-environments
#support-logging
#support-onboarding
...
```

#team-vesuvius

#team-kilimanjaro

#team-krakatoa

실제 업무 환경에서는 사용자명에 일정한 규칙을 적용해 어느 팀에 있는 누구인지 쉽게 식별하도록 해야 한다. 특히 그 팀이 핵심 엑스 애즈 어 서비스^{XaaS, X-as-a-Service} 팀이라면, 플랫폼이나 컴포넌트도 함께 제공해야 한다(5장에서 자세히 설명한다). 채팅 도구나 위키에 표시되는 이름을 단순히 'Jai Kale'라고 하는 대신, 플랫폼 팀에 소속된 Jai Kale 이라는 의미로 [Platform] Jai Kale과 같이 사용하는 것이 좋다.

주의: 엔지니어링 프랙티스는 기본이다

결국 기술팀들은 지속적 전달, 테스트 우선 개발, 소프트웨어 운영 가능성^{operability} 및 출시 가능성^{releasability}과 같은 검증된 팀 프랙티스에 투자해야 한다. 이런 프랙티스가 없다면 팀 최우선 접근 방식을 기반으로 하는 업무와 흐름에 쏟은 모든 노력이 물거품이 되거나, 성과 달성으로 이어지기 어렵기 때문이다.

지속적 전달 프랙티스는 가설주도 개발^{hypothesis-driven development}과 자동화를 지원하고, 운영 가능성 프랙티스는 조기 및 연속 운영성을 확인하고 발견하며, 테스트 가능성^{testability} 프랙티스와 테스트 우선 개발은 솔루션 목적의 설계와 적합성을 향상시킨다. 또한, 출시 가능성 프랙티스는 전달 파이프라인이 최우선 제품으로 취급됨을 보장한다. 이 모든 프랙티스는 빠른 흐름을 달성하는 데 필수 요소이며, 모든 엔지니어링 팀들의 지속적 노력이 필요하다.

정리: 팀의 인지 부하를 제한하고 상호 작용을 촉진해서 빠르게 움직여라

급변하는 도전적 컨텍스트에서 팀은 개인 집단보다 훨씬 중요하다. 성공한 조직(군부대부터 소기업, 대기업에 이르기까지)은 팀을 업무 완료의 근본 수단으로 간주한다. 대개 팀은 규모가 작고 안정적이며 오랜 기간 유지되므로, 팀 구성원이 각자의 업무 유형과 팀의 역학 관계를 개발할 수 있는 시간과 공간을 부여한다.

중요한 것은 팀의 크기 제한(던바의 수)으로 인해 한 팀이 감당할 수 있는 효과적 인지 부하에 상한선이 존재한다는 점이다. 따라서, 팀이 다뤄야 할 소프트웨어 시스템 크기와 도메인 복잡성에 제한을 둬야 한다. 팀은 자신들이 책임지는 시스템이나 하위 시스템을 소유해야 한다. 여러 코드베이스를 처리하는 팀은 오너십이 저하되고, 특히 해당 시스템을 이해하고 시스템을 건강하게 유지하려는 정신적 여유가 줄어든다.

팀 최우선 접근 방식은 다양한 유형의 사람들이 조직에서 번성할 기회를 제공한다. 개인을 원자화^{atomize}하는 조직에서 살아남기 위해 철면피를 쓰거나 저항하는 대신, 팀 최우선 조직의 구성원들은 팀이라는 컨텍스트 안에서 그들의 기술과 프랙티스를 향상하는 데 필요한 공간과 지원을 얻는다.

무엇보다 일상 업무에서 개인 간 커뮤니케이션이 팀 간 커뮤니케이션보다 덜 강조되므로, 조직은 1:1 커뮤니케이션을 원하는 구성원부터 단체 커뮤니케이션을 원하는 구성원까지 다양한 선호를 만족시킬 수 있다. 또한, 과거에는 파괴적이었던 개인의 효과가 축소되기도 한다. 이 같은 인간적 접근 방식이 팀을 최우선으로 선택했을 때 얻을 수 있는 가장 큰 장점이다.

2부

효과적인 흐름을 만드는
팀 토폴로지

핵심 요약

4장

- 일시적 혹은 지속적인 팀 구조 변경은 소프트웨어 전달 속도를 늦춘다.
- 완벽한 팀 토폴로지는 없지만, 모든 팀에게 해로운 팀 토폴로지는 여럿 존재한다.
- 팀 토폴로지는 기술적 성숙도와 문화적 성숙도, 조직 규모, 엔지니어링 원칙들을 반드시 고려해 선택해야 한다.
- 특히, 피처팀(feature-team)과 제품팀(product-team)과 같은 유형은 충분한 환경적 지원이 뒷받침돼야 효과를 얻을 수 있다.
- 팀의 책임을 분담함으로써 사일로를 깨고 다른 팀에게 권한을 부여할 수 있다.

5장

- 4개 기본 팀 토폴로지는 현대 소프트웨어 팀 상호 작용을 단순화한다.
- 공통 산업 분야의 팀 유형을 기본 토폴로지에 적용하면 성공하는 조직을 만들 수 있다. 즉, 오너십에 있어서의 회색 영역과 과부하·저부하 팀을 제거한다.
- 주요 토폴로지는 (비즈니스) 스트림에 정렬된다. 다른 토폴로지는 이 유형의 토폴로지를 지원한다.
- 다른 토폴로지는 활성화(팀), 난해한 하위시스템(팀) 및 플랫폼(팀)을 활성화한다.
- 토폴로지는 큰 규모, 즉 팀이 모여 이뤄진 팀의 관점에서 볼 때 대부분 프랙탈(fractal)(자기 유사(self-similar))하다.

6장

- 팀 최우선 접근 방식을 활용해 소프트웨어 경계를 선택하라
- 감춰진 모놀리스(monolith)와 소프트웨어 전달 체인 내 결합을 식별하라.
- 비즈니스 도메인에 맞춘 컨텍스트에 따라 정의된 소프트웨어 경계를 사용하라.
- 필요하고 적절한 때에는 소프트웨어 경계의 대안 또한 고려하라.

정적 팀 토폴로지

4

팀은 기술적 노하우나 액티비티가 아니라 비즈니스 도메인 영역에 맞춰 구성해야 한다.
— **유타 에크스타인**(Jutta Eckstein), 「'Feature Teams–Distributed and Dispersed' in Agility
Across Time and Space('피처팀의 분포와 해산' 시공간을 뛰어넘는 민첩성)」

1부에서는 최종 제품 설계 단계의 팀 구조와 커뮤니케이션 경로에 비춰서, 콘웨이의 법칙이 시스템 아키텍처에 얼마나 커다란 영향을 미치는지 살펴봤다. 또한, 효과적인 소프트웨어 전달을 위해서는 빠른 흐름을 달성하며 오랫동안 유지되는 자율 팀에 의존하는 팀 최우선 접근 방식이 필요함을 강조했다. 2부는 이 두 내용을 함께 적용해 팀의 인지적 한계를 인정하면서 흐름을 극대화하는 방법을 알아보는 데 초점을 맞춘다.

4장에서는 팀은 의도적으로 설계돼야 한다는 내용을 시작으로, 좋은 팀과 나쁜 팀의 패턴이 조직의 규모와 성숙도, 소프트웨어 규모 등 여러 측면에서 나타난다는 것을 이해한다. 오늘날에는 대부분 장기적 적응 능력이 아니라, 즉각적 필요에 따라 애드 혹ad hoc 팀을 재구성한다.

가능한 한 높은 효과를 달성하려면 세심하게 고려해서 팀을 설계해야 한다. 단순한 필요에 따라 아무렇게나 팀을 구성하면 안 된다. 세심하게 고려한 결과에 따라 만든 팀 구조를 팀 토폴로지라고 부르며, 팀을 의도적으로 조직 안에 **배치하는** 동시에, 각 팀의 책임 경계를 참조해야 함을 의미한다.

4장에서는 정적static 팀 토폴로지 사례를 살펴본다. 정적 팀 토폴로지란 특정 시점에서 특정 조직의 컨텍스트에 적합한 팀 구조와 상호 작용을 의미한다. 특히, 예시로 등장하는 데브옵스 토폴로지 카탈로그 DevOps Topologies catalog 사례는 많은 조직이 쉽게 접근할 만한 출발점이 될 것이다.

본론으로 들어가기에 앞서 임시 팀 설계에서 비롯되는 일반적 안티 패턴을 몇 가지 살펴본다.

팀 안티 패턴

콘웨이의 법칙에 따르면 소프트웨어 시스템을 구현할 팀을 어떻게 구성했느냐에 따라 구현된 시스템의 특성이 결정된다.

조직이 팀 구조와 상호 작용 양식을 명확하게 고려하지 않으면, 소프트웨어 시스템을 구현하고 운영하는 데 어려움을 겪는다. 우리는 고객과 협업하면서, 다양한 규모의 조직에서 이뤄지는 팀 형성 과정에서 공통으로 나타나는 두 가지 안티 패턴을 발견했다.

첫 번째 안티 패턴은 애드 혹 팀 설계다. 여기에는 규모가 과도하게 커진 탓에 커뮤니케이션에 부하가 생겨 해체된 팀, 모든 기성품COTS. commercial-on-the-shelf 소프트웨어 혹은 미들웨어middleware를 관리할 목적으로 만들어진 팀, 데이터베이스 처리 불량으로 프로덕션 환경에서 소프트웨어 충돌이 발생한 뒤 만들어진 DBA팀 등이 포함된다. 물론, 모든 상황에 적절한 조치를 해야 하는 것은 당연하다. 그러나 팀 간 상호 관계에 관한 보다 넓은 컨텍스트를 고려하지 않으면 자연스러워 보이는 해결책은 단지 전달 속도를 낮추고 팀의 자율성을 빼앗을 뿐이다.

두 번째 안티 패턴은 팀 구성원을 뒤섞는 것이다. 이렇게 하면 프로젝트 기반으로 조직했다가 프로젝트 종료 시 즉시 해체하는 휘발성이 매우 강한 팀이 만들어진다. 이때, 출시한 애플리케이션의 **강화** 및 유지보수는 프로젝트에 참여한 엔지니어 중 한두 명이 담당하도록 한다. 유연성이 높아져 마감 일정에 더 빨리 대응할 수 있는 방식이지만, 새로운 팀을 형성하고 반복적으로 컨텍스트를 바꾸는 데 필요한 비용은 간과된다(혹은 프로젝트 추정치에 무의식적으로 이런 비용을 삽입한다). 컴퓨터는 배치된 장소가 어디냐에 관계없이 동일한 작업을 수행하지만, 엔지니어는 어느 팀에 소속됐는지에 따라 업무 수행 성과가 확연히 달라진다.

조직은 팀을 설계할 때 다음 질문을 의도적으로 던져야 한다. 우리가 보유한 기술과 제약 사항, 문화 및 엔지니어링 성숙도, 원하는 소프트웨어 아키텍처 및 비즈니스 목표 등을 고려했을 때, 어떤 팀 토폴로지를 사용해야 결과를 더 빠르고 안전하게 전달할 수 있는가? 주요 변화 흐름에서 팀 간 업무 전달을 줄이거나 피하려면 어떻게 해야 하는가? 소프트웨어 시스템의 어느 부분에 경계를 설정해야 시스템 생존성을 보전하고, 빠른 흐름을 유도할 수 있는가? 우리 조직 내 팀들을 그런 흐름에 맞춰 정렬하려면 어떻게 해야 하는가?

변화 흐름을 위한 설계

대규모 소프트웨어 시스템을 구현하고 운영하는 조직들은 변화 흐름 flow of change을 강조하는 조직 설계의 개념을 실제 동작하는 소프트웨어로 바꾸고 있다. 우리는 이를 **마찰이 적은**low-friction 소프트웨어 전달이라고 부른다. 구시대 조직 모델들(서로 다른 부서 사이에 기능적 사일로가 존재하고, 아웃소싱을 과도하게 사용하며, 팀 간 업무 전달을 되풀이하는)은 속도면에서의 안정성이나, 일상에서 고객과 시장 상황에 반응하는 데 필요한 비즈니스 서비스를 지속적으로 발전시키기 위한 조직적 피드백 메커니즘을 제공하지 않았다. 나오미 스탠포드가 지적했듯, 조직을 상황에 맞춰 설계하면 더 나은 성공의 기회를 얻는다.[1]

스포티파이는 명시적 조직 설계로 소프트웨어 전달과 운영 효과를 개선한 좋은 사례를 제시한다. 헨릭 크니버그와 앤더스 이바슨은 2012년 그들의 블로그에 '스포티파이의 애자일 확장(Scaling Agile@ Spotify)'을 게시[1]했다.[2] **스포티파이 모델**The Spotify Model이라고도 알려진 이 모델에서, 스포티파이 기술 스태프들은 소규모의 자율적 교차기능 스쿼드squad에 소속된다. 각 스쿼드는 5~9명으로 구성되고 장기 임무를 맡는다. 유사한 (서비스나 제품) 영역에서 업무를 수행하는 여러 스쿼드가 밀접하게 연결돼 하나의 트라이브tribe를 형성한다. 같은 트라이브 내 스쿼드는 서로의 업무에 매우 익숙하고 트라이브 내에서 조화를 이룬다.

한 트라이브 내에서 기술과 역량이 비슷한 구성원들은 챕터chapter 내에서 프랙티스를 공유한다. 예를 들면, 6개 스쿼드가 모인 트라이브의 모든 테스터들은 테스터 챕터의 일원이 된다. 라인 관리line management[2] 또한 챕터를 통해서 이뤄지지만, 라인 관리자line manager(혹은, 챕터 리드chapter lead)는 관리자 업무와 함께 스쿼드에서의 일상 업무도 수행한다. 스포티파이는 더욱 확산된 형태인 **길드**guild를 운영하는데, 길드란 실천 커뮤니티COP, community of practice로 여기에는 다양한 트라이브, 챕터, 스쿼드 구성원이 참여한다. '챕터와 길드…는 회사를 하나로 묶는 접착제와 같다. 자율성을 크게 해치지 않으면서 규모의 경제를 제공한다.'[3]

많은 조직이 스포티파이 모델의 기본 목적과 문화, 역동성 그리고 그들이 팀을 변화시킨 과정은 이해하지 않고 그저 복제하는 데만 급급

1　https://blog.crisp.se/wp-content/uploads/2012/11/SpotifyScaling.pdf - 옮긴이
2　라인 관리를 인원 관리라고 생각해도 좋다. - 옮긴이

했다. 크니버그와 이바손은 다음과 같은 내용을 분명히 밝혔다. '우린 이 모델을 발명하지 않았다. 스포티파이는 (다른 모든 좋은 애자일 기업과 같이) 빠르게 진화하고 있다. 이 글은 그저 우리가 현재 일하는 방식을 짤막하게 설명했을 뿐이다. 여행은 현재 진행 중이며, 아직 끝나지 않았다.'[4]

팀 간 상호 작용을 설계할 때는 구성원들을 정적으로 배치하는 이상의 것들을 반드시 고려해야 한다.

팀 내부 커뮤니케이션을 설계함으로써 흐름과 감지를 가능하게 하라

많은 조직은 팀이 소프트웨어 시스템을 구현하고 운영하는 단계 중 일부에서 상호 작용하는 방법에 심각한 오류가 있다. 특히, 이런 기업들은 소프트웨어 전달을 단방향 프로세스, 즉, 명세화specification → 설계design → 코딩coding → 테스팅testing과 출시release → 일상 비즈니스BAU, business as usual 오퍼레이션으로 간주하는 경향을 보인다(그림 4.1).

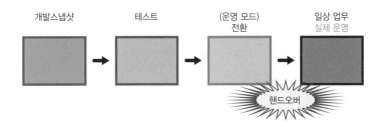

그림 4.1 변화 흐름에 최적화되지 않은 조직
흐름에 최적화되지 않은 조직에서 나타나는 전통적 변화 흐름. 일련의 그룹들이 각기 다른 활동을 담당하고 수행한 업무 결과를 다음 팀으로 전달한다. 실제 운영되는 시스템에서 얻은 정보는 그 어떤 것도 소프트웨어 개발팀에게 거꾸로 전달되지 않는다.

선형적인 계단식 변화 순서(일반적으로 단계마다 기능적 사일로가 존재한다(그림 4.1 참조))는 변화 속도는 물론 현대 소프트웨어 시스템이 가진 복잡성과 전혀 맞지 않는다. 소프트웨어 개발 프로세스는 실제 소프트웨어가 운영되는 환경에서 그 소프트웨어를 실행하는 방법에 대해 어떠한 정보도 요구하지 않는다는 가정 자체가 근본적으로 모순이다. 이 가정과 정반대로, 소프트웨어 개발팀을 실제 소프트웨어 운영 환경에 노출시키는 기업들은 사일로로 무장한 경쟁 기업보다 훨씬 빨리 사용자 관점의 문제 혹은 운영상의 문제를 해결하는 경향을 보인다(그림 4.2).

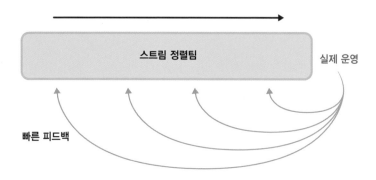

그림 4.2 변화 흐름에 최적화된 조직
빠른 흐름을 위해 수립된 조직은 스트림 정렬팀 내에서 업무를 유지함으로써 핸드오프를 피한다. 그리고 실제로 운영되는 시스템에서 얻은 풍부한 정보들을 해당 팀에 다시 전달한다.

니콜 폴스그렌, 제즈 험블, 진 킴은 그들의 저서『디지털 트랜스포메이션 엔진』에서 전 세계 수백여 개 조직으로부터 소프트웨어 개발 프랙티스와 관련된 데이터를 수집해 분석한 결과 다음과 같은 결론을 내렸다. '전달팀들은 교차기능을 해야 한다. 시스템 설계, 개발, 테스트, 배포, 운영까지 모든 과정을 동일 팀에서 수행해야 한다.'[5] 실제 (프로덕션) 시스템에서 되돌아오는 정보 피드백을 가치 있게 여기는 기업들은 소프트웨어를 더 빨리 개선하고, 고객과 사용자에게 더 빨리 응답한다.

이 강력한 **감지**sensing 역량은 일선 스태프와 팀들을 조직이 운영하는 시장과 환경에 대한 가장 가치 있는 신호를 만드는 원천으로 간주하는 것에 기인한다.

이런 종류의 감지를 조직과 조직 외부 경계는 물론 조직 내부(즉, 팀 사이)에 적용하면 보다 강력한 전략적 역량을 제공함으로써 플랫폼과 서비스, 그리고 인터페이스에 존재하는 결점들을 더욱 빠르게 발견할 수 있을 것이다. 결과적으로, 발견한 문제들을 조기에 신속하게 해결함으로써 IT의 효과를 전체적으로 개선할 수 있게 된다(조직적 감지에 관해서는 3부에서 보다 자세히 다룬다).

데브옵스와 데브옵스 토폴로지

소프트웨어를 직접 제작하고 테스트 및 운영하는 교차기능 팀을 활용한 이런 조직적 감지인 **열반**nirvana은 2009년 당시만 해도 대부분 조직에서 낯선 개념이었다. 개발팀과 운영팀(및 다른 팀을 포함해) 간 책임을 완벽하게 분리하는 팀 설계와 상호 작용의 안티 패턴이 주류를 이뤘고, 소프트웨어 출시는 **담장**fence이나 **벽**wall 너머로 던져졌으며, 이를 위한 커뮤니케이션 또한 **표**ticket를 통해 이뤄졌다. 데브옵스 세계에서는 이런 현상을 **혼동의 벽**wall of confusion이라 불렀다.

개발과 운영 간 마찰이 증가하면서 2009년 데브옵스 운동DevOps movement이 일어났다. 개발에서 애자일이 점점 주류가 되면서 운영팀에 가해지는 압박이 급격하게 커진 것이 주된 원인이었다. 애자일을 도입한 많은 조직은 소프트웨어 전달 속도와 운영팀의 역량 차이를 말끔히 해결하지 못하고 리소스를 제공하거나 소프트웨어 업데이트를 배포하려고 했다. 팀 간 불일치는 점점 분명해졌고 이는 결과적으로 업무 흐름에 좋지 않은 행태와 집중력 저하로 이어졌다.

데브옵스는 전체 소프트웨어 전달 경로에서 팀이 상호 교류하는(혹은 하지 않는) 과정에 남아있는 지연, 재작업, 실패 및 다른 팀에 대한 이해와 공감대 부족과 같은 문제를 수면 위로 끌어올리는 데 공헌을 했다. 이런 문제들은 애플리케이션 개발팀 및 운영팀 사이에서만 일어나는 것이 아니라, 소프트웨어 전달 과정에 관련된 수많은 다른 팀(품질보증QA, 정보보안information security, InfoSec, 네트워크network 등)과의 상호 작용 과정에서도 일어났다.

많은 사람이 데브옵스를 자동화와 도구 운영에 관한 기술적 측면에서만 바라보지만, 팀 간 근본적인 어긋남의 문제를 해결하는 조직만이 데브옵스를 적용해 얻을 수 있는 모든 잠재적 이익을 얻을 수 있다.

데브옵스 토폴로지

데브옵스 토폴로지 카탈로그는 2013년 매튜 스켈톤Matthew Skelton이 처음 만들었으며, 이후 마누엘 페이스Manual Pais가 확장했다. 데브옵스 토폴로지 카탈로그는 기술팀 간 각 팀의 책임과 협업 및 협업에 따른 팀 책임, 인터페이스 등에 관한 대화를 시작할 때 효과적으로 작용하는 팀 설계 및 상호 작용의 좋은 패턴과 안티 패턴을 모은 온라인 문서다.[6] 성공적 패턴은 결정적으로 조직과 제품의 규모, 엔지니어링 성숙도, 공동의 목표와 같은 컨텍스트에 매우 강하게 의존한다.

데브옵스 토폴로지는 전사적 소프트웨어 전달을 위한 팀 구조의 효과적인 기준이 됐다. 하지만 토폴로지는 고정된 구조가 아니라 배포할 제품의 종류나 기술적 리더십, 운영 방식과 같은 다양한 요소에 시시각각 영향을 받은 어떤 순간을 묘사한 것(즉, 스냅샷)이다. 다시 말해, 팀은 시간이 지남에 따라 발전하고 변모해야 한다는 것을 내포하고 있다.

4장에서는 데브옵스 토폴로지 카탈로그에 수록된 몇 가지 패턴을 소개하면서 조직의 컨텍스트와 요구를 고려해 팀 구조를 선택할 때 필요한 이해를 돕는다. 데브옵스 토폴로지는 온라인에서 확인할 수 있으며[3] 데브옵스 토폴로지 자체를 깊이 다루는 것이 4장의 목적은 아니지만, 데브옵스를 적용하는 기술팀을 설계하는 데 유용한 기본 정보가 될 것이다. 이 책의 나머지 장에서는 데브옵스를 뛰어넘어 대규모 비스니스 및 기술팀의 광범위한 컨텍스트에 초점을 맞춘다.

---

3 https://web.devopstopologies.com/ − 옮긴이

데브옵스 토폴로지는 두 가지 핵심 아이디어를 제공한다. (1)데브옵스 성공을 위한 팀 구성 방식에는 만병통치약 같은 접근법이 존재하지 않는다. 모든 토폴로지는 적용되는 조직의 컨텍스트에 따라 그 적합성과 효과가 다르다. (2)데브옵스의 성공을 가로막는 여러 해로운 토폴로지(즉, 안티 패턴)가 존재한다. 이 토폴로지들은 데브옵스 원칙을 어기거나 간과한다. 다시 말해, 모든 조직에 통용 가능한 **올바른** 토폴로지는 없지만 모든 조직에 **해로운** 토폴로지는 여럿 존재한다.

성공적 팀 패턴

부적절한 토폴로지를 선택한다고 해서 반드시 좋지 않은 결과로 이어지는 것은 아니다. 선택한 토폴로지가 바람직한 결과를 내지 못하는 이유는 새로운 팀 구조에만 집중하고, 팀과 그 구조가 놓인 **환경**을 충분히 고려하지 않았기 때문이다. 다양한 팀의 성공은 팀 구성원의 기술력이나 경험에만 의존하지 않는다. 팀의 성공은 (어쩌면 가장 중요할지도 모를) 팀을 둘러싼 환경과 팀, 그리고 상호 작용에서도 영향을 받는다.

피처팀은 높은 엔지니어링 성숙도와 신뢰가 필요하다

피처팀을 예로 들어보자. 피처팀은 교차기능 및 교차 컴포넌트cross-component 팀으로서 고객에게 전달할 기능을 구상 단계에서 생산 단계에 이르기까지 담당하고, 만든 기능을 고객에게 전달하며, 이상적으로는 그 사용과 성과까지 추적한다. 이는 좋은 패턴인가, 아니면 안티 패턴인가? 지금쯤 짐작했겠지만, 답은 상황에 따라 다르다.

교차기능 피처팀은 여러 컴포넌트를 관리하는 팀(기능을 직접 변경하고 한 번 출시에 이를 동기화하는)보다 교차 컴포넌트와 고객 중심 피처들을 훨씬 빨리 전달함으로써 조직에 높은 가치를 제공한다. 그러나 이런 결과는 피처팀이 자급자족^{self-sufficient}할 수 있을 때만 가능하다. 즉, 다른 팀의 작업 결과를 기다리지 않고도 스스로 기능을 생산품으로 전달할 수 있어야 한다는 것이다.

일반적으로 피처팀은 여러 코드베이스에 접근해야 하는데, 그중 일부는 다른 컴포넌트 팀의 소유일 때도 있다. 팀의 엔지니어링 성숙도가 높지 않다면, 새로운 사용자 워크플로우에 대한 테스트를 자동화하지 않거나 **보이스카우트 룰**(코드에 손을 대기 전 상태보다 더 나은 상태로 만들라)을 지키지 않는, 소위 지름길을 택할 수 있다. 이런 행동은 시간이 지남에 따라 팀 간 신뢰를 떨어뜨리고 기술 부채를 늘리며 전달 속도를 늦춘다.

팀 간 원칙을 강력하게 세우지 않는 한 여러 팀이 동일 코드에서 작업하는 누적 효과 때문에 공유 코드에 관한 오너십 부족 현상도 발생할 수 있다.

2015년도를 전후해 에릭슨^{Ericsson}은 급부상한 텔레콤 비즈니스 영역의 소프트웨어(소프트웨어 정의 기반 네트워킹^{Software-Defined Networking} 혹은 네트워크 기능 가상화^{Network Functions Virtualization} 등)를 구현하고 운영하기 위해 데브옵스 접근 방식으로 전환했다.[7] 이 영역의 팀들은 프로덕션 환경에서 소프트웨어를 개발하고 지원하는 역할을 맡았다.

에릭슨에서 수행하던 몇몇 대규모 프로젝트들은 여러 하위 시스템으로 구성돼 있으며 팀들은 여러 사이트를 오가며 업무를 수행해야 했다. 각 팀은 5~9명으로 구성됐고 여러 팀이 하나의 하위 시스템을 개발했다. 그러나 각 팀은 담당 기능을 독립적 방식으로 개발하면서 유지할 수 있도록 모든 핵심 역량과 역할을 포함해야 했다. 때로는 매우 큰 규모의 기능을 여러 팀이 동시다발적으로 마치 하나의 큰 피처팀처럼 작업했다.

팀들이 내부 하위 시스템 기능을 개발할 때는 팀 간 커뮤니케이션과 의존성이 급격히 감소했으나, 여전히 누군가는 시스템 전체를 감시하면서 바람직한 사용자 경험과 성능, 신뢰성 기준에 맞춰 하위 시스템들이 통합되고 상호 작용하는지 확인해야만 했다. 이런 이유로 시스템 아키텍트^{system architect}와 시스템 오너^{system owner}, 통합 리드^{integration lead}와 같은 역할이 생성됐다. 결정적으로 이 역할을 맡은 사람들은 **커뮤니케이션 통로**처럼 프로젝트와 조직 전체를 오가며 기능팀과 직접적이고 빈번하게 상호 작용했다. 이들은 교차 하위 시스템에서 고려해야 할 사항(인터페이스 통합 등)을 지원함으로써 피처팀들이 일반 기능을 전달하는 리듬을 유지할 수 있도록 했다.

제품팀에겐 하나의 지원 시스템이 필요하다

제품팀(팀의 목적과 특성이 피처팀과 다르지 않지만, 하나 이상의 피처 세트 전체를 소유하는 점은 다르다)도 인프라스트럭처와 플랫폼, 테스트 환경, 빌드 시스템, 전달 파이프라인에(그리고 무언가에 더) 의존해서 최종 사용자가 사용할 수 있는 것을 전달한다. 제품팀은 이런 의존성 중 일부를 완전히 통제할 수도 있지만, 팀의 자연 인지와 전문성의 한계로 다른 이들의 도움을 필요로 할 것이다(3장에서 설명했다).

팀의 자율성을 유지하려면 팀이 외부 의존성에 의해 차단되지 않도록 하는 것, 즉 새로운 기능들이 팀의 통제력을 넘어서는 어떤 일이 일어나기를 기다리느라 한가롭게 멈춰 있지 않도록 하는 것이 핵심이다. 예를 들면, 독립된 QA팀은 제품팀이 일을 마치자마자 그 기능을 정확하게 평가하기가 매우 어렵다. 팀들은 저마다의 업무량이 있고, 우선순위와 문제가 있다. 그리고 일반적으로 미리 정해진 일정에 정확하게 맞춰 소프트웨어 시스템을 구현하고 운영하기에는 너무 많은 불확실성이 존재하기 때문에, 여러 팀을 조율해 동일 업무 스트림을 만드는 것은 거의 불가능하다. 이런 방식을 고집한다면 대기 시간과 일정만 지연시킬 뿐이다.

차단되지 않는 의존성이란 종종 자급자족할 수 있는 형태(즉, 테스트 환경 구성, 배포 파이프라인 생성, 모니터링 등)로 다른 팀들에 의해 개발 및 유지된다. 제품팀은 필요에 따라 이런 환경을 이용한다.

예를 들어, 마이크로소프트^{Microsoft}는 1980년대부터 제품팀을 운영했다. 애저^{Azure}를 마이크로소프트 제품과 서비스에 대한 인프라스트럭처 애즈 어 서비스_{IaaS, infrastructure-as-a-service} 및 플랫폼 애즈 어 서비스 _{PaaS, platform-as-a-service}로 사용할 수 있게 됨에 따라, 마이크로소프트 내 팀들은 인프라스트럭처와 플랫폼 기능을 **서비스로**^{as-a-service} 사용할 수 있게 됐다. 팀은 이를 활용해 전달 속도를 현저하게 높였다. 특히 비주얼 스튜디오^{Visual Studio} 제품을 제작하는 팀들은 수개월에 한 번 전달하던 데스크톱 우선 방식에서 일 단위, 혹은 주 단위의 전달을 하는 클라우드 우선 방식으로 바뀌는 변화를 겪었다.[8]

쉽게 사용할 수 있는 서비스로 구성된 적절한 지원 시스템(플랫폼 중심의 접근 방식에서 선호하는) 혹은 팀이 익숙지 않은 태스크에 활용할 수 있는 전문성이 부족한 상태에서 제품팀을 구성하면 더 많은 병목 현상이 발생한다. 제품팀은 기능팀(인프라스트럭처나 네트워트, 품질보증 등)에 **과도하게 의존**하며 잦은 대기 상태에 빠진다. 제품팀이 빠르게 전달해야 한다는 압박을 받을 수록 마찰이 커진다. 그러나 제품팀 역시 자율성 달성에 필요한 수준의 지원을 제공하지 못하는 시스템 일부에 지나지 않는다.

클라우드 팀은 애플리케이션 인프라스트럭처를 만들지 않는다

기존 인프라스트럭처 팀을 약간 다듬어서 만든 대부분의 클라우드 팀은 실제 클라우드가 제공하는 속도와 확장성의 이점을 충분히 활용하지 못한다. 소위 클라우드 팀이 현재 행동과 인프라스트럭처 프로세스를 약간 조작하는 수준에 그치면, 조직은 소프트웨어 전달 과정에서 이전과 마찬가지로 지연과 병목 현상을 겪는다.

제품팀은 환경과 자원을 클라우드에 자유롭게 프로비저닝provisioning함으로써 필요한 시점에 템플릿을 생성할 수 있어야 한다. 클라우드 팀은 (특히 규제가 강력한 산업 분야에서) 프로비저닝 프로세스를 소유하면서도 필요한 통제나 정책, 감사가 제대로 이루어지는지 보증해야 할 수도 있다. 그러나 클라우드 팀은 제품팀의 요구와 적절한 리스크 및 규제 준수 관리의 필요성을 모두 부합하는 고품질의 자체 서비스 공급에 집중해야 한다.

다시 말해, 클라우드 인프라스트럭처 프로세스를 설계하는 책임(클라우드 팀)과 실제 애플리케이션 지원을 공급하고 업데이트하는 책임(제품팀)을 분리해야만 한다.

SRE는 일정 규모 이상에서 필요하다

사이트 신뢰성 엔지니어링SRE, Site Reliability Engineering이란 소프트웨어 애플리케이션 운영과 개선에 관한 접근 방식으로 구글이 주도했다. 구글은 전 지구적인 대규모 사용자 시스템을 다루는 데 SRE를 활용했다. 이 방식을 완벽하게 적용하면, SRE와 기존(과거) IT 오퍼레이션 팀은 전혀 다른 성격이 된다. SRE는 **오류 예산**error budget(수용 가능한 중단 시간downtime의 양으로 정의함)에 집중하고, 품질이 낮은 소프트웨어를 되돌려 보내는 매우 독특한 특징을 보인다.

SRE팀 구성원들은 뛰어난 코딩 기술을 갖고 있으며, 무엇보다 코드를 활용해 반복적 운영 태스크에 대한 자동화를 강력하게 추진함으로써 결과적으로 노동의 양을 계속해서 줄인다. 구글 엔지니어링 부문 부사장인 벤 트레이노어Ben Traynor는 "SRE는 여러분이 소프트웨어 엔지니어에게 운영 기능을 개발하라고 요청할 때 나타난다"라고 설명했다.[9]

SRE 모델은 서비스 레벨 목표SLO, service-level objectives와 오류 예산으로 개발팀과 SRE팀 간 건강하고 생산적인 상호 작용을 촉진해, 소프트웨

어 신뢰성 향상에 필요한 게 무엇인지와 관계없이 새로운 기능의 속
도를 균형 있게 조정한다.

SRE 접근 방식은 대규모 소프트웨어 시스템을 개발하고 운영할 때
사용할 수 있는 대단히 역동적인 접근 방식이다. SRE팀은 수시로 다
양한 요소(해당 소프트웨어 애플리케이션의 사용자 수가 얼마나 되는가, 소
프트웨어가 얼마나 신뢰할 만한가, 제품 관점에서 소프트웨어의 가용성이 얼
마나 돼야 하는가 등)에 의존하며 애플리케이션 개발팀과 여러 가지 상
호 작용을 한다. 그림 4.3에 이를 나타냈다.

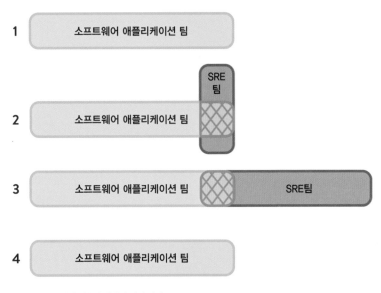

1 소프트웨어 애플리케이션 팀

2 소프트웨어 애플리케이션 팀 / SRE 팀

3 소프트웨어 애플리케이션 팀 / SRE팀

4 소프트웨어 애플리케이션 팀

그림 4.3 SRE팀과 애플리케이션 팀의 관계

SRE팀과 애플리케이션 개발팀의 관계는 소프트웨어 수명에 따라 변하며, 심지어 매달 달라지기도 한다. 초기에는(그림 4.3, #1), 애플리케이션 개발팀이 프로덕션 소프트웨어를 SRE의 도움이 필요한 규모가 되는 시점까지 팀 내에서 구축 및 운영한다. 두 번째 단계(그림 4.3, #2)와 같이 소프트웨어 사용량이 증가하면, SRE가 지침(녹색 부분)을 제공한다. 애플리케이션 개발팀은 이 지침을 통해 애플리케이션 관련 업무를 글로벌 규모에서 더 잘 수행하는 방법을 얻는다. 이후 해당 소프트웨어의 규모가 충분히 커지면, SRE는 애플리케이션의 운영과 지원에 완전히 참여한다(그러나 여전히 애플리케이션 팀과 협업한다)(그림 4.3, #3). 이 시점에서 해당 애플리케이션을 담당하는 프로덕트 오너product owner는 확보한 오류 예산에 맞춰 적절한 서비스 레벨 목표를 결정해야 한다. 어떤 시점이 되면(그림 4.3, #4) 애플리케이션은 운영 가능성operability이 떨어져 운영 자체가 어려워지거나, 애플리케이션의 사용성이 크게 떨어져 애플리케이션 팀이 다시 소프트웨어 운영 책임을 맡게 된다. 애플리케이션의 운영 가능성이 (오류 예산을 충족시킬 만큼) 충분히 개선되고, 그 사용량이 다시 증가하면 그림 4.3의 세 번째 단계로 돌아가기도 한다.

> SRE팀은 하나 이상의 애플리케이션 개발팀과 견고한 관계를 맺는데, 이는 일종의 친밀감이다. 이런 점에서 SRE 모델을 스트림 정렬팀의 특별한 형태로 볼 수 있다.

SRE팀과 애플리케이션 팀의 역동적 관계는 SRE 접근 방식이 구글이나 구글과 유사한 기업들에서 효과적으로 동작하는 이유 중 하나다. 구글은 소프트웨어 시스템의 구현 및 운영이 공장의 조립 부문 운영과 다른 사회 기술적 활동이라는 것을 알고 있기 때문이다.

그러나 SRE 모델을 선뜻 선택하기란 쉽지 않다. 구글 클라우드Google Cloud 고객 신뢰성 엔지니어링Customer Reliability Engineering 디렉터인 데이브 렌신Dave Rensin은 이렇게 말한다. "구글과 같은 수준의 엄격한 운영을 하려면 각자가 맡은 부분에 한결같이 헌신해야 한다."[11] SRE는 애플리케이션 팀의 운영 가능성에 대한 헌신과 SRE팀의 전문성 사이에 존재하는 역동적 균형에 의한 것이다. 높은 수준의 엔지니어링 원칙과 경영진의 헌신이 없다면, SRE 모델의 미세한 균형은 전통적인 **우리와 그들**us and them이라는 사일로로 이어지고, 결국에는 반복적 서비스 중단과 팀 간 불신을 낳는다.

토폴로지 선택 시 고려 사항

조직 컨텍스트는 특정한 유형의 팀을 성공적으로 형성하는 데 큰 영향을 미친다. 앞에서 예로 든 많은 팀 구조에서 이를 분명히 알 수 있다. 이 절에서는 토폴로지를 선택할 때 고려할 다양한 요소를 간략히 설명한다.

기술적 성숙도와 문화적 성숙도

조직의 기술적 문화적 성숙 정도에 따라 효과적인 팀 구조는 달라진다. 예를 들면, 2013년 아마존과 넷플릭스는 모두 잘 수립된 전략을 갖고 있었다. 기업의 다른 부문에 그들이 제공하는 서비스를 처음부터 끝까지 책임지는 교차기능 팀을 운영했다.[12]

그러나 애자일(작은 크기의 전달을 채용한)을 도입한 전통 기업 대부분은 성숙한 엔지니어링 프랙티스(자동화 테스팅이나 배포, 또는 모니터링 등)가 부족했기 때문에, 시간이 지남에 따라 지속 가능한 속도를 유지하지 못했다. 이 기업들은 뛰어난 엔지니어들로 구성된 일시적인 데브옵스 팀의 도움을 받아 전문성을 확보하고, 공유된 프랙티스와 도구에 기반한 협업으로 팀들을 하나로 모아 운영할 수 있었다.

하지만 임시 데브옵스 팀의 명확한 임무와 해산 시기가 정해지지 않아, 이 팀은 데브옵스 패턴과 또 다른 사일로의 안티 패턴(즉, 설명 관리, 모니터링, 배포 전략 등 조직 내에서 분리된 지식을 활용해서 만들어진) 사이의 옅은 경계를 넘나들었다.

한편, 그 경계를 넘어 성공적으로 데브옵스를 도입하고자 하는 대기업이라면 구성원들의 인지도를 높이고 조직 내 다른 분야에서 일어난 초기 성과를 설파하는 데브옵스 에반젤리스트evangelist 팀에 투자하는 것이 좋다.

조직 규모, 소프트웨어 규모 및 엔지니어링 성숙도

앞서 보았듯, 좋은 팀 토폴로지 하나를 선택하려면 조직은 물론 조직 내 팀들이 처해 있는 상황의 컨텍스트를 충분히 고려해야 한다. 적어도 조직 규모(혹은 소프트웨어 규모)와 엔지니어링 성숙도는 데브옵스 컨텍스트에서 선택한 토폴로지에 영향을 미쳐야 한다(그림 4.4).

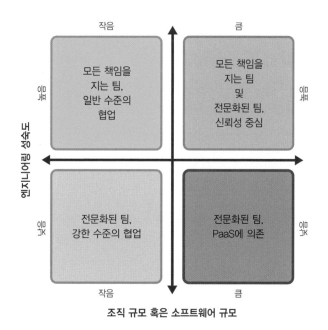

그림 4.4 토폴로지 선택에 미치는 규모와 엔지니어링 성숙도의 영향
조직 규모(혹은 소프트웨어 규모)와 엔지니어링 원칙은 팀 간 상호 작용 패턴에 영향을 미친다.

성숙도가 낮은 조직에겐 처음부터 끝까지 자율적으로 수행하는 팀을 구성하는 데 필요한 엔지니어링 및 제품 개발 역량을 확보하기까지 시간이 필요하다. 반면, 보다 전문화된 팀(개발, 운영, 보안 등)들에겐 긴밀한 협업으로 대기 시간을 최소화하고, 빠르게 문제를 해결할 수 있는 한 수용 가능한 수준의 핸드오프다. 조직이나 소프트웨어의 규모가 적당하면 속도를 중심으로 팀 간 긴밀한 협업을 강조하는 패턴이 효과를 발휘한다. 그리고 조직이나 소프트웨어의 규모가 커짐에 따라, 기반 인프라스트럭처나 PaaS 제공에 집중하는 것이 사용자가 직접 접하는 서비스에 대한 신뢰성과 고객 기대에 부응하는 능력 면에서 커다란 이점을 얻는 방법이다. 조직이 보유한 엔지니어링 성숙도와 원칙의 수준이 높다면, 앞에서 설명한 SRE 모델이 효과적일 것이다.

책임 분할을 통한 사일로 파괴

종종 특정 팀에 대한 의존성을 제거하거나 줄일 수 있다. 특정 팀의 책임을 나눈 뒤, 그중 일부를 다른 팀들이 차지할 수 있도록 권한을 부여하면 된다. 예를 들면, 지난 수년간 많은 기업이 데이터베이스 관리자DBA로부터 데이터베이스 개발DB Dev 활동을 분리해 왔다.

DB Dev와 DBA의 활동이 합쳐지면서 데이터베이스 팀의 기능적 사일로를 자주 일으켰으나, 더욱 빠른 변화의 흐름에 대한 필요성 증가와 공유 데이터베이스 사용 저하 현상이 맞물리면서 이 두 역할을 분리하는 것이 더 효과적이게 됐다. 실제로 DBA의 역할은 전형적으로 플랫폼의 일부, 다시 말해 내부적으로 수행하거나 클라우드 제공자가 서비스하는 데이터베이스 애즈 어 서비스DaaS, Database-as-a-Service의 한 부분이 됐다(플랫폼에 관해서는 5장에서 보다 자세히 설명한다).

지금까지 언급한 모든 예시는 팀 역량(혹은 역량 부족)을 고려해야 하는 중요성과 이런 역량이 팀 간 의존성에 미치는 영향을 설명한다. 업무량이 증가함에 따라 단순히 팀을 복제하거나 팀 구성원을 추가하는 것이 아니라, 팀 간 의존성 중 무엇을 제거하거나 유지할지 고려해야 한다. 이로 인한 장점이 단점보다 더 많음을 확인했기 때문이다(팀 간 관계는 5장과 7장에서 보다 자세히 설명한다).

팀 간 의존성과 대기 시간

책임 정의가 분명하고, 독립적으로 업무를 수행하며, 흐름에 최적화된 팀을 만들기 위해서는 팀 간 의존성과 대기 시간을 식별하고 추적해야 한다. 도미니카 디그랜디스Dominica DeGrandis는 그의 저서 『업무 시각화』(에이콘, 2020)에서 칸반 카드kanban card 위에 물리적 의존성 매트릭스Physical Dependency Matrix나 **의존성 태그**dependency tag로 의존성을 식별해서 추적하고, 그 의존성이 제대로 작동하는 데 필요한 커뮤니케이션을 추론하라고 설명했다. '중요한 팀 간 정보를 시각화하면 팀 간 커뮤니케이션에 도움이 된다.'[13]

다이앤 스트로드Diane Strode와 시드 허프Sid Huff는 2012년 그들의 논문 「A Taxonomy of Dependencies in Agile Software Development (애자일 소프트웨어 개발에서의 종속성 분류법)」에서 의존성을 지식 의존성과 업무 의존성, 자원 의존성이라는 세 가지 유형으로 분류했다.[14] 이 분류법을 활용하면 팀 간 의존성과 업무 흐름의 잠재적 제약을 정확히 파악하는 데 도움을 받을 수 있다.

어떤 도구를 활용하든 영역별 의존성의 수를 추적하고, 특정 상황에 의미 있는 정도의 임곗값과 경계를 설정하는 것이 매우 중요하다. 확인되지 않은 의존성이 증가하도록 두면 안 된다. 만일 이런 현상이 나타나면, 팀 설계 및 의존성의 조정을 고려해야 한다.

> **TIP**
>
> **상호 의존성을 식별하고 추적하라**
> 스포티파이는 간단한 스프레드시트를 사용해 스쿼드와 트라이브 간 상호 의존성을 식별하고 추적했다. 스프레드시트는 동일 트라이브 내 스쿼드의 의존성(수용 가능)과 다른 트라이브 내 스쿼드의 의존성(잠재적으로 팀 설계나 업무 할당이 잘못됐다는 의미) 여부를 표시했다. 또한, 이 도구는 그런 의존성이 팀의 (업무) 흐름에 얼마나 빠르게 영향을 미칠지도 추적했다.

데브옵스 토폴로지를 활용한 조직 개발

지금까지 특정 시점에서 특정한 토폴로지에 영향을 미치는 다양한 측면을 다뤘다. 그러나 조직과 팀, 전략은 시간이 지남에 따라 의도적 활동(팀의 문화적 성숙도나 엔지니어링 성숙도의 향상을 위한 데브옵스 도조 DevOps dojo 등)이나 시장과 기술의 변화로 인해 달라진다.

많은 조직이 데브옵스 토폴로지 카탈로그를 효과적 팀 구조와 관련한 **일시적** 조언이나 힌트 정도로 간주한다. 하지만 몇몇 조직은 몇 걸음 더 나아가 현재 상황에 가장 적합한 토폴로지에서 시작해 바람직한 조직 역량과 제약 사항의 변화에 적합한 최종 목표까지 그 사고를 확장한다.

데브옵스 전환 사례를 몇 가지 소개한다. 이들은 오랜 시간에 걸쳐 새로운 컨텍스트에 맞춰 데브옵스 토폴로지를 발전시킨 결과에 큰 영향을 받은 것들이다.

지속적 전달 아키텍트인 푸락 아그라울 Pulak Agrawal, UKI 데브옵스 리드인 조너선 하만트 Jonathan Hammant는 데브옵스 토폴로지 패턴을 사용해 엑센추어 Accenture의 컨설팅 조직을 발전시켰던 경험을 소개했다. 그들은 2017년 4월 헬스케어 부문 고객에게 데브옵스 팀을 적용했다. 머지않아 안티 패턴에 빠져들었음을 자각했는데, 도구 전문가들이 참여한 데브옵스 팀이 사일로에 빠졌기 때문이었다.

2018년 1월 그들은 개발팀과 운영팀, 데브옵스 도구팀이 밀접하게 협업할 수 있도록 팀 구조를 바꿨다.

> 우리는 고객의 애저 인프라스트럭처에 인프라스트럭처 애즈 코드(IaC, Infrastructure-as-Code) 프로젝트를 제공하고 기업 문서 관리 제품 설치와 환경 설정 및 운영을 자동으로 수행했습니다. 이 프로젝트에 **인프라스트럭처 애즈 어 서비스 운영**(Ops as Infrastructure-as-a-Service) 패턴을 활용했습니다. 이 패턴은 운영팀이 조기에 투입돼 운영 코드를

확인하고, 프로젝트 첫날부터 개발팀이 투입돼 비기능적 생산 요건에 집중하는 방식입니다. 이런 과정이 진행되는 동안 초기 단계부터 사일로에 갇혔던 도구팀의 구성원들은 인프라스트럭처를 지원합니다.[15]

점진적 발전 3단계는 초기 성공을 달성하고, 데브옵스 역할을 실행자에서 에반젤리스트로 완전히 전환하며, 개발팀과 운영팀이 필요한 단계의 자동화를 스스로 만들고 협업할 수 있도록 탈바꿈하는 것이다. 풀락은 이렇게 설명했다.

> **데브옵스** 팀은 이제 **데브옵스 에반젤리스트 팀**으로 진화하고 있습니다. 고객과 협력해 개별 프로젝트 관련 내용을 교육하고, 고객이 직접 그 내용을 실행할 수 있도록 합니다. 이 과정에서 데브옵스 팀은 점차 사라집니다. 고객은 개발과 운영 단계를 자동화하고, 모니터링 및 경고 솔루션을 구현합니다. 그리고 고객들 스스로 개발과 운영의 자동화와 자동화된 솔루션의 수행이 포함되도록 합니다.[16]

3부에서는 데브옵스를 넘어 보다 넓은 맥락의 팀 토폴로지 진화를 자세히 살펴볼 것이다.

사례 연구: 트랜스유니언(Transunion)에서의 팀 토폴로지 진화(1편)

이안 왓슨(Ian Watson), 데브옵스 수장(Head of DevOps), 트랜스유니언

트랜스유니언(과거 콜크레딧Callcredit)은 영국에서 두 번째로 큰 신용 조회 사무소CRA, credit reference agency로 스페인, 미국, 두바이, 리투아니아에 지사를 두고 있다. 트랜스유니언은 전 세계 모든 영역의 비즈니스를 위한 고객 데이터 관리 전문 서비스를 제공함으로써 보다 확실한 정보에 기반해 신뢰할 만한 결정을 내리도록 돕는다.

이안 왓슨은 2015년부터 2018년까지 트랜스유니언에서 데브옵스 수장으로 지냈으며, 데브옵스 토폴로지가 조직을 성장시키는 데 어떻게 도움을 줬는지 회상한다.

2014년 트랜스유니언 내 기술 그룹은 꾸준히 증가하는 소프트웨어 기반 분석 솔루션 관련 요구를 해결하려 대대적 확장을 시작했다. 다양한 기술팀 사이에 존재하는 상호 관계를 고려해야 확장 효과가 크다는 것을 알았다. 우리는 데브옵스 토폴로지 패턴이 디지털 전환 계획을 수립하는 데 적합하다고 판단했다. 개발팀과 운영팀의 긴밀한 협력을 원했지만, **데브옵스 팀**을 만들고 싶지는 않았다. 그래서 하이브리드 모델을 선택했다. 임시로 2개의 데브옵스 팀을 만들어 개발팀과 운영팀이 밀접한 협업을 하도록 돕게 했다.

트랜스유니언에서의 데브옵스 적용 과정에서 팀 간 관계를 정적으로 재구성하는 것이 아니라, 점진적으로 변화시켜야 한다는 것을 깨달았다. 데브옵스 토폴로지 패턴의 활용으로 디지털 전환이 어떻게 일어날지 예상할 수 있었고, 클라우드 기술 및 자동화 접근 방식의 도입에 속도가 붙었다. 데브옵스 토폴로지 패턴을 참고함으로써 별도의 데브옵스 팀을 만드는 것과 같은 몇몇 오류를 피할 수 있었고, 팀의 책임을 보다 명확하게 정의할 수 있었다. 우린 지난 4년 동안 커다란 성과를 거두면서 기술 부문을 크게 확장할 수 있었다.

정리: 현재 컨텍스트에 적합한 팀 토폴로지를 도입하고 발전시켜라

제품 규모의 조정이나 새로운 기술의 적용, 또는 새로운 시장의 요구 등에 부응하기 위해서 각 상황이 발생할 때마다 팀 구조와 책임을 새로 설정하는 것은 그 순간에는 도움이 될지 모르나, 잘 만들어진 토폴로지에서 얻을 수 있는 속도와 효율성을 기대하기는 힘들다.

외부 상황에 의존한 결정은 주로 개별 팀에 의해 내려지므로, 기술적 문화적 성숙도나 조직 규모, 소프트웨어 규모, 엔지니어링 원칙 또는 팀 간 의존성 등과 같은 조직 수준에 따른 중요 요소에 대한 고려가 부족하다. 그 결과, 팀 구조는 시간이 지난 뒤에도 새로운 문제에 적응할 수 있는 상태가 되지 못하고, 일시적이고 제한적인 범위의 문제에만 최적화된다.

데브옵스 팀 안티 패턴은 가장 대표적인 예시다. 여러 논문에 따르면 조직에 자동화 및 도구 전문가를 영입해 소프트웨어 전달과 운영의 속도를 높이는 것이 논리적일 수 있다. 그러나 데브옵스 팀이 애플리케이션 팀의 자율적인 자급자족 역량 설계 및 구현을 돕는 것이 아니라, 모든 애플리케이션의 전달 경로를 실행하도록 한다면 애플리케이션 팀은 데브옵스 팀에 깊이 의존하게 된다.

토폴로지의 다양한 측면을 명확하게 고려하고 조직 컨텍스트(느리게 진화하는 경향이 있다)에 적합한 토폴로지를 도입하는 것이 매우 중요하다. 특정한 문제를 해결하거나 특정한 순간에 발생한 필요에 따라 토폴로지를 도입해선 안 된다.

특히, 데브옵스 컨텍스트에서 데브옵스 토폴로지를 활용해 어떤 컨텍스트에 어떤 토폴로지가 효과적인지에 관한 통찰력을 얻을 수 있다. 미래 지향적 조직들은 여러 단계로 나눠 팀 설계에 접근한다. 현시점에서는 가장 효과적인 접근 방식일지라도 몇 년, 심지어 몇 개월 후에는 전혀 효과적이지 않을 수 있다는 것을 이해하고 있기 때문이다.

4가지 기본 팀 토폴로지

시스템 아키텍처와 이를 개발한 팀의 형태는 불가분의 관계에 있다.

— **루스 말란**(Ruth Malan), Conway's Law

조직에는 다양한 형태의 팀이 존재하고, 그중 일부는 여러 역할(예를 들어 인프라스트럭처나 도구팀과 같은)을 수행한다. 이런 무질서함은 조직 전체를 시각화하기 매우 어렵게 만든다. 우리가 적절한 팀을 보유하고 있는가? 우리의 역량이 부족해서 그 어떤 팀도 다루지 않는 영역은 있는가? 팀은 균형 있게 자율성을 가지면서 다른 팀으로부터 지원도 받고 있는가?

팀 유형을 다음과 같은 4가지 기본 팀 토폴로지 범위로 좁힐 수 있다면 위 질문에 더욱 쉽게 대답할 수 있다.

- 스트림 정렬팀Stream-aligned team
- 활성화 팀Enabling team
- 난해한 하위시스템 팀Complicated-subsystem team
- 플랫폼 팀Platform team

이를 신중하게 사용하면 4가지 기본 팀 토폴로지만으로도 현대 소프트웨어 시스템을 충분히 구현하고 운영할 수 있다. 효과적 소프트웨어 경계(6장에서 보다 자세히 다룬다)와 팀 간 상호 작용(7장에서 보다 자세히 다룬다)을 적절히 조합함으로써 위 4가지 팀 유형을 효과적인 조직 설계(그림 5.1 참조)의 강력한 본보기로 활용할 수 있다.

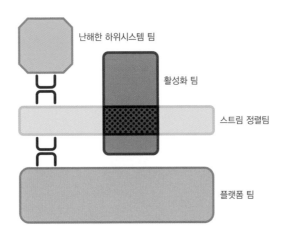

그림 5.1 4가지 기본 팀 토폴로지

4가지 기본 팀 토폴로지(스트림 정렬팀, 활성화 팀, 난해한 하위시스템 팀, 플랫폼 팀)는 모든 팀 유형에 마치 **자석**처럼 작용해 자극을 주는 방향으로 움직이게 한다. 우리는 이 4가지 팀 유형을 선호해야 하며, 조직 내 모든 팀은 이 기본 유형의 목적과 역할, 책임, 상호 작용 행동의 적용을 목표로 삼아야 한다. 지아오 루오Jiao Luo와 동료들이 2018년 발표한 연구 결과에 따르면, 조직 내 역할에 존재하는 모호성을 줄이는 것이 현대 조직 설계에서 성공을 거두는 핵심 요소다.[1]

대규모 혹은 중간 규모 조직에서는 하나 이상의 팀이 각 기본 팀 토폴로지를 따르고 있을 것이다. 스트림 정렬팀(5장에서 설명한다)이 가장 많겠지만 조직에는 여러 플랫폼 팀이 존재할 수 있으며, 다양한 목적으로 몇 개의 활성화 팀(어떤 팀은 CI · CD를 담당하고 또 다른 팀은 인프라스트럭처와 아키텍처를 담당할 수 있다)이 존재하고, 정말 필요한 경우에는 난해한 하위시스템 팀이 한두 팀 정도 존재할 것이다.

NOTE

운영팀은 어디에 있는가? 지원팀은 어디에 있는가?
기본 팀 토폴로지에서는 의도적으로 **운영**팀과 **지원**팀을 정의하지 않는다. 시스템을 구현하는 오랜 기간 동안 유지되는 팀은 구현 중인 시스템의 실제 운영과 밀접한 업무를 수행한다. **핸드오버**를 정의하지 않으므로, 운영팀이나 지원팀을 따로 둘 필요가 없다. 심지어 SRE 패턴(4장 참조)에서 조차 팀들은 매우 밀접하게 정렬돼 있다. 스트림 정렬팀들은 좋은 소프트웨어 전달 프로세스(지속적인 전달과 운영성 등)를 따르며 직접 작성하는 코드가 거의 없어도 해당 코드의 실제 운영을 책임진다. 물론, 운영과 지원은 대부분 스트림에 정렬돼 있다(성공한 조직이 빠르고 안전한 변화의 흐름 컨텍스트에서 지원 활동을 어떻게 관리하는지는 5장의 뒷부분에서 살펴볼 것이다).

이제 4가지 기본 팀 토폴로지를 자세히 살펴본다.

스트림 정렬팀

스트림stream이란 비즈니스 도메인이나 조직 역량에 맞춘 업무의 지속적 흐름을 의미한다. 지속적 흐름을 달성하려면 목적과 책임을 명확하게 정의해야 한다. 그래야만 팀별로 업무 흐름을 가지면서 공존할 수 있다.

스트림 정렬팀은 가치 있는 단일 업무 스트림에 정렬된다. 가치 있는 단일 업무 스트림이란 한 제품 혹은 서비스, 기능 세트, 사용자 스토리 혹은 사용자 퍼소나persona일 수 있다. 또한, 팀은 고객이나 사용자 가치를 가능한 한 빠르고 안전하고 독립적으로 구현하고 전달할 수 있는 권한을 부여받는다. 업무 중 일부를 수행하기 위해 다른 팀에 핸드오프를 할 필요가 없다.

스트림 정렬팀은 조직에서 가장 주요한 팀 유형이며 다른 팀 토폴로지를 따르는 팀들은 스트림 정렬팀의 부하를 줄이기 위해 존재한다. 5장의 뒷부분에서 다시 설명하겠지만 예를 들자면, 활성화 팀은 스트림 정렬팀이 현재 가지고 있지 않은 역량을 획득할 수 있도록 연구나 실험을 하고, 성공적인 프랙티스를 제공하려 노력한다. 플랫폼 팀은 낮은 단계의 세부 지식(프로비저닝, 모니터링 혹은 배포 등)을 담당하고, 쉽게 사용할 수 있는 서비스를 제공함으로써 스트림 정렬팀의 인지 부하를 줄이기 위해 존재한다.

전달의 모든 과정을 수행하는 스트림 정렬팀은 고객과 가까이 위치하며, 실제 환경에서 운영되는 소프트웨어를 모니터링하는 동안 신속하게 고객의 피드백을 받는다. 그러므로 시스템에서 발생하는 문제에 거의 실시간으로 반응할 수 있고, 필요한 만큼 업무 방향을 조정할 수 있다. 도널드 라이너트센은 이렇게 말한다. "제품 개발 과정에서는 하나의 큰 팀 대신 뛰어난 기술력을 지닌 사람들로 구성한 소규모 팀을 운영할 때, 보다 신속한 방향 전환이 가능하다."[2]

조직에는 특정 고객의 흐름, 비즈니스 영역의 흐름, 지정학적 흐름, 제품의 흐름, 사용자 퍼소나의 흐름, 법규 준수의 흐름(규제가 높은 산업인 경우) 등 다양한 흐름이 공존할 수 있다(다양한 형태의 흐름에 맞춰 업무를 조직하는 자세한 방법은 6장을 참조한다). 하나의 흐름은 대기업 내에서 개별 역점 사항 및 목적(아직 존재하지 않는 제품의 혁신 등)을 가진 하나의 소규모 기업 형태를 띨 수도 있다. 스트림 정렬팀에 맡겨진 변화의 흐름이 어떤 것이든, 이 팀은 단기 프로젝트가 아닌 업무 포트폴리오나 업무 프로그램의 일부로서 장기적이고 지속 가능한 방식으로 자금을 지원받는다.

현대 소프트웨어 조직에서는 대부분 팀이 스트림 정렬팀이길 기대한다. 업무 흐름은 명확하고, 각 흐름은 지속적이고 예측 가능한 업무로 구성돼 있어, 스트림 정렬팀들이 우선순위를 정할 수 있기 때문이다.

이는 전통적 업무 할당 방식과 극명하게 대조된다. 전통적 업무 할당 방식에서는 한 고객의 커다란 요구 사항이나 여러 고객의 작은 요구 사항들을 하나의 프로젝트로 변환했다. 프로젝트가 승인되고 자금이 조달되면, 여러 팀이 참여해(프론트엔드, 백엔드 및 DBA팀 등) 그들의 기존 백로그에 새로운 업무를 추가해야 했다.

사례 연구: 엄격하게 독립된 서비스 팀(아마존)

2002년 아마존은 독립적 팀을 사용하는 팀 토폴로지를 도입했다. CEO인 제프 베소스는 아마존에서 제공하는 각 서비스나 애플리케이션, 그리고 모든 팀이 콘웨이의 법칙을 따라 실질적으로 독립적이길 원했다. 아마존의 팀 토폴로지 도입에는 베소스의 이러한 의도가 깔려 있다.[3] 또한 아마존은 팀의 책임감을 높이고 전달 및 발견 속도를 극대화하기 위해 팀 규모를 피자 2판이면 충분한 인원으로 제한하는 것으로도 유명하다.[4]

2002년 제프 베소스는 아마존 엔지니어링 부문에 팀 조직에 관한 매우 구체적인 지시를 내렸다.[5]

- 각 팀은 팀이 개발하고 운영하는 서비스 전반에 책임을 진다 (여기에서 서비스란 아마존닷컴Amazon.com 혹은 AWS 서비스 내의 하나 혹은 복수의 기능을 의미한다).

- 모든 서비스는 내 외부를 막론하고 API를 통해 제공한다. 각 팀은 다른 팀이 개발한 서비스 아키텍처나 사용된 기술을 방해하거나 그 어떤 가정도 하지 않아야 한다.

아마존 CTO인 베르너 보겔스Werner Vogels가 말한 원칙, '여러분이 만들었다면 여러분이 실행해야 합니다(you build it, you run it)'는 매우 유명하다. **서비스 팀**service team(아마존 내부 명칭)은 교차기능 팀으로 자신들이 개발한 서비스 관리와 명세, 설계, 개발, 테스트 및 운영(인프라스트럭처 프로비저닝과 고객 지원 포함)에 필요한 모든 역량을 갖춰야 한다. 이 역량들을 각 팀 구성원에게 할당할 필요는 없지만, 팀 전체로서 그 역량을 제공할 수 있어야 한다. 팀 구성원 각자 주된 전문성이 있다고 해서 전문 영역에서만 활동하도록 제한하지는 않는다.

서비스 팀 간 (업무) 조율은 거의 없으므로 분산된 형태의 마이크로서비스 스택이 매우 다양하게 생성된다. 흥미롭게도 테스팅에 한해서는 예외가 적용된다. 소프트웨어 개발 테스트 엔지니어^{SDET, software development engineers in test}는 조직 전체를 대상으로 업무를 수행한다. SDET는 모든 팀에게 좋은 테스팅 프랙티스(물론 각 팀은 그 자체의 테스팅 역할을 한다)와 도구들을 전파한다. 또한 서비스 간, 장치 간, 지역 간 사용자 경험을 부드럽게 하는 역할을 담당한다. SDET는 생산성 팀이나 도구팀의 구성원들이 제안한 가치 있는 아이디어나 의견을 제공함으로써 팀 전체의 좋은 프랙티스를 촉진하고 사용하도록 독려한다.

아마존에서 운영하는 피자 2판 팀 모델은 스트림 정렬팀의 한 예다. 스트림 정렬팀들은 충분히 독립적이며, 그들이 제공하는 서비스의 오너십을 통해 그들이 작성하는 소프트웨어의 실질적 성공에 책임을 진다. 아마존이 17년 이상 이 모델을 사용했다는 사실은 독립적 변화 흐름에 맞춘 팀 운영이 매우 효과적이라는 것을 보여준다.

스트림 정렬팀 내 역량

일반적으로, 각 스트림 정렬팀은 초기 (요구 사항) 탐색 단계부터 생산까지 모든 과정을 수행하기 위해 일련의 역량을 갖춰야 한다. 그 역량에는 다음과 같은 것들이 있다(이 내용들이 전부는 아니다).

- 애플리케이션 보안
- 상업 및 운영 측면 생존성 분석

- 설계 및 아키텍처

- 개발 및 코딩

- 인프라스트럭처 및 운영성

- 지표 및 모니터링

- 제품 관리 및 오너십

- 테스팅 및 품질 보증

- 사용자 경험

위에서 언급한 각 역량이 팀 내 개별 역할에 완벽하게 맞춰지는 게 아니라는 점이 중요하다. 즉, 위에 나열된 역량을 만족시키려면 팀 구성원이 적어도 9명은 돼야 한다는 의미다. 팀으로서 이 역량들을 이해하고 적용할 수 있어야 한다는 점을 명심하라. 따라서 몇몇 스페셜리스트specialist와 제너럴리스트generalist를 섞어 팀을 구성할 수 있다. 스페셜리스트로만 구성된 전문가팀은 해당 스페셜리스트에게 의존하는 업무로 인해 매번 병목 현상을 겪게 될 것이다.

> **NOTE**
>
> 구글에서 태동한 SRE팀은 실제 사용 환경에서 운영되는 대규모 애플리케이션의 신뢰성을 책임진다는 관점에서, 스트림 정렬팀의 특별한 형태로 볼 수 있다. SRE팀은 하나 혹은 그 이상의 스트림 정렬팀들과 협업하는데, 이 팀들은 애플리케이션 개발을 책임지며, 소프트웨어 변화 흐름은 한 스트림과 매우 잘 정렬돼 있다.

제품팀 혹은 피처팀이 아닌 스트림 정렬팀

과거의 많은 소프트웨어 전달 프레임워크들은 가치 있는 엔드 투 엔드 소프트웨어 증분increment을 제공하는 능력이 있는 팀을 가리켜 **제품팀** 혹은 **피처팀**이라고 지칭했다. 그러나 요즘에는 제품이나 피처보다 스트림이라 말하는 것이 이치에 맞는 충분한 이유가 있다. 팀의 목표를 스트림에 맞추면 조직 차원의 흐름에 집중하도록 할 수 있다. 스트림은 막힘없이 흘러야 한다.

사물인터넷이 등장하면서 어디에나 임베디드 장비들이 존재하게 됐고, 서비스 관리에 전체론적 관점으로 접근하게 되면서 엔드 투 엔드 사용자 경험은 완전히 달라졌다. 고객은 소프트웨어의 부분과 상호 작용하는 것이 아니라, 온갖 종류의 소프트웨어를 실행하는 제품이나 장비(모바일 장비, 임베디드 장비 및 음성으로 통제하는 장비에 이르기까지) 와 상호 작용한다. 고객들은 다양한 채널(사람, 소셜 미디어, 웹사이트, 전화 등)을 통해 수많은 브랜드와 소통하며, 일관적인 반응과 인터페이스를 기대한다. 제프 수스나Jeff Susna는 『Designing Delivery(딜리버리 설계)』에서 팀이 이런 요구에 대응하려면 **지속적인 설계**continuous design 역량을 갖춰야 한다고 말했다. 지속적 설계에서는 **서비스, 피드백, 실패, 학습과 같은 아이디어를 가장 중요한 개념으로 인식**한다. 이를 가능케 하는 가장 좋은 방법은 흐름에 중점을 둔 스트림 중심 변화 관점으로 보는 것이다.[6]

이처럼 여러 채널이 깊이 연결돼 컨텍스트에서 하나의 **제품**이 지니는 의미가 매우 다양하므로 **제품팀**의 책임을 정확하게 이해하기가 쉽지 않다. 예를 들면, 제조회사에서 제품이란 엔지니어링 팀이 수년에 걸쳐 만들어 사용되다가 다른 것으로 대체돼 사라진 것과 같이 수명이 정해진 물리적 장비일 수 있다.

스트림 정렬이라는 개념은 **제품** 혹은 **피처**보다 광범위한 상황에 훨씬 적합할 뿐 아니라, 흐름(스트림은 흐르기 때문이다)의 인식을 강조하는 데도 도움을 준다. 마지막으로 소프트웨어가 있어야 하는 모든 상황에서 제품이나 피처(특히 공공 서비스 제공이 목적일 때)가 필요하지는 않지만, 그 모든 상황은 흐름에 정렬됨으로써 이익을 얻는다.

기대 행동

앞서 보았듯 스트림 정렬팀의 임무는 주어진 스트림에서 원활한 업무 흐름을 확보하는 것이다. 항상 그렇다고 할 수는 없지만, 이는 대부분 비즈니스 도메인 영역과 관련이 있다.

효과적인 스트림 정렬팀에게서 우리는 어떤 행동과 결과를 기대할 수 있는가?

- 스트림 정렬팀은 지속적인 피처 전달 흐름을 만든다.
- 스트림 정렬팀은 가장 최근에 변경한 사항의 피드백을 바탕으로 신속하게 경로를 수정한다.
- 스트림 정렬팀은 실험적 접근 방법을 활용해 제품을 발전시키고, 이를 기반으로 지속해서 학습하고 적용한다.
- 스트림 정렬팀은 다른 팀에 최소한(전혀 없을 때가 이상적)의 업무만을 인계한다.
- 스트림 정렬팀은 팀이 만들어낸 지속적인 변화(몇몇 기술 지표 및 팀 건강 지표를 포함) 흐름을 평가한다.
- 스트림 정렬팀은 코드 품질 변화(기술 부채라고도 함)를 해결할 수 있는 시간과 공간을 확보해야 하며, 언제나 안전하고 쉽게 코드를 변경할 수 있도록 보장해야 한다.
- 스트림 정렬팀은 능동적이고 정기적으로 기본 토폴로지 팀(난해한 하위시스템 팀, 활성화 팀 및 플랫폼 팀)의 도움을 받는다.
- 스트림 정렬팀의 구성원은 **자율성**, **전문성**, **목적성**을 달성하고 있다는 성취감을 느낀다. 다니엘 핑크^{Daniel Pink}는 이 세 가지를 몰입하는 지식 근로자의 핵심 요소라고 말했다.[7]

(스트림 정렬팀과 플랫폼 팀의 관계는 8장에서 보다 자세히 설명한다.)

활성화 팀

니콜 폴스그렌, 제즈 험블, 진 킴은 『디지털 트랜스포메이션 엔진』에서 높은 성과를 내는 팀은 역량을 꾸준히 개선해 앞서 나간다고 말했다. 그러나 스트림 정렬팀은 어떻게 엔드 투 엔드의 오너십을 유지함과 동시에 새로운 기술을 연구 및 조사하고, 학습하며 연습할 수 있을까? 스트림 정렬팀은 빠르게 기능을 제공하고 변화에 대응해야 한다는 지속적 압박에 시달린다.

활성화 팀은 주어진 기술(혹은 제품) 도메인의 전문가들로 구성되며, 이들은 각자의 전문 영역에 대한 역량 차이를 메우는 가교 구실을 한다. 활성화 팀은 스트림 정렬팀과 교차 협업하면서 필요한 연구를 수행하거나, 다른 선택 사항을 시도해 보거나, 애플리케이션 스택에 적합한 도구와 프랙티스, 프레임워크 및 에코시스템 선택에 대한 적절한 정보를 제공한다. 스트림 정렬팀은 이를 활용해 별도의 노력을 기울이지 않고도 역량을 획득하고 발전시킬 수 있다(경험상 이런 노력과 그 노력이 팀에 미치는 영향을 1/10에서 1/15까지 과소평가하는 경향이 있다).

활성화 팀은 천성적으로 매우 협력적이다. 이들은 스트림 정렬팀이 맞닥뜨린 문제와 부족함을 이해하고 효과적인 지침을 제공하기 위해 발전한다. 유타 엑스타인은 활성화 팀을 **테크니컬 컨설팅 팀**Technical Consulting Team이라 정의했는데,[8] 이는 컨설팅 팀이 조직 내·외부를 막론하고 제공하리라 기대하는 것(실행이 아닌 안내)과 잘 맞아떨어진다.

활성화 팀은 다른 팀들이 조직 레벨에서 기술 제약을 이해하고 따르도록 돕지만, 지식의 **상아탑**이 되거나 다른 팀들에게 기술적 선택을 강요하는 것은 적극적으로 피한다. 이는 **서번트 리더십**servant leadership과 유사하지만, 개인 관계보다 팀 간 상호 작용에 적용된다는 차이가 있다. 활성화 팀은 스트림 정렬팀의 자율성을 높이는 것을 목표로 한다. 이를 위해 솔루션을 제공하는 것이 아니라, 스트림 정렬팀이 본연의 문제에 집중하면서 역량을 향상하도록 돕는다. 활성화 팀이 그들의 역할을 잘 해낸다면, 스트림 정렬팀은 몇 주 또는 몇 달 후에는 더 이상 활성화 팀의 도움을 받을 필요가 없어지므로, 활성화 팀에 대한 의존성 또한 사라진다.

> **TIP**
>
> 활성화 팀의 행동과 성향을 안내할 때, 로버트 그린리프(Robert Greenleaf)의 휴리스틱을 사용할 수 있다. '도움을 받은 이들이 개인으로 성장하는가? 도움을 받음으로써 보다 건강하고, 현명해지고, 자유로워지고, 자율적으로 됐는가?'[9]

한 활성화 팀은 앞에서 열거한 스트림 정렬팀에 필요한 역량 중 어느 것과도 매핑될 수 있지만, 주로 특정한 클라이언트 기술(데스크톱, 모바일, 웹 등)과 관련된 빌드 엔지니어링, 지속적 전달, 배포 혹은 테스트 자동화 영역에 집중한다. 예를 들어, 활성화 팀은 배포 파이프라인 뼈대를 구성하거나, 자동화 도구와 몇 가지 초기 시나리오 및 예시를 조합한 기본 테스트 프레임워크를 구현한다.

활성화 팀과 스트림 정렬팀 간 지식 전달은 수시(예를 들어, 스트림 정렬팀이 컨테이너라이제이션containerization과 같은 새로운 기술을 도입하는 경우 등)로 이뤄지거나 장기간(지속적 개선 관점에서의 보다 빠른 빌드 혹은 보다 빠른 테스트 수행 등)에 걸쳐 이뤄진다. 인프라스트럭처 애즈 코드를 정의하는 것과 같은 특정 종류의 프랙티스에서는 페어링을 통해 보다 높은 효과를 얻을 수 있다.

기대 행동

앞서 보았듯, 활성화 팀의 임무는 주로 특정 기술이나 제품 관리 영역에서 스트림 정렬팀이 부족한 역량을 획득하도록 돕는 것이다.

효과적인 활성화 팀에게 어떤 행동과 결과를 기대할 수 있는가?

- 활성화 팀은 적극적으로 스트림 정렬팀의 필요를 이해함으로써 정기적 확인 시점을 수립하고, 더 많은 협업이 필요할 때 이를 기꺼이 받아들인다.

- 활성화 팀은 스트림 정렬팀의 실질적 요청이 있기 훨씬 전에 새로운 접근 방식과 도구의 활용, 전문 영역에서의 프랙티스를 빠르게 습득한다. 과거에도 아키텍처 팀 혹은 혁신팀이 이 같은 임무를 맡아 수행했으나, 활성화 팀은 다른 팀이 자율적으로 이런 일을 할 수 있도록 하는 것에 집중하기 때문에 보다 나은 역동을 만들어낸다.

- 활성화 팀은 좋은 소식(예를 들어, '새로운 UI 자동화 도구를 사용해 커스텀 테스트 코드를 50% 줄일 수 있다'와 같은)과 나쁜 소식(예를 들어, '그동안 광범위하게 사용했던 자바스크립트 프레임워크 X의 유지보수는 더 이상 없다'와 같은)의 메신저 역할을 한다. 이런 역할은 기술 수명 관리에 도움을 준다.

- 활성화 팀은 종종 현재 스트림 정렬팀이 직접 사용하기에는 너무 어려운 외부(혹은 내부) 서비스의 대리인 역할을 한다.

- 활성화 팀은 팀 내부는 물론 스트림 정렬팀의 학습을 촉진한다. 활성화 팀은 마치 큐레이터와 같이 조직 내 적절한 지식 공유를 촉진한다(톰 드마르코와 팀 리스터Tim Lister가 핵심 학습 기능key learning function[10]이라 부른 활동을 지원한다).

사례 연구: 대규모 법률 조직 내 엔지니어링 활성화 팀

로빈 웨스턴(Robin Weston), 엔지니어링 리더(Engineering Leader), BCG 디지털 벤처스(BCG Digital Ventures)

2017년 한 대규모 법률 조직 내에 새롭게 만들어진 엔지니어링 활성화 팀을 대상으로 1년 동안 컨설팅 업무를 했다. 이 조직의 소프트웨어 개발 역량은 다양한 글로벌 팀으로 확산됐다.

엔지니어링 활성화 팀은 조직이 겪는 수많은 고난 상황에 대응하기 위해 만들어졌다. 이 조직은 매우 긴 기능 리드 타임, 여러 시스템에 걸쳐 있는 출시 사이클, 낮은 팀 사기, 사일로에 갇힌 기술 지식과 같은 어려움을 겪고 있었으며 (가장 근본적으로) 기업 자체가 변화의 혁신적 속도를 따라가지 못해 경쟁 업체에게 우위를 빼앗기고 있었다.

엔지니어링 활성화 팀은 소프트웨어 엔지니어링 원칙(애플리케이션 개발, 빌드 및 출시, 테스팅 등)과 관련된 뛰어난 기술과 지식을 가진 사람들로 구성됐다. 우리는 새로운 기술과 도구를 단순히 도입하는 것이 아니라, 팀들에게 좋은 프랙티스를 소개하고 교육하는 데 주력했다. 조직 기저에 깔린 문화와 개발팀의 기술을 다루지 않은 상태에서 새로운 빌드와 배포 도구를 도입하는 것은 오히려 역효과를 가져올 뿐이다. 우리는 헌신할 내용을 **팀 차터**^{team charter}로 만들어 조직 전체에 공유했다.

목표는 조직 내 각 팀이 기능을 더 좋은 품질로 더 빠르게 배포할 수 있도록 지원하는 것이었다. 첫 8주 동안 개선을 위해 다음 지표들을 사용했다.

- 성공적 배포에 걸리는 시간(리드 타임^{lead time})
- 일일 배포 성공 횟수
- 배포 실패 시 복구하는 데 걸리는 시간
- 코드 커밋에서 배포까지 걸리는 시간(사이클 타임^{cycle time})

이런 엔지니어링 이슈를 해결하도록 팀에게 강요하는 시도는 반드시 실패한다. 현장에서 일하는 사람들의 마음을 얻어야만 한다. 활성화 팀 자체는 의도적으로 외부 컨설턴트들과 기존 팀의 개발자들을 조합해 만들었다. 팀과 팀의 임무 착수를 돕기 위해, 우린 조직 단위의 워크숍을 개최하고 모든 글로벌 팀의 대표자를 초대했다.

엔지니어링 활성화 팀은 첫날부터 스스로를 없앨 계획을 세워야 한다. 그래야만 다른 팀들이 엔지니어링 활성화 팀에 의존하지 않는다. 우리가 하는 모든 일은 다른 팀들이 자급자족할 수 있도록 돕는 것임을 공표했다. 몹 프로그래밍mob programming 세션을 열고 녹화한 뒤, 모든 팀을 시연회에 초대했다. 전체 시간 중 1/4 정도는 실제 솔루션을 구현하는 데 사용했고, 나머지 3/4은 지식을 공유하는 데 사용했다.

첫 8주가 지난 후 핵심 지표에는 다음과 같은 변화가 일어났다.

- 배포 리드 타임: 72% 감소

- 일간 배포 파이프라인 실행 수: 700% 증가

- 배포 실패 시 복구 시간: 평균 23시간 이내(이전에는 빌드 상태가 녹색인 적이 없음!)

- 배포 파이프라인 실행 시간: 98% 감소(10시간에서 15분으로 단축!)

숫자 자체는 그다지 인상적이지 않을 수도 있다. 그러나 명확한 진척 상황을 보여줬다는 사실은 자신감을 크게 높였으며, 다른 어려운 점들을 공격하기 위해 더 넓은 범위에서 조직을 밀어붙일 수 있다는 믿음을 줬다.

활성화 팀의 주요 목적은 스트림 정렬팀들이 동작하는 소프트웨어를 지속할 수 있고 책임감 있는 방식으로 배포하도록 돕는 것이다. 활성화 팀은 스트림 정렬팀의 잘못된 프랙티스나 잘못된 우선순위 선택, 혹은 낮은 코드 품질에서 일어나는 문제를 직접 해결하기 위해 존재하는 것이 아니다. 스트림 정렬팀은 아주 짧은 기간(수주 혹은 수개월)만 활성화 팀과 협업하며, 이 과정에서 새로운 기술이나 개념, 혹은 접근 방식에 대한 역량을 높여야 한다. 스트림 정렬팀에 새로운 기술과 지식이 내재되면, 활성화 팀은 스트림 정렬팀과의 상호 작용을 중단하고 다른 팀에 집중해야 한다.

활성화 팀과 실천가 커뮤니티

활성화 팀과 실천가 커뮤니티(CoP) 모두 다른 팀의 인식과 역량 향상에 도움을 줄 수 있다. 활성화 팀 구성원은 촉진 활동을 전담하는 반면, CoP는 여러 팀의 개인이 매주(혹은 매달) 모여서 관심 있는 프랙티스나 업무 방식의 개선 사항을 공유하는 보다 확산된 집단이다. 에밀리 웨버Emily Webber는 그녀의 저서 『Building Successful Communities of Practice(성공적인 실천가 커뮤니티 구축)』(Blurb, 2016)에서 다음과 같이 말한다. '실천가 커뮤니티는 사회적 학습, 실험적 학습, 균형 잡힌 커리큘럼의 알맞은 환경을 조성해 구성원들의 학습을 가속화한다.'[11]

활성화 팀과 CoP는 그 목적과 역동이 미묘하게 달라서 공존할 수 있다. 활성화 팀은 장기간 유지되는 소규모의 전문가 집단으로, 특정 시점에서 한 팀(혹은 소수 팀)의 인식과 역량을 높이는 데 집중한다. 그러나 CoP는 일반적으로 더 넓은 범위에서, 많은 팀에 지식을 확산한다. 물론, 활성화 팀이 여럿 모여 **활성화 팀 CoP**를 만들 수도 있다.

난해한 하위시스템 팀

난해한 하위시스템 팀은 전문 지식에 깊이 의존하는 시스템 일부를 구축하고 유지할 책임이 있다. 따라서 난해한 하위시스템 팀은 (난해한) 하위시스템을 이해하고 변경할 수 있을 만큼, 해당 영역에 관해 일정 수준 이상의 지식과 경험을 갖춘 전문가로 구성된다.

난해한 하위시스템 팀의 목표는 복잡한 하위시스템을 포함하거나 사용하는 시스템에서 작업하는 스트림 정렬팀의 인지 부하를 줄이는 것이다. 난해한 하위시스템 팀은 일반적으로 발견하거나 습득하기 어려운 특별한 능력과 전문성을 활용해 하위시스템의 복잡성을 처리한다. 그러나 하위시스템을 이용하는 모든 스트림 정렬팀에 필요한 전문가를 투입할 수는 없다. 이는 실현이 불가능할 뿐만 아니라, 비용 효율성을 낮추고 스트림 정렬팀의 목적과도 부합하지 않는다.

난해한 하위시스템의 유형으로는 비디오 처리 코덱, 수학 계산 모델, 실시간 거래 조정 알고리즘, 금융 서비스를 위한 거래 보고 시스템, 얼굴 인식 엔진 등이 있다.

전통적 컴포넌트 팀(한 개 하위시스템을 여러 시스템이 공유하거나, 공유할 것으로 판단할 때 생성됨)과 난해한 하위시스템 팀의 핵심적 차이는 난해한 하위시스템 팀은 대부분 한 하위시스템이 특별한 전문 지식을 요구할 때만 만들어진다는 점이다. 또한, 난해한 하위시스템 팀의 구성 여부는 컴포넌트를 공유할 목적이 아닌, 팀의 인지 부하에 따라 결정된다.

결과적으로 팀 토폴로지를 기반으로 한 조직 내 난해한 하위시스템 팀의 수는 전통 구조의 컴포넌트 팀의 수보다 현저히 적을 것으로 예상한다(5장 뒷부분에서 스트림 정렬팀을 지원하는 기본 토폴로지 중 하나에 전통적인 컴포넌트 팀들을 매핑하는 방법을 살펴본다).

기대 행동

앞서 보았듯, 난해한 하위시스템 팀의 임무는 전문가 집단이 개발해야 하는 난해한 하위시스템에 스트림 정렬팀이 투입하는 노력을 덜어내는 것이다.

효과적인 난해한 하위시스템 팀에게 어떤 행동과 결과를 기대할 수 있는가?

- 난해한 하위시스템 팀은 하위시스템의 현재 개발 단계에 관해 충분히 이해하고 있으며 그에 맞춰 적절하게 대응한다. 초기 탐색 및 개발 단계에서는 스트림 정렬팀과 밀접하게 협업하며, 해당 하위시스템이 안정화되는 개발 후 단계에서는 상호 작용을 줄이고 하위시스템의 인터페이스, 기능 개선 및 사용에 집중한다.

- 난해한 하위시스템 팀을 활용하면 스트림 정렬팀이 같은 하위시스템을 개발했을 때보다 전달 속도와 품질이 눈에 띄게 향상된다.
- 난해한 하위시스템 팀은 해당 하위시스템을 사용하는 스트림 정렬팀의 요구를 바탕으로 향후 업무의 우선순위를 올바르게 정하고, 업무 결과를 전달한다.

플랫폼 팀

플랫폼 팀의 목적은 스트림 정렬팀이 충분한 자율성을 띠고 업무 결과를 전달하도록 돕는 것이다. 스트림 정렬팀은 실제 환경에서 애플리케이션을 구현하고 운영 및 수정하는 권한을 지닌 완전한 오너십을 유지한다. 플랫폼 팀은 내부 서비스를 제공함으로써 스트림 정렬팀이 이런 기반 서비스를 구현하는 동안 느낄 수 있는 인지 부하를 줄인다.

여기에서의 **플랫폼**이란 에반 봇처Evan Bottcher가 정의한 디지털 플랫폼을 의미한다.

> 디지털 플랫폼은 강력한 내부 제품을 구성하는 셀프 서비스 API, 도구, 서비스, 지식, 지원의 근간이다. 자율적 전달팀은 이 플랫폼의 사용으로 조정을 줄이는 동시에 제품 기능을 빠른 속도로 배포한다.[12]

인터넷 시대의 조직들은 이 접근 방식을 성공적으로 도입했다. 웹 포털 또는 프로그래밍이 가능한 API(장황한 지침서와는 다른)를 통해 제공되는 플랫폼 팀의 지식은 스트림 정렬팀이 손쉽게 사용할 수 있었다. **손쉬운 사용**은 플랫폼 도입의 핵심이므로, 플랫폼 팀은 그들이 제공하는 서비스 대상을 내·외부 고객이 소비하는지와 관계없이 신뢰할 수 있고, 언제나 이용 가능하며, 목적에 적합한 제품으로 다뤄야 한다. 유타 에크스타인은 이를 매우 적절하게 비유했다. '기술 서비스 팀은 언

제나 자신들이 다른 도메인 팀을 위한 완전한 서비스 제공자라고 간주해야 한다.'[13]

프레지Prezi의 전 플랫폼 엔지니어인 피터 뉴마크Peter Neumark는 플랫폼 팀과 그들이 지원하는 스트림 정렬팀의 목적을 정렬하는 문제로 오랫동안 고민했다. '플랫폼 팀의 가치는 그들이 제품팀에 제공하는 서비스의 가치로 측정할 수 있다.'[14]

실제로 플랫폼 팀에 기대하는 것은 많은 탄력성과 낮은 품질 문제를 가진 여러 서비스가 아니라, 수용 가능한 품질이 보장된 소수 서비스 제공에 집중하는 것이다. 투입하는 공수와 품질 사이에서 항상 균형을 맞춰야 한다. 커머셜 제품의 플랫폼은 다양한 수준의 서비스를 제공할 수 있다. 모든 스트림 정렬팀이 **프리미엄 레벨** 서비스(무중단 서비스나 자동 확장 또는 자동 복구 기능 지원 등)를 요구한다면 플랫폼 팀은 그 요구를 처리하지 못할 가능성이 커진다.

> **TIP**
>
> 도날드 라이너트센은 인프라스트럭처와 서비스에 대해 내부 가격 정책(internal pricing)을 활용해 수요를 제한함으로써 모두가 프리미엄 레벨을 요구하는 상황을 피할 것을 권장했다.[15] 팀이나 서비스별로 클라우드 인프라스트럭처 비용을 추적하는 것이 여기에 해당한다.

플랫폼으로 간주할 수 있는 경계는 매우 넓다. 두터운 플랫폼은 수많은 서비스를 제공하는 여러 내부 플랫폼 팀의 조합으로 구성할 수 있다. 얇은 플랫폼은 단순히 벤더가 제공하는 솔루션 위에 구축한 레이어가 될 수 있다(5장의 뒷부분에서 좋은 플랫폼의 구성 요소를 살펴볼 것이다).

하위 레벨 스택에서 플랫폼의 예제는 새로운 서버 인스턴스를 설치하는 것부터 접근 관리 및 보안 강화 도구를 제공하는 것까지 매우 다양하다. 스트림 정렬팀은 이 패턴들을 직접 습득할 수 있는 심층 기술이나 노력 없이 모두 사용할 수 있다.

기대 행동

앞서 보았듯, 플랫폼 팀의 임무는 스트림 정렬팀이 요구하는 기본적 내부 서비스를 제공함으로써 스트림 정렬팀이 높은 수준의 서비스와 기능을 제공할 수 있게 하고, 결과적으로 팀의 인지 부하를 줄이는 것이다.

효과적 플랫폼 팀에게 어떤 행동과 결과를 기대할 수 있는가?

- 플랫폼 팀은 스트림 정렬팀과의 긴밀한 협업으로 그들의 요구를 파악한다.

- 플랫폼 팀은 빠른 프로토타이핑prototyping 기법을 사용하며, 스트림 정렬팀 구성원들에게 무엇이 동작하고 무엇이 동작하지 않는지에 대해 신속한 피드백을 제공한다.

- 플랫폼 팀은 자신들이 제공하는 서비스의 사용성과 신뢰성에 집중하며(제공하는 플랫폼을 제품으로 간주함), 해당 서비스가 목적에 부합하고 사용 가능한지 정기적으로 평가한다.

- 플랫폼 팀은 솔선수범한다. (가능하다면) 자신들이 내부적으로 제공하는 서비스를 사용해 보고, 스트림 정렬팀 및 활성화 팀과 협업하면서 가급적 하위 수준의 플랫폼(다른 플랫폼 팀이 소유한)을 소비한다.

- 플랫폼 팀은 신기술과 마찬가지로 내부에서 제공되는 신규 서비스 또한 그 도입이 즉각적이지 않으며, 적응 곡선adoption curve에 따라 발전한다는 것을 이해한다.

사례 연구: 스카이 베팅 & 게이밍 - 플랫폼 피처팀(1부)

**마이클 마이바움(Michael Maibaum), 최고 아키텍트(Chief Architect),
스카이 베팅 & 게이밍(Sky Betting & Gaming, SB&G))**

스카이 베팅 & 게이밍은 영국에 기반을 둔 갬블링 기업이다. 스타즈 그룹 The Stats Group 산하 기업으로 본사는 웨스트 요크셔West Yorkshore의 리즈 Leeds에 있으며 쉐필드Sheffienld, 런던London, 건지Guernsey, 로마Rome 및 독일Germany에 사무실을 두고 있다. 1999년에 설립됐고 온라인 베팅 및 게이밍 산업 혁신의 선두가 됐다. 2009년경부터 스카이 베팅 & 게이밍은 기업 내 기술 전문성에 집중적으로 투자해 빠른 혁신과 효과적인 전달은 물론 24/7 무중단 운영을 달성했다.

2012년 입사한 이후, 스카이 베팅 & 게이밍(이하 SB&G)은 대부분 끊임없는 변화의 장이었다. 우선 SB&G의 기술은 제3자가 개발한 애플리케이션을 호스팅하는 인프라스트럭처 중심이었다. 2009년 비교적 느린 성장을 경험한 뒤, 비즈니스 부분은 더 빠르게 움직이면서 더 많은 통제를 확보하기로 했다.

내부 개발 소프트웨어 전달은 항상 애자일 접근 방식을 취했다. 규모가 커지면서 조직은 다양한 변화를 겪었고 소수의 스크럼 팀은 트라이브와 하위 트라이브의 많은 스쿼드가 됐다. 프로세스 초기에는 데브옵스를 업무 방식에 적용했다. 우리는 구체적 목표(빌드 및 릴리스 도구 개선 등)를 지닌 명확한 시드seed팀을 조직했다. 소프트웨어 개발은 성공적으로 애자일하게 이뤄졌지만, 개발된 산출물을 실제 환경에 효율적이고 신뢰할 수 있게 배포하지 못하는 문제를 겪었기 때문이었다. 이후 데브옵스 프랙티스를 스쿼드의 핵심 부분으로 활용해서 별도의 신뢰성 팀으로 발전시켰고, 전달팀에 소속된 운영 담당자들과 업무를 병행했다.

매우 빠르게 성장하던 그 시기에 환경 설정 관리configuration management 문제를 해결하고 서비스의 신뢰성을 확보하는 동시에 재난 복구disaster recovery, DR 환경과 프로덕션 환경 간 동기화 유지에 필요한 도구를 제공해야 했다. 우리는 데브옵스 적용을 시작하는 과정에서 얻은 교훈을 바탕으로 플랫폼 진화팀을 만들었다. 플랫폼 진화팀은 소프트웨어와 인프라스트럭처 배경을 혼합한 성격의 팀이었다. 플랫폼 진화팀의 최우선 과제는 잘 알려진 주방장Chef이라는 도구를 사용해 환경 설정 시스템을 구현하는 것이었다. 플랫폼 진화팀은 **모든 것을 요리**Chef all the things하는 작업과 기존 시스템의 백로그 기반 업무, 신규 서비스 혹은 변경된 서비스의 출시 지원 업무를 수행했다.

우리는 꽤 빨리 몇 가지 교훈을 얻었다. SB&G에서 구현한 초기 셰프는 특정한 목표(DR의 수정을 돕는 것)를 가진 통합 기능 제품으로, 빠른 변화와 확장의 시기를 따라잡기 위한 것이었다. 이런 조직적 특성이 상당한 제약이 되는 설계 접근 방식으로 이어졌다는 점이 분명해졌다. 우리는 거대한 셰프 환경과 그를 중심으로 구현된 중요한 도구들을 여럿 가지고 있었으며, 많은 사람이 이를 사용해 플랫폼을 제어했다. 이내 그들은 서로 부딪히기 시작했다. 공유된 의존성, 서로 다른 우선순위, 어려운 업그레이드 등이 문제가 됐다. 이는 많은 팀이 공유하는 결합 시스템에서 나타나는 일반적 문제들이었다.

(8장에서 계속).

다른 기본 팀 그룹으로부터 플랫폼 팀을 구성하라

대규모 조직에서 한 플랫폼을 구축하고 운영하려면 하나 이상의 팀이 필요하다(스트림 별로 고유의 플랫폼을 소유하기도 한다). 이런 상황에서 플랫폼은 다른 종류의 기본 팀(스트림 정렬팀, 활성화 팀, 난해한 하위시스템 팀 및 플랫폼 팀) 그룹으로 구성될 수 있다. 즉, 플랫폼 자체가 플랫폼 위에 구축된다(5장 뒷부분에서 더 자세히 설명한다). 하지만 플랫폼 팀이 정렬된 스트림은 주요 제품과 서비스(이익을 창출하거나 고객이 직접 사용하는)를 구현하는 팀이 정렬된 스트림과 다르다. 플랫폼 팀이 정렬된 스트림은 플랫폼 내 서비스 및 제품과 관련되며, 서비스 로깅과 모니터링, 테스트 환경 생성 API, 자원 사용 정도를 질의하는 편의 환경 등이 이에 해당한다. 플랫폼 프로덕트 오너의 관점에서 볼 때, 플랫폼 안에 명확한 내부 가치 스트림이 존재한다. 이 스트림에 스트림 정렬팀이 정렬되며, 플랫폼 팀은 플랫폼의 고객(즉, 해당 플랫폼을 사용하는 팀들로 5장의 뒷부분에서 자세히 살펴본다)에게 가치를 전달하도록 돕는다. 이런 내부 토폴로지는 그림 5.2와 같이 나타낼 수 있다.

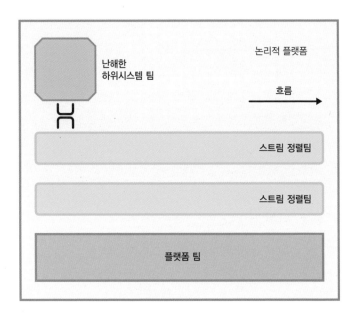

그림 5.2 여러 기본 팀 토폴로지로 구성된 플랫폼
한 대규모 조직에서 플랫폼은 여러 다른 기본 팀 토폴로지(스트림 정렬팀, 난해한 하위시스템 팀, 하나의 하위 레벨 플랫폼)로 구성된다.

실제 이것은 플랫폼 내 중첩되거나 **프랙탈** 팀들을 만드는데, 이를 내부 토폴로지inner topology라 부른다. 제임스 워맥James Womak과 다니엘 존스Daniel Jones는 이렇게 설명한다. '전체 제품을 관장하는 제품라인 관리자는 여러 가치 스트림 관리자와 협업한다. 가치 스트림 관리자는 하위 단계에서 다양한 가치 스트림 경로의 책임을 진다.'[16] 우린 그저 플랫폼 경계 내부에 다양한 기본 팀 토폴로지를 적용하면 된다.

개발팀의 관점에서 플랫폼은 API를 활용해 사용하는 서비스를 제공하는 단일 개체에 해당한다. 머신 및 컨테이너 프로비저닝, 네트워크 설정 등이 플랫폼에 속한다. 그러나 플랫폼 팀은 내부적으로 여러 팀으로 구분(네트워크 담당, 환경 담당, 지표 담당 등)되고 각 팀은 서로 협업하거나 다른 플랫폼 팀에 서비스를 제공한다.

이런 **중첩된** 접근 방법은 **계층화된 운영**layered Ops 접근 방식과 매우 유사하다. 베테랑 기술자인 제임스 우르쿠하르트James Urquhart는 선 마이크로시스템즈Sun Microsystems와 시스코Cisco에서의 경험을 바탕으로 계층화된 운영 접근 방식을 제안했다. 계층화된 접근 방식에서는 한 팀이 기본 인프라스트럭처 하드웨어(물리 하드웨어 및 가상 하드웨어)를 제공하고, 두 번째 팀이 기본 인프라스트럭처 위에서 지원 서비스를 운영하는 데 집중한다.[17] (멀티팀 플랫폼 접근 방식에 관해서는 8장에서 자세히 살펴본다.)

사례 연구: 높은 응답성의 IT 운영 개발(오토 트레이더)

데이브 와이트, 운영 엔지니어링 리드, 오토 트레이더
앤디 험프리, 고객 운영 분문 수석, 오토 트레이더

오토 트레이더는 영국에서 가장 큰 디지털 자동차 시장이다. 오토 트레이더는 지속적으로 에코 시스템을 발전시켜 차량 구매 및 판매 프로세스를 개선함으로써 고객과 소매상, 제조사 모두에게 보다 나은 경험을 제공하고자 한다. 오토 트레이더는 완전한 디지털 비즈니스로 1977년 지역 매거진에서 시작했으며, 고객들과 함께 지속적으로 성장했다. 2013년에는 인쇄 기반 시장에서 디지털 기반 시장으로 완벽하게 전환했다. 2015년 3월 런던 주식 거래소London Stock Exchange에 상장됐으며, 현재 FTSE 250 인덱스FTSE 250 Index[1]의 기업 멤버 중 하나다.

---

1   런던 주식 거래소에 상장된 기업의 규모 순으로 101~350번째 기업의 주가를 추종하는 지수다. – 옮긴이

오토 트레이더는 인쇄 중심 조직에서 디지털 비즈니스로 완전히 전환하려 많은 것을 바꿔야 했다. 2013년, 조직은 심각한 사일로에 갇혀 있었으며 320km가량 떨어진 런던의 **비즈니스** 부문과 맨체스터의 IT 부문 간 협업은 거의 찾아볼 수 없었다. IT 업무는 큰 프로젝트에서만 이뤄졌고, 그마저도 대부분 내부 직원이 아닌 계약자들이 수행했다. 그리고 조직 보고 계통은 매우 큰 문제와 불신을 초래했다. 개발자들은 프로젝트가 출시되는 즉시 프로젝트에서 손을 떼고 떠났으며, 결과적으로 소프트웨어 시스템의 운영 관리에 대한 책임감을 파괴했다.

설상가상으로 2013년 이전에는 신규 소프트웨어 개발 프로젝트에 자본 지출capital expenditure, CapEx 계정의 자금을 사용했지만, IT 운영은 운영 지출operational expenditure, OpEx 계정의 자금을 사용했기 때문에 상황은 더욱 악화됐다. 지출 계정이 달랐기 때문에 무언가를 만드는 팀과 운영하는 팀이 급격한 차이를 보였다. 소프트웨어 개발팀이 사용하는 시간은 자본 지출의 90%까지 예약됐으며, 개발팀은 **새로운 것을 만들어야** 했다. 개발팀은 고객에게 정말 필요한 수정이나 개발 업무를 할 수 없었다. 그들은 서비스 사용자가 아닌 제품 관리 **책임자**를 받들어 모셔야 했다. 우린 이 상황에서 벗어나야 한다는 것을 잘 알았다.

2013년, 우리는 모든 구성원을 운영 지출 계정으로 옮겼다. 이제 모든 구성원은 회사의 이익 창출에 필요한 업무만을 하게 됐다. 단일 운영 지출 모델을 적용하면서, **제품 관리자를 위한 새로운 개발**이 아닌 사용자의 요구를 충족시키는 개발이라는 사고로 전환했기 때문에, 모든 구성원은 고객과 더욱 밀접해졌다. 실제 운영 지출 접근 방식은 촉진을 위해 의도적인 제약으로 설정한 것이었다. 안정적으로 업무를 수행할 수 있는 800여 명의 인원이 있었고, 크게 성장할 계획은 없었다. 이 안정적인 인력을 활용해 소프트웨어 애플리케이션과 서비스를 지속적으로 관리할 수 있었다.

100% 디지털로 전환하는 과정에서 장기간 유지되고 다양한 훈련을 받은 스쿼드를 만들었고, 스쿼드에 엔드 투 엔드 고객 대응의 책임을 부여했다. 스포티파이 조직 아이디어를 참고해 컨텍스트에 맞게 적용하기도 했다. 또한 특별한 지속적 전달(CD)팀을 조직해 다른 팀들이 자동화된 배포 파이프라인, 테스트 자동화, 풍부한 모니터링, 자동화된 환경 프로비저닝과 같은 지속적 전달 프랙티스를 도입할 수 있도록 지원했다. 3개월 만에 첫 번째 애플리케이션 배포를 완전히 자동화했으며, 즉시 다음 애플리케이션을 위한 업무를 시작했다. 활성화 팀이 수행해야 하는 업무가 무엇인지를 더 많이 이해하게 되면서, 우린 활성화 팀을 일종의 플랫폼 개발팀(인프라스트럭처 엔지니어링이라 부른다)으로 전환하는 것이 타당함을 깨달았다.

2018년, 인프라스트럭처 엔지니어링 영역은 개발팀의 고통을 덜어주는 플랫폼을 구현하고 발전시킬 수 있을 만큼 확장했다. 그 결과, 개발팀은 그들이 개발하는 제품과 서비스, 운영 측면까지 완전히 통제할 수 있게 됐다. 플랫폼 영역에는 특별한 몇몇 스쿼드가 존재한다. 일부 스쿼드는 플랫폼 기능을 위한 새로운 제품을 개발하는 데 집중(테스트 주도 개발test-driven development, TDD, 회고retrospectives, 프로덕트 오너와 같은 표준 애자일 소프트웨어 개발 기법을 활용)하는 동시에 일상 운영 활동에 집중한다. 우리에게 **데브옵스** 담당자는 없지만, 경험이 풍부한 운영 엔지니어는 있다. 이들은 실제 서비스에 존재하는 문제점을 심도 있게 분석한다. 다시 말해, 우리가 운영하는 인프라스트럭처 영역은 개발팀의 업무 흐름, 그리고 애플리케이션과 인프라스트럭처를 변경함으로써 고객에게 영향을 미치는 방법에 집중한다.

플랫폼은 스쿼드가 눈에 보이는 제품 특성뿐 아니라, 눈에 보이지 않는 운영 측면에도 집중하도록 한다. 이는 오토 트레이드와 같은 현대적 디지털 시스템이 제공하는 핵심이다. 플랫폼은 제품 스쿼드에게 운영성을 돌볼 수 있는 시간을 제공한다. 흥미롭게도, 우린 다른 조직들과 달리 운영 담당자를 개발 스쿼드에 투입하지 않았다. 대신 개발팀 하나당 운영 한 명의 **스쿼드 버디**^{squad buddy}를 뒀다. 스쿼드 버디는 자신이 맡은 개발 스쿼드와 정기적으로 협업하고, 개발팀 스탠드업에 참여하며, 개발과 운영 사이에서 **접착제** 역할을 했다.

2013년 이후, 오토 트레이더에서는 IT 부문이라는 개념이 사라졌다. 제품과 기술은 동일 부분의 동일한 대규모 팀에 존재했다. 우리는 린 사고 접근 방식을 적용해 프로세스 설계와 흐름을 조직의 다른 영역에 적용했으며, 결과적으로 계정과 영업 부문은 진행 중 업무 제한을 가진 칸반 보드를 사용하고 있다. 영업 부문은 놓친 영업 기회에 대해 비난이 없는 후속 사고와 사건 리뷰를 진행하기도 한다.

변화 흐름에서 팀 사일로를 피하라

일반적으로 소프트웨어를 빠르고 안전하게 전달하고자 한다면 한 가지 전문성을 가진 사람들로만 팀을 구성해서는 안 된다. 전통적으로 많은 조직은 구성원들을 기능 전문성에 따라 다음과 같이 구분함으로써 기능적인 **사일로**를 만들었다.

- 테스팅 혹은 **품질 보증**(QA)
- 데이터베이스 관리(DBA)
- 사용자 경험(UX)
- 아키텍처
- 데이터 프로세싱(ETL 등)

수년 동안 많은 조직은 전담 **운영**팀을 두고, 실제 환경이나 프로덕션 환경 측면에서의 모든 일을 관리하도록 했다. 소프트웨어를 개발한 팀으로부터 변화 흐름을 명시적으로 방지함으로써 변화의 수용을 지연시켰다. 대신 우리는 프로덕션 환경에서 소프트웨어를 지원하고 운영하는 스트림 정렬팀과 그들이 사용할 **기반**을 제공하는 플랫폼 팀을 결합했다.

안전하고 빠른 변화 흐름에 최적화된 조직들은 혼합된 분야나 교차 기능 팀을 변화 흐름에 정렬하는 경향이 있다(이를 스트림 정렬팀이라고 부른다). 때로는 특정 영역이 너무 난해하기 때문에 별도의 난해한 하위시스템 팀이 필요하기도 하다(5장 앞부분 참조). 그러나 이런 하위시스템 팀은 변화의 흐름 속에 멈춰 있지 않다. 대신 이들은 스트림 정렬팀에 서비스를 제공한다. 흐름의 다음 단계 진행에서 업무가 다른 팀으로 전달되는 일은 없다.

> **TIP**
>
> **교차기능 팀을 활용해 모든 것을 단순하게 만들라.**
> 교차기능 팀과 스트림 정렬팀을 활용해 매우 유용한 부수 효과를 얻을 수 있다. 무엇보다 스트림 정렬팀은 다양한 기술을 지닌 사람들로 구성되기 때문에, 어떤 상황에서든 가장 단순하고 사용자 친화적인 해결책을 찾으려는 강력한 동기가 발생한다. 일반적으로 한 영역에서 깊은 전문성이 필요한 해결책이란 해당 팀의 모든 구성원에게 효과가 있는 간단하고 이해하기 쉬운 해결책과 대립된다.

좋은 플랫폼은 '필요한 만큼만 크다'

헨릭 크니버그가 말한 **고객주도형 플랫폼 팀**customer-driven platform team[18]을 활용해 잘 설계되고 잘 운영되는 플랫폼은 조직 내 소프트웨어 전달에 중요한 **증폭기**force multiplier가 될 수 있다. 하지만 그 플랫폼이 사용되는 애플리케이션과 서비스와 관련한 요구를 만족시키는지 늘 확인해야 한다.

훌륭한 플랫폼은 개발팀이 빠르고 효과적으로 혁신하도록 일정한 기준과 표본, API, 잘 검증된 최선의 프랙티스를 제공한다. 그리고 개발팀이 조직에 적합한 방식으로 올바른 작업을 수행하기 쉽도록 돕는다. 이는 소프트웨어 관련 팀에만 국한된 것이 아니라, 모든 종류의 제품 개발에 동일하게 적용된다. 플랫폼은 잘 정의된 소프트웨어 개발 기법들(애자일 프랙티스, TDD, 지속적 전달, 제품 관리 등)과 조합되지 못한 채 구축 및 운영되는 상태로 앞 시스템 관리자에게 맡겨지는 때가 많다. 혹은, 경영진으로부터 충분한 물리적, 정신적 지원을 받지 못해 다른 팀을 돕지 못하거나 심지어 방해하는 때도 있다.

최박 기능 플랫폼

가장 간단한 플랫폼은 위키 페이지에 기록된 목록으로, 이 목록에는 소프트웨어를 소비하면서 사용하는 기반 컴포넌트와 서비스가 기술된다. 이런 기반 컴포넌트와 서비스가 항상 안정적으로 동작한다면, 풀타임으로 업무를 수행하는 플랫폼 팀이 존재할 이유가 없다. 그러나 그 기반이 점점 복잡해지면서(심지어 모든 컴포넌트와 서비스들이 여전히 아웃소싱되고 있다면), 플랫폼 팀은 해당 플랫폼의 세부 내용(즉, 신규 API 및 컴포넌트와 오래된 API 및 컴포넌트를 조정함)을 추상화함으로써 관리 가능한 가치를 제공해야 한다. 만약 조직이 개발팀의 요구를 수용할 목적으로 해당 플랫폼에 자체 솔루션을 구현하거나 통합한다면 플랫폼 팀의 활동 범위는 더욱 늘어난다.

우리는 항상 최박 기능 플랫폼thinnest viable platform, TVP을 목표로 삼고, 플랫폼이 논의를 주도하는 상황을 피해야 한다. 앨런 캘리는 "소프트웨어 개발자들은 플랫폼 구축을 좋아한다. 제품 관리에서 명확하게 요구하지 않는다면, 필요 이상으로 큰 플랫폼을 만들 것이다"[19]라고 말한다. TVP는 플랫폼 규모를 작게 유지하면서 플랫폼 위에서 업무를 수행하는 팀들이 소프트웨어 전달을 빠르고 간단하게 할 수 있도록 세심하게 균형을 맞추는 것이다.

인지 부하 감소와 제품 개발 가속화

지난 수십 년간 성공적이었고 사랑을 받았던 소프트웨어 기술 플랫폼을 떠올려 보자. IBM 8086 프로세서IBM 8086 Processor, 리눅스Linux와 윈도우즈Windows 운영 체제, 볼란드 델파이Borland Delphi, 자바 가상 머신Java Virtual Machine, 닷넷 프레임워크.NET Framework, 피보탈 클라우드 파운드리, 마이크로소프트 애저 그리고 (최근의) 사물인터넷 플랫폼인 발레나 닷아이오balena.io와 컨테이너 플랫폼인 쿠버네티스Kubernetes 등이 있다. 이 플랫폼들은 모두 기존 시스템의 복잡성을 현저하게 낮추고, 플랫폼 위에서 업무를 수행하는 팀들이 사용할 수 있는 충분한 기능을 제공했다. (콘웨이가 말했듯) **개발자의 삶을 단순화하고**[20] 인지 부하를 줄이는 것(3장 참조)이 바로 훌륭한 플랫폼의 핵심이다.

개발팀의 인지 부하를 줄이는 것을 목표로 할 때, 훌륭한 플랫폼은 개발팀이 문제의 다양한 측면에 집중하도록 하며 개인은 물론 팀 수준의 흐름을 증대시키고 팀 전체를 보다 효율적으로 만든다. 글로벌 퍼블리싱 기업인 콘데 나스트 인터내셔널Conde Nast International의 켄이치 시바타Kenichi Shibata는 이렇게 말했다. "플랫폼에서 가장 중요한 점은 바로 개발자들을 위해 만들어졌다는 점이다."[21]

강력하고 지속적이며 잘 선택된 제약 사항

팀의 요구와 동떨어진 플랫폼을 구현하는 흔한 함정에 빠지지 않으려면 플랫폼 팀이 사용자 경험(UX)과 개발자 경험(DevEx)에 특히 집중해야 한다. 이는 플랫폼 규모가 커짐에 따라 플랫폼 팀이 사용자 경험 역량을 갖춰야 한다는 것이다. 시바타는 이렇게 말한다. "개발자들은 때때로 좌절감을 느낀다…플랫폼 개발자에게 피드백을 주고, 플랫폼이 전반적으로 어떻게 동작하는지 등을 파악할 방법이 있어야 한다. 이런 피드백 통로가 없다면, 플랫폼은 조직의 나머지 부문에서 고립된 채 머무르게 될 것이다. 사력을 다 해도 플랫폼 도입은 쉽지 않을 것이다."[22]

좋은 사용자 경험과 개발자 경험을 세심하게 고려한 플랫폼은 강력한 사용성을 제공하며, API와 그 기능이 동작하는 방식에 일관성을 제공할 것이다. 사용법 안내와 기타 문서는 (구체적이지는 않지만) 포괄적이고, 최신 상태로 유지되며, 플랫폼의 세세한 부분까지 일일이 문서화하는 것이 아니라 특정 태스크를 수행하도록 하는 데 집중돼야 한다.

플랫폼은 개발팀을 방해하지 않도록 시도해야 한다. 즉, 개발팀으로 하여금 팀이 어떻게 해야 하는지에 관한 사전 지식이 없더라도 필요한 것을 있도록 해야 한다. 개발자 경험을 테스트하는 좋은 방법은 신규 개발자가 플랫폼을 얼마나 쉽게 사용하는지 확인해 보는 것이다.

기반 플랫폼 위에 구축

모든 소프트웨어 애플리케이션과 서비스는 플랫폼 위에 구축된다. 종종 플랫폼은 함축적implicit이거나 가려져 있어 소프트웨어를 개발하는 팀이 그 존재를 잘 알아채지 못한다. 하지만 플랫폼은 여전히 존재한다. 철학적 표현을 빌리자면, **아래에는 언제나 거북이가 있다**It's turtles all the way down [2]

소프트웨어 컨텍스트에서 볼 때, 이 은유적 표현은 모든 플랫폼이 다른 플랫폼 위에(비록 기반 플랫폼이 감춰져 있거나 함축적이라도) 구축됨을 의미한다. 기반 플랫폼이나 하위 계층 플랫폼이 잘 정의돼 있지 않고 불안정하다면, 상위 계층 플랫폼 자체 또한 불안정해져 조직의 나머지 부문에서 소프트웨어 전달을 가속화하는 데 필요한 확고한 기반을 제공할 수 없을 것이다. 기반 플랫폼에 운영상 문제나 성능상 문제가 있다면, 플랫폼 팀은 그 문제의 해결 방법을 만들고, 개발팀에 잠재적 문제점을 알림으로써 개발팀이 그 문제를 맞닥뜨리지 않도록 해

---

[2] 무한 후퇴(infinite regress)(어떤 사항의 성립 조건을 구하고, 다시 그 조건을 구하는 식으로 무한히 거슬러 올라감)의 문제를 나타내는 표현이다. 위키피디아(https://en.wikipedia.org/wiki/Turtles_all_the_way_down) 참고 – 옮긴이

야 한다. 스태포드 비어Stafford Beer는 그의 저서 『Brain of the Firm(기업의 두뇌)』(John Wiley & Sons, 1996)에서 이를 다층 기능 시스템 모델multi-layer viable-systems model, VSM이라고 설명했다.[23]

실제 사용되는 제품이나 서비스처럼 관리하라

플랫폼에는 사용자(개발팀)가 있고, (개발팀이 사용하든 사용하지 않든) 운영되는 시간이 명확히 정의돼 있다. 사용자들은 플랫폼을 신뢰하는 정도에 따라 해당 플랫폼을 사용하며, 새로운 기능이 언제 나오는지와 오래된 기능이 언제 폐기될지에 대한 정보를 요구한다. 따라서 가능한 한 효과적으로 개발팀 사용자들을 돕기 위해서는 (1)플랫폼을 실제 사용되는 제품이나 프로덕션 시스템처럼 간주해 중단 시간을 계획 및 관리해야 하며 (2)소프트웨어 제품 관리software-product-management 및 서비스 관리service-management 기법을 적용해야 한다.

플랫폼을 실제 사용되는 혹은 프로덕션 시스템처럼 관리하려면, 실제 사용되는 시스템을 관리할 때 사용하는 모든 활동과 프랙티스를 수행해야 한다. 운영 시간과 사고 및 지원에 대한 응답 시간을 정의하고, 플랫폼을 지원하는 비상 근무자를 배치하며, 적절한 커뮤니케이션 채널을 활용해 사고와 계획되지 않은 중단 시간을 관리해야 한다. 플랫폼 규모가 자연스럽게 확대됨에 따라, 조직 내 팀들이 원하는 것이 정확하게 무엇인지, 외부에 정확하게 무엇을 제공할 수 있는지 재고함으로써 점점 늘어가는 플랫폼 팀의 운영 지원 부하를 줄여야 한다. 켄이치 시바타는 이렇게 말했다. "플랫폼 팀의 주 고객은 제품팀이다."[24]

그렇다면 실제 사용되는 소프트웨어 시스템을 잘 정의된 사용자와 운영 시간에 따라 어떻게 관리할 것인가? 여기에선 소프트웨어 제품 관리 기법을 사용한다. 따라서 제품 관리 실무자들은 가능하다면 사용자들(개발팀)과 함께, 적어도 사용자의 필요를 반영한 로드맵을 만들어야 한다. 플랫폼 팀은 사용자들의 퍼소나(예를 들면, 웹 개발자 사미르 Samir, 테스터 제니퍼Jeniffer, 프러덕트 오너 마니Mani, 서비스 경험 엔지니어 잭 Jack 등)와 함께 업무를 수행할 것이 거의 확실하다. 사용자 퍼소나는 플랫폼 팀으로 하여금 전형적인 플랫폼 사용자의 요구와 좌절, 목표에 공감하게 한다. 플랫폼 팀 구성원들은 고객(개발팀을 비롯한)과 정기적으로 협업함으로써 고객에게 필요한 사항을 파악한다.

무엇보다 플랫폼 **제품**의 발전은 개발팀의 기능 요청에 따라 추진되는 것이 아니다. 장기적으로 개발팀의 요구를 충족시키기 위해 조정되고 세심하게 형성된다. 기능의 사용 여부는 지표로 추적하며, 이 결과는 우선순위 결정 커뮤니케이션을 위한 기초가 된다. 플랫폼은 과거 특정 시점에 개발팀의 요구로 개발한 기능을 단순히 모아둔 것이 아니다. 오히려 전체적이고 잘 다듬어진, 지속적인 것으로, 산업 전체의 기술 변화 방향과 조직 변화의 필요성을 이끈다. 또한, 좋은 플랫폼은 보안팀과 감사팀이 개발팀과 함께 보낼 시간을 줄인다.

일반적인 팀 형태를 기본 팀 토폴로지로 바꿔라

많은 조직이 내부 팀에 대한 정의와 목적을 명확히 함에 따라 많은 이득을 얻는다. 사실, 우리는 대부분 조직이 조직 내 팀들을 4가지 기본 토폴로지에 매핑함으로써 주요한 효과를 얻는다고 생각한다. 다시 말해, 4가지 기본 토폴로지 중 어떤 것이 각 팀에 가장 큰 효과를 주는지 판단하고, 팀의 영역을 해당 토폴로지의 목적과 행동 패턴에 맞춰 바꾸는 것을 의미한다.

대부분의 팀은 오랜 기간 유지되고 유연한 스트림 정렬팀으로 바꿔라

흐름에 최적화된 조직에 속한 팀은 대부분 오래 유지되고, 다양한 분야를 다루는 스트림 정렬팀이어야 한다. 스트림 정렬팀은 구체적 기능 조각이나 특정 사용자 결과에 오너십을 보이면서, 비즈니스 대표자나 다른 전달팀과 강하고 끈끈한 관계를 구축한다. 스트림 정렬팀은 팀 역량에 꼭 맞는 인지 부하를 가지며, 이를 위해 그들은 활성화 팀, 플랫폼 팀, 난해한 하위시스템 팀으로부터 도움과 지원을 받는다.

인프라스트럭처 팀은 플랫폼 팀으로 바꿔라

전통적으로 많은 인프라스트럭처 팀은 실제 사용되는 프로덕션 인스라스트럭처의 모든 측면을 책임졌다. 여기에는 인프라스트럭처에 배포되는 애플리케이션의 변화도 포함한다(그림 5-3).

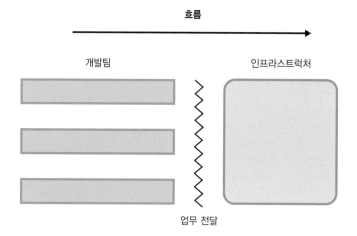

그림 5.3 전통적 인프라스트럭처 팀 구조
수많은 전통적 인프라스트럭처 팀(오른쪽)은 프로덕션 인프라스트럭처의 모든 변경에 대한 책임을 짐으로써 흐름을 중단시켰다. 여기에는 ITIL 변경 프로세스로 빈번하게 막히는 애플리케이션 변경도 포함됐다. 개발팀(왼쪽) 업무는 인프라스트럭처 팀이나 운영팀에 전달됐고, 후속 개발이 지체되면서 흐름이 지연됐다.

인프라스트럭처 팀을 플랫폼 팀으로 전환함으로써 플랫폼 그리고 핵심적으로 스트림 정렬팀 안에서 빠르고 안전한 변화 흐름을 얻을 수 있다.

인프라스트럭처 팀에서 플랫폼 팀으로 전환하는 과정은 간단하지도 직선적이지도 않다. 플랫폼은 검증된 소프트웨어 개발 기법을 사용해 제품과 동일하게 관리되는데, 이런 기법들은 인프라스트럭처 담당자들에겐 매우 생소할 수 있기 때문이다. 그러나 5장에서 설명한 여러 예시와 같이 이 기법은 효과가 크다.

컴포넌트 팀은 플랫폼 팀 혹은 다른 유형 팀으로 바꿔라

한 기술 컴포넌트에 바탕을 둔 기존 팀들은 개별 업무를 유지한 채 스트림 정렬팀으로 흡수시키거나, 다른 유형의 팀으로 바꿔야 한다. 플랫폼 팀의 일부(해당 컴포넌트가 낮은 수준의 플랫폼 컴포넌트인 경우), 혹은 활성화 팀(스트림 정렬팀이 해당 컴포넌트를 쉽게 사용해 업무를 수행할 수 있는 경우), 혹은 난해한 하위시스템 팀(하위시스템이 반드시 필요하지만, 시스템이 너무 난해해서 스트림 정렬팀이 해당 컴포넌트를 사용하기 어려운 경우)으로 전환할 수 있다. 어떤 유형의 팀으로 변경되든 그 팀은 필요한 팀 행동과 상호 작용 방법을 적용해야 한다.

> **TIP**
>
> 소프트웨어의 빠르고 안전한 전달에 성공한 조직 내 대부분 팀은 스트림 정렬팀이며, 전체 팀 중 1/7에서 1/10 정도는 스트림에 정렬돼 있지 않은 팀이다. 다시 말해, 성공한 조직들이 보고한 바에 따르면 스트림 정렬팀과 다른 유형의 팀 비율은 6:1에서 9:1이 돼야 한다는 것이다.

예를 들면, 데이터베이스 관리(DBA)팀은 활성화 팀으로 전환해 소프트웨어 애플리케이션 수준에서 업무를 중단하고, 스트림 정렬팀으로 데이터베이스의 성능이나 모니터링에 관한 인식을 확산하는 데 집중하도록 할 수 있다. 몇몇 조직은 DBA팀을 플랫폼 팀의 일부로 전환해 데이터베이스의 성능과 설정, 가용성 등 특별한 서비스를 제공하는 데 성공했다. 하지만 DBA팀은 더 이상 스키마 변경이나 애플리케이션 수준의 데이터베이스 문제에 관한 책임은 지지 않는다.

이와 비슷하게 **미들웨어** 팀 또한 플랫폼 팀으로 전환함으로써, 해당 시스템 부분을 스트림 정렬팀이 사용하기 쉽게 만들면 개발팀이 가진 인지 부하를 줄일 수 있다. 해당 미들웨어를 수정해 단순화하고 추상화해서 사용하기 쉬운 자급자족 서비스로 만들고 조직 핵심 목표에 정렬시킨다.

도구팀은 활성화 팀 혹은 플랫폼 부분으로 바꿔라

도구팀은 시간이 지남에 따라 사일로에 갇힌 도구 유지보수 팀으로 변하기 쉽다. 해당 팀의 초기 필요성이 충분히 구체적이지 않거나, 팀의 운영 기간이 정해져 있지 않을 때 그렇다. 툴 체인에 대한 감정적 선호도는 차치하더라도, 팀 구성원들이 보유한 기술력이 시대에 뒤떨어질 수 있고, 실질적 필요보다 내부 필요상 이뤄지는 사소한 개선들에 노력이 낭비될 수도 있다.

도구팀은 일반적으로 활성화 팀(짧은 시간 동안 특정 영역에 집중) 혹은 플랫폼의 일부(명확하며 충분한 정보가 제공된 로드맵 포함)로 운영하는 것이 더 낫다.

지원팀을 전환하라

전통적으로 많은 조직은 교차 서비스 팀을 구성해 실제 사용되는 프로덕션 환경 애플리케이션과 서비스를 지원했다. 변화 속도가 느리고 시스템 복잡도가 낮을 때, 이런 모델을 사용해 지원팀의 인원 및 보유 기술과 관련한 비용을 최적화할 수 있었다.

그러나 소프트웨어가 빠르고 지속적으로 변하면서, 성공한 조직들은 빠르고 안전한 변화 흐름을 위해 지원팀의 구성과 배치를 재고하고 있다. 지속적으로 효과를 거두는 IT 지원 모델은 (1)변화 스트림 정렬팀을 지원하고 (2)동적 교차팀 활동을 통한 실제 서비스 사고 해결의 두 가지 측면을 고려한다.

이 모델에서 지원 전담팀이 필요하다면, 이 팀은 소프트웨어 시스템을 개발하는 팀이나 스쿼드와 함께 변화 스트림에 정렬돼야 한다. 지원 전담팀은 패밀리 혹은 트라이브에 소속돼 같은 변화의 흐름에 맞춰 업무를 수행해야 한다. 이와 같은 컨텍스트에서 지원 전담팀은 특히, IT와 소프트웨어의 관련성이 적은 부문에서 엔드 투 엔드 가상 트랜잭션 모니터링을 추가함으로써, 전체 서비스와 관련한 사용자 경험을 크게 인식하게 된다. 사실 몇몇 조직은 엔드 투 엔드 사용자 경험이 단지 IT뿐만 아니라, 그 이상을 포함한다는 사실을 중요하게 생각했기에(그림 5.4 참조) 지원 전담팀 이름을 **서비스 경험팀**으로 바꾸기도 했다.

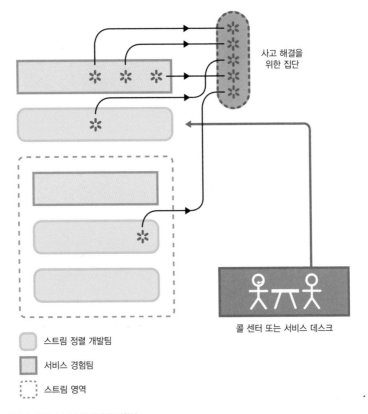

그림 5.4 변화 스트림에 정렬된 지원팀
지원팀을 위한 새로운 모델. 변화 흐름에 정렬돼 있으며, 하나 혹은 여러 스트림 정렬 개발팀과 연결돼 있다. 동적으로 무리 지어 사고를 다룬다.

실제 사용되는 시스템에 문제가 발생하면, 지원팀은 초기에 스트림 영역에서만 문제를 해결하려 시도한다. 만약 그 문제 전체가 스트림 내에 존재한다면, 다른 팀은 관여할 필요가 없다. 필요한 경우 다른 흐름에 정렬된 지원팀들이 해당 문제를 진단하기 위해 투입되며, 그 사고가 많은 팀에 영향을 미치면 다양한 지원팀에 소속된 전문가들로 구성된 **집단** 혹은 **사건 해결 스쿼드**가 만들어져 가능한 한 빠르게 문제를 해결함으로써 서비스를 복구한다. 서비스 관리 전문가 존 홀Jon Hall 은 이 외에도 추가적인 이득을 얻을 수 있다며 다음과 같이 말한다. "경험이 충분하지 않은 일선 지원 담당자를 이 그룹에 포함함으로써, 더욱 많은 전문가가 모여야 얻을 수 있는 지식을 조기에 얻을 수 있다."[25]

지원을 둘러싼 서로 다른 두 가지 관점으로부터 두 가지 중요한 효과가 발생한다. (1)지원팀을 스트림에 정렬시켜 각 스트림이 독립적으로 실행되는 시스템을 설계하도록 독려함으로써, 각 스트림을 가능한 한 독립적(그래야만 한다)인 상태로 유지할 수 있다. 이를 통해 콘웨이의 법칙에서 말하는 프로덕션 환경에서의 **단일화**monolithization, 즉 한 팀이 모든 프로덕션 시스템을 지원하는 현상을 피할 수 있다. (2)또한 소프트웨어 시스템에서 새롭게 발견된 제한과 오류에 관한 지식을 빠르게 공유할 수 있다. 이를 통해 각 스트림에 소속된 지원팀은 학습 내용을 시스템 구현팀에 빠르게 전달한다.

> **NOTE**
>
> 전화 혹은 대면으로 고객과 직접 상호 교류해야 하는 조직들은 여전히 콜 센터 혹은 서비스 데스크를 운영한다. 개념적으로 볼 때, 서비스 데스크는 시스템의 한쪽 끝(변화의 흐름과 실제 운영되는 시스템으로부터의 정보 흐름에서 멀리 떨어진)에서 실제 운영되는 시스템을 둘러싼 정보들이 스트림 정렬팀에 거꾸로 흘러 들어가도록 한다.

아키텍처를 아키텍트로 바꿔라

아키텍처 팀에게 가장 효과적인 패턴은 일정 시간 동안 임시 활성화 팀(필요한 경우에만)이 되는 것이다. 일정 시간 동안 임시로 존재한다는 점이 매우 중요하다. 즉, 많은 의사 결정이 아키텍처 팀에 맡겨지는 것이 아니라, 이를 구현하는 팀이 그 결정을 내려야 함을 강조한다. 어떤 조직들은 다른 팀에 소속된 구성원들을 뽑아 가상팀virtual team을 조직한다. 가상팀 구성원들은 정기적으로 만나 시스템 아키텍처 측면을 논의하고 이를 발전시켜 나간다. 이는 스포티파이에서 운영한 챕터 혹은 길드와 유사하다(4장 참조).

무엇보다 효과적인 현대 소프트웨어 개발에서는 아키텍처 팀이 다른 팀을 지원해야 한다. 다른 팀에게 설계나 기술 선택을 강요하는 것이 아니라, 그들이 가능한 한 효과적으로 일할 수 있도록 도와야 한다. 폴스그렌, 험블, 킴은 『디지털 트랜스포메이션 엔진』에서 이렇게 말했다. '아키텍트는 그들의 사용자, 즉 조직이 임무 달성에 사용하는 시스템을 구현하고 운영하는 엔지니어들과 긴밀하게 협력해야 한다. 그리고 다양한 도구와 기술을 제공해 그들이 보다 나은 결과를 내도록 도와야 한다.'[26]

한시적으로 아키텍처에 집중하는 활성화 팀의 핵심 역할은 팀 간 효과적 API를 발견하고, 콘웨이의 법칙에서 말한 팀 간 상호 작용을 형성하는 것이다(이와 관련한 아키텍처 측면의 내용은 7장에서 자세히 살펴본다).

정리: 4가지 형태의 팀을 느슨하게 연결하고, 모듈화한 그룹으로 사용하라

빠르고 지속 가능한 소프트웨어 전달에는 다양한 범위에서 각각 다른 책임을 지는 팀들이 필요하다. 그래서 많은 조직은 이런 팀을 구성하는 데 고전한다. 이 문제를 피하려면 팀 형태를 스트림 정렬팀, 활성화 팀, 난해한 하위시스템 팀, 플랫폼 팀의 4가지로 제한해야 한다. 이를 통해 개인은 물론 조직 수준에서 흐름을 증진할 수 있는 것으로 알려진 상호 작용 패턴에 집중할 수 있다.

오늘날 중요한 소프트웨어 시스템을 개발하고 운영하는 조직들은 조직 내 팀에 실제 프로덕션 시스템이 동작하거나 실패하는 방법을 명확하게 전달해, 안전하고 빠른 변화의 흐름에 최적화하도록 해야 한다. 즉, 모든 팀은 느슨하게 결합돼야 하고 **스트림** 변화의 흐름에 정렬돼야 하며, 그들이 책임지는 제품과 서비스 및 사용자 경험에서 유용한 증분을 전달할 수 있어야 한다.

스트림 정렬팀이 이를 달성하려면 활성화 팀(교차팀이 마주치는 장애물과 어려움을 식별하고, 새로운 접근 방식 도입을 쉽게 함), 난해한 하위시스템 팀(필요한 경우, 시스템의 특정 부분에 전문성을 반영함), 플랫폼 팀(스트림 정렬팀이 원활하게 소프트웨어 제품과 서비스를 구현하고 지원할 수 있는 기반을 제공함)에게 도움을 받아야 한다.

소프트웨어 시스템을 개발하고 운영하는 팀의 형태와 책임에 대해 이런 표준을 적용하면 대부분 팀은 활성화 팀, 난해한 하위시스템 팀 및 플랫폼 팀이 제공하는 역량 및 기술 지원을 받아 스트림에 정렬돼 흐름을 증진할 수 있다.

다음으로 플랫폼 그 자체를 제품이나 서비스처럼 운영해야 한다. 그러려면 잘 정비된 소프트웨어 제품 관리 기법을 사용한 우선순위 선정, 플랫폼 고객(대부분 스트림 정렬팀)과의 정기 교류, 사용자 경험과 개발자 경험에 집중해야 한다. 플랫폼 자체는 내부의 스트림 정렬팀, 활성화 팀, 난해한 하위시스템 팀은 물론 하위 수준 플랫폼 팀을 포함해 구성될 수 있으며, 플랫폼을 소비하는 팀과 동일한 팀 형태 및 상호 작용을 적용할 수 있다.

스트림 정렬팀이 빠른 흐름을 달성하도록 권한을 부여하는 것에 집중하면, 조직 내 모든 수준에서 의사 결정을 끌어내고 모든 팀에 매우 중요한 임무를 제공할 것이다.

팀 최우선 경계 선택

코드가 동작하지 않는…문제는 팀의 구성 방식과 사람들의 상호 작용 방식에서 비롯된다.
— **에릭 에반스**(Eric Evans), 『도메인 주도 설계』(위키북스, 2011)

각 팀이 다른 많은 팀과 상호 작용하는 복잡한 그물에 의존한다면 흐름을 만들기가 매우 어렵다. 소프트웨어 시스템에서 변화의 빠른 흐름을 달성하려면 핸드오프를 없애고 팀 대부분을 조직 내 주요한 변화 흐름에 맞춰야 한다. 그러나 많은 조직은 각 팀에 할당된 책임 경계와 관련해 여러 가지 문제를 겪는다. 일반적으로, 팀 간 경계를 고려하지 않으면 오너십 부족이나 이탈, 매우 느린 전달 현상이 발생한다.

6장에서는 소프트웨어 시스템 내부 및 소프트웨어 시스템을 가로지르는 적절한 경계를 찾는 방법을 정의하고 탐구한다. 팀들은 이를 활용해 그들이 담당하는 시스템을 효과적이고 지속 가능하도록 소유하고 발전시킬 수 있다. 이런 기법들은 모놀리식 소프트웨어monolithic software는 물론, 기존의 더 느슨하게 결합된 소프트웨어에도 동일하게 적용된다. 이 경계를 **팀 규모**와 일치시키는 것이 핵심이다. 소프트웨어와 시스템 경계를 각 팀의 역량에 맞춰 할당하면 소프트웨어의 오너십과 지속 가능한 발전을 얻기가 훨씬 더 수월하다.

팀 간 책임 경계를 주의 깊게 탐색하고 검증함으로써, 그리고 도메인 주도 설계domain-driven design나 파단면fracture plane[1]과 같은 기법을 사용해 소프트웨어 아키텍처를 문제가 있는 도메인에 맞춰 변화 흐름을 촉진한다. 또한, 조직에는 사회 기술적 시스템을 더 빠르고 효과적으로 개발할 수 있는 역량을 제공한다.

팀 최우선 접근 방식을 적용한 소프트웨어 책임과 경계

소프트웨어 전달 과정의 많은 문제는 다양한 팀, 그리고 팀별 책임 사이의 불분명한 경계에서 돌발적으로 일어난다. 콘웨이의 법칙이 말하듯, 이런 문제는 서로 다른 부분들 사이에서 강하게 결합해 작용하는 (논문에서는 그 아키텍처가 매우 모듈화돼 있고 확장 가능하다고 가정함에도 불구하고) 소프트웨어 아키텍처에 가려져 있다. 이런 시스템을 흔히 **모놀리스**monolith라고 부른다.

『디지털 트랜스포메이션 엔진』에 실린 연구 결과에 따르면 강하게 결합된 아키텍처는 명확한 책임을 지는 자율적 팀을 구성하는 데 부정적 영향을 미친다. 『디지털 트랜스포메이션 엔진』의 저자들은 이 같은 아키텍처를 분리하는 데 도움이 되는 접근 방법을 이렇게 설명한다. '이 전략(지원팀이 설계 단계부터 배포 단계에 이르는 전체 과정의 오너십을 갖는 것)을 가능하게 하는 아키텍처적 접근 방식은 경계가 분명한 컨텍스트와 API를 포함한다. 이들은 큰 도메인을 분리해 더 작고 느슨하게 결합된 단위로 조정한다.'[1]

하지만 모놀리식 소프트웨어 시스템을 더 느슨하게 결합된 서비스로 전환하려면, 새로운 아키텍처가 관련 팀들에게 어떤 영향을 미칠 것인지 먼저 파악하고, 팀의 인지 역량과 팀 위치, 새로운 서비스에 대

---

1 고체가 압력에 의해 부서지는 약한 정도를 나타내는 2차원 평면(혹은 표면). 다시 말해, 압력을 가했을 때 팀 내부 혹은 팀 사이에 균열이 발생하는 정도를 판단하는 기준점을 의미한다. – 옮긴이

한 팀 구성원들의 관심 등을 고려해야 한다.

팀의 관점을 고려하지 않으면, 모놀리식 시스템은 잘못 분할되거나 심지어 상호 의존하는 서비스들로 구성된 복잡한 시스템으로 바뀔 수도 있다. 이를 **분산된 모놀리스**distributed monolith라고 하며, 팀은 자신이 제공하는 서비스의 자율성을 잃게 된다. 아무리 작은 변경 사항이라도 다른 서비스의 변경을 요구하게 되기 때문이다. 아마존 서비스 팀(4장 참조) 예시를 통해 바람직한 서비스 독립성을 달성하려면 팀 상호 작용에 대한 고려와 가이드가 필요함을 알 수 있다.

감춰진 모놀리스와 결합

모놀리식 소프트웨어는 형태가 매우 다양해서 처음에는 판단하기 어려운 것들도 있다. 예를 들면, 많은 조직이 모놀리스 애플리케이션을 소규모 서비스로 분할하는 데 시간과 노력을 투입했으나, 배포 파이프라인의 더 깊은 단계에서 이뤄지는 모놀리식 릴리스를 만들어 내기만 했을 뿐, 더 빠르고 안전하게 움직일 기회를 낭비해 버렸다. 변화를 만들기에 앞서 어떤 유형의 모놀리스를 다루고 있는지 충분히 이해해야 한다.

모놀리스 애플리케이션

모놀리스 애플리케이션application monolith은 여러 서비스를 노출하고 다양한 사용자가 활용할 수 있는 많은 의존성과 책임을 지닌, 하나의 대규모 애플리케이션을 말한다. 모놀리스 애플리케이션은 보통 하나의 단위로 배포되며, 사용자들(배포 중에는 애플리케이션을 사용할 수 없음)과 운영자들(프로덕션 환경 변화로 예상치 못한 문제가 발생한다. 애플리케이션을 프로덕션과 유사한 환경에서 테스트했더라도 프로덕션 환경이 계속 변한다)의 골머리를 앓게 한다.

모놀리스 데이터베이스 결합

모놀리스 데이터베이스 결합joined-at-the-database monolith은 여러 애플리케이션 혹은 서비스로 구성되며, 이들 모두 동일한 데이터베이스 스키마와 연결돼 있어 별도의 변경이나 테스트 및 배포를 수행하기 어렵다. 이런 이유로 조직은 서비스가 아닌 데이터베이스를 비즈니스 동력으로 간주한다. 그리고 하나 이상의 DBA팀이 투입돼 데이터베이스를 관리하고 그 변경을 조정한다. 이 태스크를 수행하는 인원이 부족할 때가 많아, 팀 자체가 전달상 병목 현상의 원인이 되기도 한다.

모놀리식 빌드(모든 것을 새롭게 빌드함)

모놀리식 빌드monolithic build는 거대한 지속적 통합(CI) 빌드를 실행해 새로운 버전의 컴포넌트를 얻는다. 모놀리스 애플리케이션은 모놀리식 구축으로 이어지지만, 소규모 서비스 사용에도 빌드 스크립트는 전체 코드베이스를 만든다. 컴포넌트 간 표준 의존성 관리 메커니즘(패키지 혹은 컨테이너 등)은 사용하지 않는다.

모놀리식 릴리스

모놀리식 릴리스monolithic release는 일련의 작은 컴포넌트들을 함께 묶어, 한 번에 출시한다. 컴포넌트나 서비스들은 CI를 통해 독립적으로 구축할 수 있지만, 테스트는 모의 서비스 없이 공유된 고정 환경에서 수행해야만 한다. 이때, 구성원들은 각자 최신 버전의 컴포넌트를 동일한 환경으로 가져 온다. 이런 과정은 테스트한 대상이 프로덕션 환경에서도 제대로 실행될 것이라는 신뢰감을 주기 때문에 컴포넌트 전체를 한 단위로 배포한다. 다양한 컴포넌트의 테스팅을 책임지는 별도의 품질보증 팀이 있을 때 이런 결과가 빈번하게 나타난다(업무 수용량에 한계가 있는 품질보증 팀의 관점으로 보면, 여러 서비스 변경 사항의 일괄 처리는 당연하다).

모놀리식 모델(단일 시각)

모놀리식 모델monolithic model은 단일 도메인 언어와 표상representation (포 맷format)을 서로 다른 여러 컨텍스트에 획일적으로 적용하려는 소프트웨어다. 소규모 조직에서는 이런 종류의 일관성을 선호하는 것이 합리적일 수 있지만(물론 팀이 이에 명확하게 동의했을 때 한해서), 모놀리식 모델은 조직이 관리하는 팀과 도메인의 수가 조금만 증가하면 의도치 않게 (소프트웨어) 아키텍처와 구현에 제약을 가하기 시작할 수 있다.

모놀리식 사고(표준화)

모놀리식 사고monolithic thinking는 **어떤 상황에도 적용 가능한 단 하나의 방법이 존재한다는 사고방식**으로 팀 간 기술과 구현 방식을 제한한다. 변동을 최소화하기 위한 목적으로 모든 것을 표준화하면 엔지니어링 팀의 관리 감독을 간소화할 수는 있지만, 그만한 대가가 따라온다. 훌륭한 엔지니어들은 새로운 기법과 기술을 학습하고 활용할 수 있기를 원한다. 단일 기술 스택이나 도구의 사용을 강요함으로써 팀의 자유를 제거하면, 업무에 적절한 도구를 활용할 수 있는 능력을 해치고, 결국 엔지니어들의 동기부여 저하(혹은 제거)로 이어진다. 『디지털 트랜스포메이션 엔진』에서 저자들은 연구 결과를 통해 팀에 표준화를 강요하는 것이 실질적으로 학습과 실험을 감소시키고, 결과적으로 좋지 않은 솔루션을 선택하게 된다고 설명한다.[2]

모놀리식 업무 공간(개방형 사무실)

모놀리식 업무 공간monolithic workplace은 지역적으로 같은 장소에 있는 모든 팀과 개인에게 단 하나의 업무 공간 레이아웃 패턴을 적용하는 것이다. 일반적으로 독립된 개인 업무 공간이나, 구성원 간 장벽이 없는 개방형 레이아웃을 적용한다.

사무실에는 표준화된 레이아웃이 필요하다는 생각이 만연하다. 레이아웃을 표준화하면 사무실 임대 계약자 혹은 인테리어 계약자의 일은 덜어줄 수 있을지 모르지만, 업무를 수행하는 개인이나 팀에게는 반복적으로 부정적인 영향을 미칠 수 있다. 개방형 사무실을 도입한 2개 기업을 관찰한 결과, 개방형 사무실이 협업을 증진한다는 일반적 믿음을 반박하는 결과가 나오기도 했다. '얼굴을 보며 대화하는 양이 눈에 띄게 줄었다(거의 70% 정도)…그리고 전자 매체를 활용해 대화하는 양이 늘어났다.'[3] 경험상, 이런 현상은 목적이 중요하지 구성원과 함께 하는 것은 중요하지 않다고 여기는 오해에서 비롯된다(2장에서 설명한 팀 최우선 업무 공간 레이아웃과 7장에서 설명할 팀 상호 작용 모드를 참조한다).

소프트웨어 경계 혹은 파단면

모든 모놀리스 유형에는 각각의 단점이 있지만, 소프트웨어를 각 팀에 분할할 때도 위험 발생 가능성이 존재한다. 소프트웨어를 분할하면 분할된 소프트웨어의 부분 간 일관성이 약해질 수 있으며, 여러 하위시스템에 걸쳐 의도치 않은 데이터 중복이 발생할 수 있다. 일관성 있는 사용자 경험을 세심하게 고려하지 않으면 소프트웨어의 다양한 측면을 가로지르는 사용자 경험(UX)의 품질이 저하될 수 있고, 소프트웨어를 더욱 분산된 시스템으로 나누지 않으면 복잡성이 더해질 수 있다.

가장 먼저 파단면이 무엇인지 이해해야 한다. 파단면이란 소프트웨어 시스템이 자연스럽게 연결되는 부분으로, 소프트웨어를 둘 혹은 그 이상으로 쉽게 나눌 수 있는 경계를 말한다. 이는 모놀리스 소프트웨어를 분할할 때 유용하게 쓰인다. 모놀리스라는 용어는 **한 개 돌덩이**를 의미하는 그리스어에서 기인한다. 전통적 석공들은 자연 적으로 발생한 파단면을 따라 특정한 각도로 바위를 쪼아서 깨끗한 돌덩이를 만들었다. 소프트웨어에서도 이와 같은 파단면을 찾아냄으로써, 이를 따라 자연스럽게 소프트웨어 경계로 이어지는 분할 지점을 찾을 수 있다.

일반적으로, 소프트웨어 경계는 서로 다른 비즈니스 도메인 영역에 맞춰 할당하는 것이 최선의 시도일 수 있다. 모놀리스는 기술적 관점에서 충분히 문제가 있다(특히 빌드, 테스트, 문제 수정에 기하급수적으로 시간이 많이 소요됨에 따라 모놀리스는 가치 전달을 늦춘다). 그런 모놀리스가 여러 비즈니스 도메인 영역에 동력을 공급한다면, 그 자체로 재앙을 초래할 것이며 우선순위 결정이나 업무 흐름 및 사용자 경험에 영향을 미친다.

그러나 소프트웨어는 도메인 영역 외에도 많은 파단면을 갖는다. 다양한 형태의 파단면을 활용해 모놀리스를 분할할 수 있고, 분할해야만 한다.

파단면: 비즈니스 도메인 경계 컨텍스트 기준

대부분의 파단면(소프트웨어 책임 경계)은 비즈니스 도메인 경계 컨텍스트에 맞춰야 한다. 경계 컨텍스트bounded context는 대규모 도메인(혹은 시스템) 모델을 여러 작은 부분으로 나누는 것으로, 각 부분은 내부적으로 일관된 비즈니스 도메인 영역(이 용어는 에릭 에반스의 『도메인 주도 설계』에서 소개됐다[4])을 나타낸다.

마틴 파울러Martin Fowler는 경계 컨텍스트가 해당 도메인 영역에서 어떻게 내부적으로 일관성 있는 모델을 가져야 하는지 설명했다.

> 도메인 주도 설계란 기반 도메인의 모델을 기반으로 소프트웨어를 설계하는 것이다. 모델은 소프트웨어 개발자와 도메인 전문가의 커뮤니케이션을 돕는다. 또한, 모델은 소프트웨어 자체에 관한 설계 기본 개념(즉, 소프트웨어가 어떻게 객체object나 함수function로 바뀌는지)으로도 사용된다. 효과를 얻으려면 모델을 통일해야 한다. 다시 말해, 내부적으로 충분한 일관성을 확보함으로써, 모델 그 자체가 모순되지 않아야 한다.[5]

도메인 주도 개발 전문가 닉 튠Nick Tune과 스콧 밀럿Scott Millet은 그들의 저서인 『Designing Autonomous Teams and Services(자율적 팀과 서비스 설계)』(Packt, 2018)에서 비즈니스 영역에 잘 정렬된 3개 하위 도메인을 가진 온라인 음악 스트리밍 서비스를 예로 들었다. 여기에서 말하는 3개 하위 도메인은 음악 검색(새로운 음악 찾기), 음악 전송(청취자에게 스트리밍 제공) 및 라이선싱(관리권, 로열티 지불 등)이었다.[6]

경계 컨텍스트를 식별하는 데 방대한 비즈니스 지식과 기술 전문성이 필요했기 때문에 초반에는 수많은 실수가 있었다. 하지만 실수로 인해 서비스를 재설계하는 **비용**이 반복적으로 발생한다고 하더라도, 개선하고 적응하기를 단념하면 안 된다. 어찌 됐든 설계에는 어느 정도 의미적 결합이 존재한다. 마이클 니가드는 이를 다음과 같이 설명했다. "한 개념은 단일 형태로 표현될 수 있다. 그 개념을 설명할 수 있는 단어가 단 하나만 있기 때문이다. (그러나) 주의 깊게 찾아보면, 그 개념이 나뉘는 지점을 발견할 수 있을 것이다."[7] 즉, 경계 컨텍스트를 활용해 시스템을 나눌 때 점진적 발전을 기대할 수 있다.

도메인 주도 개발을 적용하면 주어진 비즈니스 도메인의 경계 컨텍스트에 존재하는 핵심적 복잡성과 기회에 집중할 수 있고, 비즈니스 전문가 간 협업을 통해 모델을 탐색할 수 있으며(고려할 도메인이 작아지므로), 이런 모델을 정확하게 표현하는 소프트웨어를 구현할 수 있다. 그리고 경계 컨텍스트 내 비즈니스 책임자와 기술자들이 동일한 언어로 대화하도록 할 수 있다.

정리하면, 비즈니스 도메인 파단면은 기술과 비즈니스를 정렬하고 용어의 불일치와 **전환 과정에서 사라진** 문제를 줄여 변화의 흐름을 개선한다.

파단면: 규제 준수

금융이나 의료와 같이 규제가 심한 산업에서는 규제 요건이 소프트웨어의 큰 장벽이 될 수 있다. 이런 규제들은 조직이 신용 카드 결제나 거래 보고 등과 같은 규제에 적합한 특정 형태의 감사, 문서화, 테스트 및 배포를 소프트웨어에 도입하게 한다.

한편, 다양한 시스템에 걸쳐 프로세스 변동량을 최소화하는 것은 좋은 생각이다. 예를 들면, 시스템 혹은 변경 종류에 따라 여러 릴리스 및 전달 프로세스를 사용할 수 있다. 하지만 수작업을 통한 승인이나 활동 등을 포함해 이런 프로세스를 보증하는 활동이 전달 파이프라인에 매핑돼야 한다. 또한, 파이프라인을 통제할 수 있는 적절한 권한을 부여함으로써 감사 요건을 대부분 만족시키면서도 시스템 변경 사항을 모두 추적할 수 있다.

반면, 그렇게 중요하지 않은 시스템 영역에 대해서는 엄격한 요건을 따르도록 강요해선 안 된다. 규제 대상이 되는 모놀리스(혹은 소프트웨어) 안에서 하위시스템이나 흐름을 분리하는 것은 자연스럽다.

예를 들어, 페이먼트 카드 인더스트리 데이터 시큐리티 스탠다드 Payment Card Industry Data Security Standards, PCI DSS는 신용 카드 정보 요청 및 저장 관련 규칙들을 규정하고 있다. PCI DSS 규정은 카드 정보 관리를 담당하는 하위시스템에만 적용돼야 하며, 이 요건들이 결제 기능을 포함한 전체 모놀리스에 적용돼서는 안 된다. 규제 준수 파단면을 따라 모놀리스를 분할하면 감사와 규제 준수를 단순화하고 광범위하게 설정된 규제 준수 관리 범위를 줄일 수 있다.

마지막으로, 대규모 조직에서는 팀 구성과 상호 작용 측면을 특히 고려해야 한다. 일반적으로 모놀리스를 책임지는 대규모 단일팀에서 규제 혹은 법률팀 구성원들은 계획과 우선순위 선정 과정에만 간헐적으로 참여한다. 이런 업무 범위는 참여자들의 풀타임 멤버십을 정당화하지 못한다. 하위시스템을 분할하면 규제 및 법률 영역의 비즈니스 책임자를 포함해 규제 준수에 집중하는 소규모 팀을 구성하는 것이 합리적이다.

파단면: 변경 케이던스

시스템 내 여러 부분이 각각 다른 빈도로 수정되면 또 다른 자연스러운 파단면이 발생한다. 모놀리스에서 모든 부분은 가장 느린 부분의 속도를 따라간다. 예를 들어 새로운 보고서 작성 기능이 분기별로 공개된다면, 동일 시스템 내 다른 기능들을 그보다 빈번하게(짧은 주기에) 출시하기는 조금 어려울 것이다. 코드 베이스는 끊임없이 변화하고 실사용을 위한 준비가 되지 않기 때문이다. 변경은 뒤죽박죽이 되고 전달 속도에 심각한 영향을 미친다.

시스템 내에서 변경 케이던스 cadence 가 상이한 부분들을 분할함으로써 빠르게 변경 사항을 적용할 수 있다. 비즈니스는 고정된 속도로 움직이는 모놀리스보다 변화를 빠르게 적용하길 원한다.

파단면: 팀 위치

서로 다른 시간대와 지리적 위치에서 따로 떨어져 작업하는 팀은 명백하게 분산돼 있다. 그러나 같은 건물이라도 업무 공간의 층이 다르거나 각자 개별 공간을 사용하는 팀들이라면, 이들 역시 지리적으로 분산된 것으로 간주할 수 있다.

분산된 팀 내 커뮤니케이션은 제한될 수밖에 없다. 커뮤니케이션을 위해 시간과 공간(물리적 혹은 가상적 요소를 모두 포함)을 명확히 요청해야 하기 때문이다. 나머지(계획되지 않은) 팀 내 커뮤니케이션(전체 커뮤니케이션 중 80%에 이른다)은 각 팀이 위치한 물리적인 경계 안에서 이뤄진다.

서로 다른 시간대의 업무 수행은 커뮤니케이션을 더욱 지연시키고, 업무 시간이 거의 중복되지 않는 시간대에 있는 사람들의 승인이나 코드 리뷰가 필요한 때엔 병목 현상까지 일으킨다. 하이디 헬판드는 그의 책 『Dynamic Reteaming(역동적인 팀 재구성)』(O'Reilly, 2020)에서 서로 다른 시간대의 문제들을 강조한다.

원격 근무자가 반드시 있어야 한다면, 팀 내 협업과 팀 간 협업의 증진을 위해 추가로 노력을 들여 커뮤니티를 구축해야 한다. 가능한 한 다른 시간대보다는 동일 시간대에 업무를 할 수 있도록 해야 한다. 그렇지 않으면 구성원들은 개인 시간을 빼앗기기 때문에 서로 만나길 원치 않게 될 것이다.[8]

팀이 효과적으로 커뮤니케이션할 수 있게 하는 방법을 알아봤다. 선택지는 완전히 같은 장소(모든 팀 구성원이 물리적 공간을 공유)에서 일하는 것과 완벽한 원격 환경(메시징이나 협업 애플리케이션 등 명확히 합의된 경로로만 커뮤니케이션을 제한하며, 이 경로에는 모든 팀 구성원이 정기적으로 접근 및 참조할 수 있음)에서 일하는 것 두 가지였다. 이 두 방법 중 어느 것도 실현할 수 없다면 (완전히 같은 장소나 완벽한 원격 환경에서 근무하는 것) 모놀리스 시스템을 다른 위치에 있는 팀이 전담할 수 있는 하위시스템으로 분리하는 것이 낫다. 이런 방식으로 조직은 콘웨이의 법칙을 활용하고 실제적인 커뮤니케이션 제약 사항에 따라 시스템 아키텍처를 정렬할 수 있다.

파단면: 리스크

거대한 모놀리스에는 다양한 리스크 프로파일이 공존할 수 있다. 더 많은 리스크를 감수한다는 것은, 고객에게 더 빠르게 변화를 전달하면서 발생할 수 있는 시스템 혹은 산출물이 실패할 가능성을 더 많이 받아들인다는 의미다. 참고로 느슨하게 결합된 시스템 아키텍처(모놀리스가 아닌)에 대해 실질적인 지속적 전달을 수행하면, 작은 변화를 매우 빈번하게 배포하는 위험은 실제로 감소된다.

리스크는 다양한 유형(일반적으로 변경에 대한 비즈니스의 요구에 매핑됨)이 있으며, 리스크에 따라 파단면을 찾아낼 수 있다. 앞 절에서 다룬 규제 준수 역시 리스크 유형 중 하나다. 또 다른 유형으로는 수익을 창출하는 트랜잭션 피처에 높은 리스크 프로파일(신규 고객 획득에 집중) 혹은 낮은 리스크 프로파일 (기존 고객 유지에 집중)을 포함하는 마케팅 주도 변화를 들 수 있다.

사용자 수 또한 리스크를 유발한다. 여러 가격 계층을 제공하는 SaaS 제품을 예로 들면, 무료 계층에는 수백만 명의 사용자가 있지만, 유료 계층에는 수백 명의 고객만 있을 수 있다. 무료 계층에서 인기 있는 피처를 변경하는 것은 높은 리스크 프로파일에 해당한다. 이 영역에서는 주요한 실패 하나가 수백만 명의 잠재적 유료 고객을 잃게 할 수 있기 때문이다. 한편, 유료 계층에서만 사용 가능한 피처를 변경하는 것은 실질적으로 리스크가 훨씬 낮을 수 있는데, 이는 수백여 명의 고객을 지원하는 속도와 개인화가 일시적 실패를 보상해 주기 때문이다. 유사한 이유로, 조직 내부 시스템은 일반적으로 더 높은 수준의 리스크 프로파일들을 다룰 수 있다(이 시스템들이 조직 내부에서만 사용되는 것이어서 일반 제품과 다르게 다뤄져야 한다는 것은 아니다).

명확하게 다른 리스크 프로파일을 사용하는 하위시스템을 분리함으로써 기술 변경을 비즈니스의 기호 혹은 규제 사항에 맞출 수 있다. 그리고 각 하위시스템은 시간이 지남에 따라 더 많은 리스크를 발생시키지 않고, 변화의 속도를 높이는 지속적 전달과 같은 프랙티스를 도입해 자체적으로 리스크 프로파일을 발전시킨다.

파단면: 성능 고립

특정 유형의 시스템에서는 성능 수준을 구분해 이득을 얻을 수 있다. 물론 성능은 모든 시스템에서 반드시 고려해야 하는 부분이다. 항상 성능을 분석하고 테스트하며 가능한 한 최적화해야 한다.

그러나 대규모 요청의 정점에 해당하는 애플리케이션 부분(예를 들면 매년 마지막 날의 세금 서류 제출 등)은 그 시스템의 다른 부분에서는 요구하지 않는 높은 수준의 확장과 복구 최적화가 필요하다.

성능 요구에 따라 하위시스템을 나눠 독자적으로 확장함으로써 성능을 높이고 비용을 줄일 수 있다. 예를 들어 세금 반환 애플리케이션은 성능이 매우 뛰어나고 단기간에 수백만 건의 세금 제출 서류를 처리하는 세금 서류 제출 및 검증 하위 시스템으로 구성될 수 있다. 세금 시뮬레이션, 처리, 납부와 같은 기타 하위 시스템들은 성능에 덜 민감할 수 있다.

파단면: 기술

기술은 팀을 분리할 때 자주(역사적으로) 사용하는 경계다. 프론트엔드나 백엔드, 데이터 티어 등과 같은 형태로 팀을 구분하는 것이 얼마나 일반적인지 생각해 보라.

그러나 이런 일반적 기술 주도 분할은 업무 제약을 줄이거나 업무 흐름을 개선하기보다는, 오히려 제약 사항을 늘리고 업무 흐름을 저하한다. 이는 분리된 팀들이 덜 자율적이기 때문인데, 제품에 의존성이 남아 있음에도 불구하고 각 팀이 해당 업무를 전체적으로 보지 못하게 되며, 팀 간 커뮤니케이션 경로 또한 팀 내의 경로보다 느리다.

기술 기반 하위시스템 분할이 효과적일 때도 있다. 특히 오래됐거나 덜 자동화된 기술을 통합할 때가 그렇다. 이런 오래된 기술을 포함한 변경이 필요해지면 흐름은 매우 느려진다. 더 많은 수동 테스트를 실행해야 하거나, 문서가 충분하지 않거나, 개방된 사용자 커뮤니티(최신 기술 스택과 관련된 커뮤니티가 더 많다)의 지원을 받을 수가 없어 변화 구현에 어려움을 겪는다. 결과적으로 이런 기술을 둘러싼 도구의 에코 시스템(통합 개발 도구, 빌드 도구, 테스팅 도구 등)은 현대 기술과 다르게 동작한다고 느끼는 경향이 있어, 팀 구성원들이 서로 다른 기술 사이를 왕복하게 되므로 인지 부하가 증가한다. 이런 때에는 기술을 기준으로 팀의 책임을 분담함으로써 팀이 소프트웨어를 효과적으로 소유하고 발전시키도록 할 수 있다.

기술에 의한 파단면을 따르는 분할 여부를 결정할 때, 우선 다른 접근 방식을 사용해 오래된 기술을 그대로 사용하면서 변경 속도를 높일 수 있는지 조사해 본다. 만일 가능하다면 제약을 줄일 수 있고, 비즈니스에도 득이 될 것이다(비즈니스에 정렬된 경계 컨텍스트와 같이 더 가치 있는 파단면을 따라 모놀리스를 분할할 수 있게 된다). 미르코 헤링^{Mirco Hering}은 그의 저서 『엔터프라이즈 데브옵스』에서 좋은 코딩과 버전 관리 프랙티스를 적용해 COTS 제품을 다루는 방법을 설명한다.[9]

파단면: 사용자 퍼소나

시스템 규모가 커지고 제공하는 기능이 확장되면 시스템 고객 (내부 혹은 외부) 또한 기반 규모가 증가하고 다양화된다. 일부 사용자들은 시스템이 제공하는 기능 중 일부를 사용해 업무를 수행하지만, 어떤 사용자들은 다른 기능을 요구할 것이다. 다양한 가격 정책을 제공하는 제품은 이런 기능 모음을 의도적으로 구성한다(높은 비용을 지불하는 고객은 낮은 비용을 지불하거나 무료로 제품을 사용하는 고객보다 더 많은 기능을 사용할 수 있다). 어떤 시스템에서는 관리자^{admin}가 일반 사용자보다 훨씬 많은 기능과 통제에 접근한다. 혹은 경험이 많은 사용자들은 그렇지 않은 사용자들보다 시스템의 특정 기능(키보드 단축키와 같은)을 더 많이 사용한다. 따라서 이런 상황에서는 사용자 퍼소나에 따라 하위시스템을 분리하는 것이 바람직하다.

기능 간 의존성이나 결함을 제거하는 데 투입한 노력은 시스템을 사용하는 고객의 요구와 경험에 집중하는 것으로 보상받는다. 결과적으로 이는 고객 만족도를 높이고 조직 기반을 탄탄하게 한다. 실제로 이런 구조는 고객 지원 속도와 품질의 향상을 가져온다. 문제가 발생하면 그 문제를 해당 하위시스템과 팀에 연결하기가 더욱 쉬워진다. 기업 퍼소나에 정렬된 하위시스템을 책임지는 팀은 (기업) 지원 문제를 가능한 한 부드럽게 다룰 가능성이 언제나 있음을 보장하고 싶을 것이다.

자연스러운 '파단면'을 여러분의 조직과 토폴로지에 적용하라

때로는 할당된 업무에 대해 또 다른 자연스러운 파단면이나 활용 가능한 팀 최우선 파단면을 발견할 수 있다. 파단면의 적용 여부를 판단할 수 있는 리트머스 테스트를 소개한다. '분할 결과 만들어진 아키텍처가 인지 부하를 줄임(이질적 책임감 감소)으로써 더 자율적인 팀(덜 의존적인 팀)이 되도록 지원하는가?'

물론, 이런 결과를 얻으려면 몇 가지 초기 실험과 세심한 조정 작업을 수행해야만 한다. 실제로 먼저 시도해 보지 않고서는 구체적인 최종 결과를 얻을 수 없을 것이다. 시스템과 팀 간 경계를 평가하는 데 도움이 될만한 간단한 휴리스틱은 다음과 같다. 먼저, '우리는 한 팀으로서 이 하위시스템을 효과적으로 사용하거나 서비스로 제공할 수 있는가?'라는 질문을 던져 본다. 만약 대답이 '그렇다'라면, 해당 하위시스템은 한 팀이 소유하고 발전시킬 수 있도록 분할할 수 있는 좋은 후보다.

좋은 소프트웨어 경계 찾기(파풀로)

스테파니 쉬한(Stephanie Sheehan), 운영 부문 부사장(Vice President of Operations), 파풀로(Poppulo)
데미안 달리(Damien Daly), 엔지니어링 디렉터(Director of Engineering), 파풀로

파풀로는 기업에 다양한 디지털 채널의 커뮤니케이션을 계획하고, 타기팅하고, 퍼블리싱하고 그 영향도를 측정할 수 있는 올인원 솔루션을 제공한다. 2012년부터 4년 동안, 우리의 규모는 세 배로 커졌고 미국에 사무실을 열었으며, 네슬레Nestle나 익스페리언Experian, 링크드인 LinkedIn, 혼다Honda, 롤스로이스RollsRoyce와 같은 세계적 브랜드 고객을 포트폴리오에 추가했다. 2019년 파풀로 플랫폼은 100여 개국 1,500만 명 이상의 직원이 사용하고 있다. 이렇게 성장하는 과정에서 3년 동안 개발팀 1개를 제품팀 8개, SRE팀 1개, 인프라팀 1개로 확장해야 했다.

2015년, 우리는 우리의 고객 기반과 엔지니어링 스태프 규모의 상당한 성장을 기대했다. 모놀리스 시스템을 분할해 새로운 팀들이 독립적이고 자율적으로 업무를 수행하도록 확실한 도움을 주고 싶었다. 더 많은 엔지니어를 채용하게 되면서 단일팀이 효과적으로 운영하던 아키텍처와 프랙티스들을 더 이상 확장할 수 없었다. 우리는 데브옵스와 지속적 전달 프로세스를 설계의 중심에 두고 그동안 성공적이었던 모놀리식 시스템을 마이크로서비스형 아키텍처로 전환하기 시작했다.

업무를 완수하는 수단으로 **팀**에 더욱 집중했다. 이전에는 개인 주변에서 병목 현상이 자주 발생했다. 그러나 팀 접근 방식과 페어링(이후에는 몹)과 같은 프랙티스를 적용하면서 업무 흐름이 나아지기 시작했다. 팀 구성원들은 서로 도와가며 복잡한 태스크들을 완수했다. 그 후 코드를 진단하고 측정 도구를 추가해 코드가 실제로 프로덕션에서 동작하는 모습을 시각화했다. 엔드 투 엔드 배포 파이프라인을 사용하게 되면서 개선된 로깅 및 지표를 활용함에 따라, 팀은 코드를 더 잘 이해할 수 있었고 오너십을 갖기 시작했다.

파풀로 제품은 조직에서 대규모 구성원들이 전자적 커뮤니케이션을 할 수 있도록 돕는다. 그래서 비즈니스 도메인의 중심에는 사람과 콘텐츠, 이벤트, 이메일, 모바일 및 분석과 같은 개념들이 위치한다. 우리는 컨퍼런스 자료 등을 통해 도메인을 명확하게 분할함으로써 전달팀에 정렬된 자율성을 부여하는 것이 중요하다는 것을 깨달았다. 시간을 투입해 각 도메인이 얼마나 독립적인지 평가하고 화이트보드에 시나리오를 그려 확인한 뒤, 그 경계를 따라 소프트웨어를 분할했다. 콘웨이의 법칙에 과도하게 집착하고 싶지는 않았기 때문에 효과적으로 도메인을 분할했는지 확실하게 확인해야 했다.

우리는 협업과 자율성을 중시했기에 팀을 **매트릭스 제품팀**matrix projduct team으로 조직했다. 매트릭스 제품팀은 교차기능 팀으로 같은 자리에 앉아서 제품의 한 영역을 완전히 소유한다. 제품팀은 전형적으로 개발자 4명, 프로덕션 관리자 1명, QA 1명, UX·UI 디자이너 1명으로 구성된다. 팀은 고객 및 이해관계자들과 직접 대화하고, 단순히 지원을 목적으로 하는 커뮤니케이션은 줄인다. 또한, 솔루션의 설계와 구축, 제공한 솔루션의 영향 측정 및 품질에 대한 책임을 진다.

우리는 도메인 주도 개발의 몇 가지 기법들(특히, 이벤트 스토밍event storming)을 사용해 비즈니스 컨텍스트에서 도메인을 이해하고 모델화했다. 기술 단계에서는 팩트Pact[2]를 콘트랙트 테스팅contract testing[3]과 팀 간 커뮤니케이션에 활용했다. 팩트의 활용으로 테스팅 서비스에 명확하고 체계적으로 접근할 수 있었으며, 모든 팀은 테스트 수행 방법과 함께 다른 팀과 상호 작용하는 방법에 분명한 기대를 할 수 있었다.

대부분의 전달팀은 이메일이나 캘린더, 사람, 설문 조사와 같이 구분된 비즈니스 도메인에 정렬됐다. 시스템의 몇몇 부분은 규제 분야(특히 정보 보안 관리에 관해서는 ISO 27001이 적용됐다) 및 기능 사용에 관한 교차 도메인 보고서 작성 기능 요구사항에 정렬돼 있었다. 이런 영역들은 소규모 전문팀이 처리하거나 여러 팀이 협업하면서 다뤘다.

또한, 소프트웨어의 모든 부분에 걸쳐 일관된 사용자 경험을 제공하도록 도움을 주는 팀도 있었다. UX팀은 모든 전달팀을 대상으로 내부 컨설턴트 역할을 하면서 팀이 좋은 UX 프랙티스를 빠르게 도입할 수 있도록 지원했다. 그리고 한 SRE팀은 많은 양의 트래픽을 다루고 운영성을 개선했다.

우리가 속한 비즈니스 도메인을 이해하고, 도메인에 맞춰 모놀리식 시스템을 분할하는 데 시간을 투자함으로써, 16명이었던 엔지니어링 팀을 2015년 이후 70명으로 확장할 수 있었다. 팀은 측정에 투자하고 우

---

2 https://docs.pact.io/ – 옮긴이

3 콘트랙트 테스팅에서는 (API 혹은 서비스) 공급자(provider)와 소비자(consumer) 간 흐르는 메시지 (message) 검증에 집중한다. – 옮긴이

수한 운영에 집중하면서 스스로가 구현하는 소프트웨어를 더 잘 이해할 수 있었다. **정렬된 자율성**^{aligned autonomy}이라고 부르는 교차기능 제품팀의 도입으로, 팀은 소프트웨어에 대한 좋은 오너십을 얻게 됐다. 그리고 결과적으로, 중단 시간을 최소화하면서 빠른 변화 흐름을 얻어냈다.

실제 사례: 제조

파단면 관점에서 기술을 고려할 때, 현대 소프트웨어 스택과는 매우 다른 것처럼 보이는 오래된 기술은 어떻게 적용해야 할지 고민하게 된다. 여러분은 반드시 예외 사항들을 만나게 될 것이다. 그 예외 사항이 언제 유효한지 또는 혹은 빠른 진전을 만들어내는 쉬운 길이 언제 궁극적으로 효과를 제한하는지 이해하기란 매우 어렵다.

함께 일했던 비교적 규모가 큰 제조기업 고객을 실례로 들어 보자. 이 기업은 고객들이 사용하는 물리적 장치를 생산한다. 모든 장비는 사물인터넷 기능이 있어서 모바일 애플리케이션으로 원격 제어를 할 수 있으며, 클라우드를 통해 원격으로 소프트웨어 업데이트를 할 수 있다. 클라우드(일정에 따른 동작)와 사용자의 직접 제어(모바일 애플리케이션)로도 장비를 제어할 수 있다. 모든 동작 로그와 제품 데이터는 클라우드로 전송되고, 일련의 절차를 거쳐 저장된다.

한 스트림 정렬팀이 엔드 투 엔드 사용자 경험 전체(모바일 애플리케이션, 클라우드 처리, 장비에 탑재될 소프트웨어까지)를 소유하는 것은 매우 어렵다. 이미 설명했듯, 팀 규모와 인지 부하에 한계가 있기 때문이다. 완전히 다른 세 가지 기술 스택(임베디드, 클라우드 및 모바일)을 아우르는 엔드 투 엔드 변화를 이끄는 데 필요한 기술 조합은 찾기 어려우며, 그와 관련한 인지 부하와 컨텍스트 전환은 말할 필요도 없다. 최선의 경우, 변화는 기술적 관점 혹은 아키텍처 관점에서 부분적으로 최적화될 것이다. 최악의 경우, 변화는 깨지기 쉽고, 기술 부채는 꾸준히 증가하며, 결과적으로는 고객들에게 형편없는 사용자 경험을 제공하게 될 것이다.

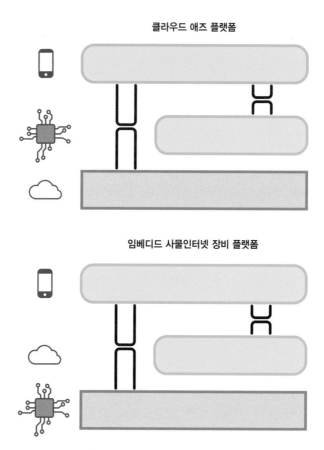

그림 6.1 모바일, 클라우드 및 사물인터넷 기술 파단면 시나리오
서로 매우 다른 기술(모바일, 클라우드 및 사물인터넷)을 사용할 때 조직은 각 영역에 대한 인지 부하와 변화 케이던스에 기반해 적절한 파단면을 찾아내는 접근 방식을 결정해야 한다.

대신, 시스템의 기술적 한계를 받아들이고 팀을 자연스러운 기술 경계(임베디드 팀 1, 클라우드 팀 1, 필요한 경우 모바일 팀 1)에 따라 구성할 수 있다. 이 기술들의 차이(기술과 배포의 속도 관점에서)가 변화 속도 차이로 나타나며, 이 속도 차이가 각 팀의 핵심 동력이 된다.

이 상황에서 두 가지 선택지 중 하나를 고를 수 있다(그림 6.1 참조). (1)클라우드 소프트웨어를 플랫폼으로 간주하고, 모바일 소프트웨어와 임베디드 사물인터넷 소프트웨어를 이 플랫폼의 클라이언트와 소비자로 볼 수 있다. 이 방법은 소비자 애플리케이션 변화 정도와 난이도가 적어도 클라우드 플랫폼의 변화만큼 빠를 때 유효하다. 또는 (2) 임베디드 사물인터넷 장비를 플랫폼으로 간주하고, 클라우드와 모바일 애플리케이션을 그 플랫폼의 클라이언트와 소비자로 볼 수도 있다. 두 가지 선택지 모두 각각의 효과를 발휘하겠지만, 플랫폼 역할을 하는 팀은 플랫폼 관점 접근 방식을 도입해야 할 것이다.

플랫폼 관점 접근 방식은 둘 혹은 그 이상의 기술 영역에 영향을 주는 기능을 담당하는 팀 간 정기적 조정이 필요하다. 변경은 클라우드 플랫폼 API로 스케줄링이 돼야 하고, 그다음에 새로운 소프트웨어 버전을 임베디드 장비에 배포할 수 있다. 그러나 이 조정은 팀들 간 업무의 공통 방식(시맨틱 버전 관리, 로깅 접근 방법 및 API 우선 개발 등)을 수립하는 데 도움이 돼야 한다.

시간이 흘러 기술 간 변화 속도가 비슷해지면, 이처럼 공유된 프랙티스와 지식을 활용해 팀 경계를 재구성할 수 있다,

정리: 팀의 인지 부하에 맞춰 소프트웨어 경계를 선택하라

흐름을 최적화할 때, 스트림 정렬팀은 도메인을 책임져야 한다. 이 과제는 수많은 책임을 포함하며 대부분 기술 선택(비즈니스의 다양한 영역에 걸쳐 기능을 제공하는)에 따라 주도되는 모놀리식 시스템에 도메인이 숨겨져 있을 때 발생한다.

이런 시스템을 자연스럽게 분할하는 방법(파단면)을 찾아내고, 분할된 부분들이 가능한 한 독립적으로 발전될 수 있도록 해야 한다. 결과적으로 이렇게 분할된 부분에 할당된 팀은 그에 대한 자율성과 오너십

을 더욱 많이 경험할 것이다.

하위시스템 경계를 (거의 독립적인) 비즈니스 세그먼트에 맞추는 방법을 찾는 것은 훌륭한 접근법이며, 도메인 주도 설계 방식을 활용해 큰 도움을 얻을 수 있다. 그러나 이 밖에도 변화 케이던스나 리스크, 규제 준수와 같은 다양한 파단면이 있다는 것을 감지하고 주의해야 하며, 때로는 다양한 파단면들을 조합해 사용해야 한다.

마지막으로, 다양한 형태의 단일 시스템이 흐름을 방해하고 팀 간 불필요한 의존을 초래한다는 점을 인지해야 한다. 시스템 아키텍처는 전형적으로 모놀리식 시스템이라고 생각하지만, 시스템 아키텍처가 이미 모듈화된 때에도 다른 미묘한 경로를 통해 결합은 유입된다(공유된 데이터베이스, 결합된 빌드 및 릴리스 등). 에이미 필립스[Amy Phillips]의 말을 빌린다. "여러분이 마이크로서비스를 갖고 있다고 생각하더라도, 이 서비스들이 조합될 때까지 기다린 다음에야 엔드 투 엔드 테스팅을 마치고 출시할 수 있다면 실제 여러분이 가지고 있는 것은 분산된 모놀리식 시스템이다."[10]

하위시스템 경계를 고려할 때는 비즈니스 도메인 경계 컨텍스트에 정렬된 소프트웨어의 파단면을 찾는 데 집중해야 한다. 이런 경계 컨텍스트는 대부분 조직 관점에서 자연스러운 변화 흐름과 일치하기 때문이다. 이는 결국 비즈니스 도메인 경계를 스트림 정렬팀에 맞춰 조정하고 조직 전체의 흐름에 주력할 수 있다는 의미다.

특정한 문제 측면(기술, 규제, 성능, 구성원의 지리적 위치, 사용자 퍼소나 등)을 중심으로 파단면을 선택함으로써 팀 간 핸드오프를 방지하고 흐름을 증진할 수 있다.

언제나 소프트웨어 세그먼트는 팀 규모에 맞게 조정해야 한다. 그래야만 팀이 효과적으로 소프트웨어를 소유하고 지속 가능한 방법으로 발전시킬 수 있다.

3부

혁신과 빠른 전달을 위한 팀 상호 작용 진화

핵심 요약

7장

- 특정한 팀 상호 작용 모드를 선택해서 소프트웨어 전달을 개선하라.
- 세 가지 팀 상호 작용 모드(협력(collaboration), 엑스 애즈 어 서비스(XaaS) 및 촉진(facilitating)) 중 한 가지를 선택해, 팀이 서비스를 다른 팀에 제공하고 그 서비스를 발전시키도록 하라.
- 협력은 혁신의 강력한 원동력이 되지만 오히려 흐름을 지연시킬 수도 있다.
- 엑스 애즈 어 서비스는 적절한 경계가 설정된 경우에만 다른 팀들이 빠르게 전달할 수 있도록 돕는다.
- 촉진은 교차팀 간 문제를 방지하고 식별하는 데 도움을 준다.

8장

- 다양한 팀 토폴로지를 동시에 사용함으로써 전략적 이점을 확보하라.
- 팀 토폴로지와 팀 상호 작용에 변화를 줘서 새로운 접근 방식의 도입을 가속화하라.
- 팀 토폴로지를 활용할 때는 탐험(explore), 이용(exploit), 유지(sustain) 및 폐기(retire) 단계를 구분하라.
- 서로 다른 필요를 만족시키려면 다양한 팀 토폴로지를 동시다발적으로 사용해야 함을 이해하라.
- 조직 변화의 계기를 인식하라.
- 운영을 자기 조정을 목적으로 하는 매우 정확하고 민감한 입력으로 취급하라.

결론

- 팀 최우선 접근 방식을 콘웨이의 법칙, 4가지 기본 토폴로지, 팀 상호 작용 모드, 토폴로지 발전 및 조직적 감지와 조합하라.
- 지금 시작하라. 팀과 함께 흐름을 식별하고 최박 기능 플랫폼과 역량 차이를 식별하며 팀 상호 작용을 연습하라.

7 팀 상호 작용 모드

기술과 조직은 간헐적으로 구성원들을 서로의 업무에서 분리해 문제를 해결할 수 있는 최고의 집단 성과를 내도록 재설계돼야 한다.

— **이든 번슈타인**(Ethan Bernstein), 제시 쇼어(Jesse Shore) & 데이빗 레이저(David Lazer)
「How Intermittent Breaks in Interaction Improve Collective Intelligence」

2부에서는 스트림 정렬팀, 활성화 팀, 난해한 하위시스템 팀, 플랫폼 팀 등 4가지 기본 팀 토폴로지가 조합돼 빠른 흐름으로 소프트웨어 전달을 가능하게 하는 명확한 패턴을 제공하는 것을 살펴봤다. 그러나 단순히 팀을 패턴에 맞춰 조정하는 것만으로는 높은 효과를 얻을 수 없다. 팀들이 상호 작용하는 방법과 팀 간 상호 작용을 바꿀 시점도 파악해야 한다.

3부에서는 팀 상호 작용이 발전함에 따라 소프트웨어 시스템을 구현하는 조직이 어떤 전략적 이점을 얻을 수 있는지 살펴본다. 잘 정의된 팀 상호 작용 패턴과 팀 토폴로지 발전에 적합한 휴리스틱을 조합함으로써, 조직은 더 나은 고객 및 사용자 산출물을 달성하는 혁신과 자기 조정을 위한 감지 메커니즘으로 팀 상호 작용을 활용할 수 있다.

지금까지 다양한 시나리오에서 효과를 내는 여러 정적(특정한 시점을 기반으로 하는) 팀 토폴로지와 합리적인 팀 경계를 선택하는 몇 가지 지침을 확인했다. 하지만 특정한 순간에 특정한 팀 경계를 선택한 뒤

더 이상의 변화가 없기만을 기대하면 안 된다. 조직은 팀 패턴을 발전시킴으로써 비즈니스와 조직, 시장, 기술 및 개인의 요구를 만족시켜야 한다.

팀이 한 영역에서 경험을 축적하고 새로운 기술이 등장하거나 조직 및 계약 규모가 증가하면, 팀과 경제(특히 규모의 경제) 사이의 역동이 변화하는 과정에서 팀 토폴로지를 선택함으로써 그런 변화의 촉진을 도울 수 있다. 2개 팀이 매우 밀접하게 협력해야 하는 때가 있고, 각 팀이 독립적으로 업무를 수행해야 가장 효과적인 소프트웨어 전달을 달성하는 때도 있다. 활용 중인 팀 토폴로지는 새로운 도전을 받아들이고 이를 만족시키기 위해 발전해야 한다. 물론 1부에서 다룬 팀 최우선 아키텍처의 핵심 고려 사항은 여전히 유지해야만 한다.

7장에서는 3가지 핵심 팀 상호 작용 모델을 살펴본다. 상호 작용 모델들은 소프트웨어 시스템을 구현하는 팀 사이에 필요한 핵심적 상호 작용을 단순하고 명확하게 만들어 줄 것이다. 3가지 모델은 협력과 엑스 애즈 어 서비스, 촉진이다. 이들은 조직 내 모든 팀의 기대와 행동 패턴을 정의하고, 팀 상호 작용을 단순화하며 올바르게 정렬되지 않은 경계를 식별하는 역할을 한다.

또한, 팀 토폴로지를 발전시키기 위한 선택을 하는 데 도움이 되는 몇 가지 핵심적 팀 상호 작용 모드를 살펴볼 것이다. 팀 상호 작용 모드의 기반에 놓인 역동성은 팀 토폴로지를 효과적으로 선택하는 기준이 된다. 무엇보다, 잘 정의된 팀 상호 작용 패턴을 활용함으로써 수많은 팀 소프트웨어 관계에 존재하는 모호함을 피하고, 더욱 응집된 하위 시스템 경계와 API를 구축할 수 있다.

잘 정의된 상호 작용은 효과적인 팀의 핵심이다

적절하게 정의되지 않은 팀 상호 작용과 책임은 많은 조직에서 마찰을 가져오고 성과를 떨어뜨리는 주요 원인이 된다. 팀은 자신들이 자율적이고 자기 조직적이라는 말을 듣지만, 실제로 업무를 완수하기 위해서는 매우 많은 팀과 상호 작용해야 한다는 것을 발견한다. 그리고 구성원들은 그런 사실을 두려워하게 된다. 상대 팀에 API 혹은 서비스를 제공할 책임이 있지만 정작 당사자들이 이런 업무를 효과적으로 처리해 본 경험은 없다.

팀 간 관계를 고려할 때는 한 목적을 달성하기 위해 다른 팀과 협력할 것인지 혹은 다른 팀을 서비스로 간주할 것인지를 결정하는 것이 핵심이다(그림 7.1 참조). 다양한 레벨에서 협력 혹은 서비스 소비를 선택할 수 있다. 인프라스트럭처를 서비스처럼 소비하거나(AWS, 애저, 구글 클라우드 등) 로깅과 지표에 관해 협력할 수 있으며, 난해한 하위시스템 팀이 만든 복잡한 오디오 처리 코덱을 사용하거나 혹은 애플리케이션 배포 작업을 함께 할 수도 있다. 그러나 모든 팀이 각각의 목표를 달성하기 위해 다른 모든 팀과 커뮤니케이션 하는 것은 반드시 피해야만 한다. 재즈 밴드가 자신의 연주곡을 조정하듯 조직 내에서 일어나는 커뮤니케이션을 세심하게 조정해야 한다.

협력   엑스 애즈 어 서비스

그림 7.1 협력 vs. 엑스 애즈 어 서비스

협력은 정의된 영역에서 명시적으로 함께 일하는 것을 의미한다. 엑스 애즈 어 서비스는 다른 팀이 제공하는 무엇인가를 서비스로서 사용하는 것을 의미한다.

3가지 핵심 팀 상호 작용 모드

소프트웨어 시스템에 팀 토폴로지 모델을 적용하는 방법과 시기를 이해하려면, 우선 팀 최우선 역동과 콘웨이의 법칙을 따라 팀이 상호 작용하고, 이때 따라야만 하는 3가지 핵심 방법을 정의하고 이해해야 한다.

- **협력**Collaboration: 다른 팀과 밀접하게 함께 일한다.
- **엑스 애즈 어 서비스**XaaS, X-as-a-Service: 최소한으로 협력하며 무언가를 소비하거나 제공한다.
- **촉진**Facilitating: 다른 팀을 돕거나 다른 팀의 도움을 받아 장애를 없앤다.

중간 규모 혹은 대규모 기업 대부분에서는 이 3가지 팀 상호 작용을 모두 조합해야 할 것이다(많은 사람이 기대하는 것과 달리, 3가지 모드는 소규모 조직에 빠르게 도입할 때도 효과적이다). 또한, 한 팀은 함께 업무를 수행하는 2개의 다른 팀들과 2개의 다른 상호 작용 모드를 사용할 수도 있다. 3가지 상호 작용 모드를 그림 7.2와 같은 패턴으로 표시한다.

협력   엑스 애즈 어 서비스   촉진

그림 7.2 3가지 팀 상호 작용 모드

협력 모드는 겹치는 그물망, 엑스 애즈 어 서비스 모드는 괄호, 촉진 모드는 점으로 표시한다.

팀 A는 스트림 정렬팀이며, 개인 재무 관리 소프트웨어와 관련된 업무를 수행한다고 가정해 보자. 팀 A는 신규 클라우드 모니터링 도구와 관련해 팀 B와의 상호 작용에서는 협력 모드, 팀 C와의 상호 작용에서는 엑스 애즈 어 서비스 모드를 사용할 수 있다. 팀 C는 해당 소프트웨어가 실행되는 플랫폼을 제공한다(그림 7.3 참조).

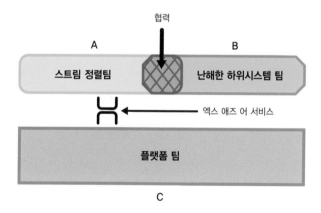

그림 7.3 팀 상호 작용 모드 시나리오

스트림 정렬팀 A는 난해한 하위시스템 팀 B와 협력(격자 그물 표시)하고, 팀 C가 제공하는 플랫폼을 소비하면서 엑스 애즈 어 서비스 모드를 사용한다(괄호 표시).

소프트웨어 시스템 구현 시 팀이 상호 작용하는 방법을 공식화하고 팀 간 인터페이스를 더욱 명확히 정의함으로써, 소프트웨어 전달의 여러 측면의 효과를 더욱 쉽게 평가할 수 있다. 이 인터페이스들은 (콘웨이의 법칙에 따르면) 구현하는 소프트웨어 시스템에 반영될 것으로 예상된다. 마이크 로커^{Mike Roker}는 일본 제조 기업인 토요타^{Toyota}가

보여준 엄청난 성공을 생각하면서 다음과 같이 기록했다. '토요타가 거둔 성공은 조직 구조가 아니라, 구성원들의 역량과 습관을 개발한 것에서 기인한다.'[2]

상호 작용 모드는 팀의 습관이 돼야 한다. 이런 팀 상호 작용을 기대하고, 그 기대를 달성하도록 돕는 과정에서 팀 목적의 명확성 증가, 팀 참여 개선, 다른 팀에 대한 두려움 감소 등을 경험한다. 이처럼 팀 상호 작용을 제한함으로써 콘웨이의 법칙에 따라(2장 참조) 시스템을 구현하는 유사한 형태의 측면 또한 의도적으로 다룰 수 있다. 팀은 다음과 같은 질문을 스스로 던져야 한다. '다른 팀과 어떤 종류의 상호 작용을 해야 하는가? 긴밀하게 협력해야 하는가? 서비스를 기대하거나 제공해야 하는가? 아니면 촉진을 기대하거나 제공해야 하는가?'

> **TIP**
> 팀 토폴로지 접근 방식의 핵심은 협력하는 두 팀을 선택할 것인지, 다른 팀이 제공하는 무엇인가를 **서비스처럼** 소비하는 한 팀을 선택할 것인지에 있다.

협력: 혁신과 빠른 발견을 주도하지만 경계가 희미하다

협력 상호 작용 모드는 새로운 기술과 기법을 탐색하는 업무 등 높은 수준의 적응력이나 발견이 필요할 때 적합하다. 이 모드는 높은 비용이 수반되는 팀 간 핸드오프를 피할 수 있어 새로운 대상을 빠르게 발견할 수 있다. 예를 들어, 기존 2개 팀(팀 A, 팀 B)이 가진 전문성을 아우르는 공간에 중요한 혁신이 존재한다고 가정해 보자. 예컨대 클라우드 기반 센서 관리(클라우드 기술과 센서 기술의 조합) 혹은 웨어러블 장비를 활용한 지역 네트워킹 강화(네트워킹 지식과 의류 산업 전문성의 조합) 등을 생각해 볼 수 있다. 협력 상호 작용 모드에서는 팀 간 적절한 정렬과 높은 의욕 및 협업 능력을 요구한다.

> 협력: 다른 팀과 밀접하게 함께 일함

새로운 시스템 개발 초기 단계 및 새로운 정보, 기술 제약, 적합한 프랙티스 등을 빠르게 발견해야 하는 시기에는 협력 상호 작용 모드를 통해 얻을 수 있는 가치가 매우 높다. 협력이 기본인 팀 토폴로지는 업무와 관련한 새로운 상식, 그리고 기술과 관련한 예상 밖의 행동을 신속하게 밝혀낼 수 있기 때문이다.

이 같은 협력은 서로 다른 기술력을 지닌 그룹 사이에서 일어나며, 많은 사람의 지식과 전문성을 조합해 도전적 문제를 해결한다. 협력은 기술 동작 방법에 관한 새로운 통찰력으로 이어지고, 다른 팀들에게 학습을 제공(이는 김경희 박사Dr. Kyung Hee Kim와 로버트 피어스Robert A. Pierce 가 주창한 **발산적 사고**divergent thinking 접근 방식에 해당한다[3])한다.

협력 상호 작용 모드를 적용한 팀은 두 가지 방법으로 시각화할 수 있다. 첫 번째는 동일한 작은 대상에서 협력하는 팀의 전문성과 책임을 구분해 시각화하는 방법이다. 두 팀은 대체로 자신들이 집중하는 부분에 대한 책임과 전문성을 유지하면서 특정 활동과 세부 사항을 함께 다룬다.

두 번째는 팀 간 협업 성격이 거의 합쳐지도록 시각화하는 방법이다. 두 팀은 근본적으로 서로 다른 기술력과 전문성을 띠지만, 협력을 통해 전문성과 책임을 효과적으로 통합한 단일팀이 존재하게 된다(구성원 수가 던바의 수인 15를 넘지 않도록 주의해야 한다).

집중하는 영역과 책임이 적게 중첩된 경우와 완전히 중첩된 경우 모두, 팀은 협력을 통해 만든 결과에 공동 책임을 져야 한다. 협력 기반 행동에 따라 책임 경계가 희미해지기 때문이다. 공동 책임이 없으면 일이 잘못됐을 때 신뢰를 잃을 수 있다.

한 팀이 자신의 전문성을 넘어 확장되는 발견과 빠른 학습 상황에 있다면, 다른 기술을 보유한 팀들과의 밀접한 협력을 기대해야 한다. 그러나 지속적 협력 때문에 발생하는 인지 부하는 팀이 **자연스러운** 영역

안에서만 일할 때 발생하는 인지 부하보다 훨씬 높을 수 있다. 즉, 커뮤니케이션 오버헤드가 높아지기 때문에 협력하는 두 팀을 한 팀으로 간주했을 때의 팀이 가진 효과가 명백하게 줄어들 수도 있다. 대신, 새로운 프랙티스를 빠르게 발견함으로써 두 팀의 조화에 관한 보다 높은 효과에 투자하게 된다. 다시 말해, 두 팀이 협력 모드로 상호 작용할 때는 협업에 드는 비용이 매우 높으므로, 그만큼 높은 가치를 얻어야 한다는 의미다. 보상은 손에 잡히는 것이어야 한다. 또한 (협력하는) 팀 간 마찰은 아주 적거나 전혀 없어야 한다. 마찰은 협업을 어렵게 만든다.

콘웨이의 법칙에 따르면 협력 모드를 통한 발견과 빠른 학습으로 소프트웨어에 대한 책임과 소프트웨어 아키텍처가 더 많이 혼합되는 경향이 있다. 만약 두 팀 사이에 서비스나 시스템에 대한 명확하고 잘 정의된 인터페이스가 필요하다면, 긴 기간 동안 협력 모드를 사용하는 것은 최선이 아닐 것이다. 짧은 기간 혹은 간헐적 협력을 통해 그와 같은 인터페이스를 만들거나 다듬는 것으로 충분하다. 지속적 협력이 필요하다는 것은 도메인 경계나 팀 책임, 혹은 팀 내 기술 조합이 잘못된 상태라는 것을 의미할 수도 있다.

표 7.1 협력 모드의 장단점

장점	단점
• 빠른 혁신과 발견 • 적은 핸드오프	• 각 팀은 넓은 범위에 걸쳐 공유 책임이 있음 • 팀 사이에 더 많은 세부 사항과 컨텍스트가 필요하며, 인지 부하를 높임 • 이전과 비교해 협력하는 동안 산출물이 감소할 수 있음
제약 사항: 한 팀은 최대 1개 팀과 협력 모드를 사용해야 한다. 2개 이상의 팀과 동시에 협력 모드를 사용해서는 안 된다.	
일반적 사용: 난해한 하위시스템 팀과 협력하는 스트림 정렬팀, 플랫폼 팀과 협력하는 스트림 정렬팀, 플랫폼 팀과 협력하는 난해한 하위시스템 팀	

엑스 애즈 어 서비스: 명확한 책임, 예측 가능한 전달을 제공하나 좋은 제품 관리가 필요하다

하나 혹은 둘 이상의 팀이 특별한 노력 없이도 **동작하는** 코드 라이브러리, 컴포넌트, API 혹은 플랫폼을 사용해야 하는 상황에서는 엑스 애즈 어 서비스 상호 작용 모드가 적합하다. 별도의 팀이나 팀 그룹이 서비스로서 해당 시스템의 한 컴포넌트 혹은 한 부분을 효과적으로 제공한다.

시스템 개발 후반에는 (새로운 접근 방식을 발견하는 것보다) 예측 가능한 전달이 요구된다. 이 경우 엑스 애즈 어 서비스 모델이 가장 적합하다. 엑스 애즈 어 서비스 모델에서 팀은 다른 팀이 서비스 형태로 제공한 기술 평면의 특정 측면에 의존할 수 있으므로, 업무 전달에 집중할 수 있다.

서비스에서 접할 수 있는 도전적 측면들은 이미 밀접한 협력 모드에서 **발산적** 접근 방식을 통해 발견했기 때문에 효과적 해결책들은 대부분 서비스로서 실행할 수 있다. **서비스 형태**를 가진 무엇인가에 의존하려면

> 엑스 애즈 어 서비스: 최소한으로 협력하며 무언가를 소비하거나 제공함

XaaS팀(들)이 훌륭한 산출물을 제공해야 한다(달성하기 쉽지 않다). 그러나 전달팀은 서비스 형태의 무엇인가를 활용함으로써 자신들의 업무에서 핵심적이지 않은 부분을 덜 이해할 수 있고, 결과적으로 더욱 **빠르게** 전달할 수 있다(이는 김경희 박사와 로버트 피어스가 주창한 **발산적 사고**에 해당한다).

엑스 애즈 어 서비스 모드를 사용하면 누가 무엇을 소유하는지 매우 명확해진다. 한 팀은 다른 팀이 제공하는 무엇인가를 소비한다. 협력 모드와 비교해볼 때 각 팀은 추가 컨텍스트가 필요하지 않기 때문에, 팀 인지 부하 또한 (협력 모드일 때보다) **낮아질** 수 있다. 자연히 협력 모드에 비해 경계 부근의 혁신은 느리게 일어난다. 엑스 애즈 어 서비스

모드에서는 잘 정의된 멋지고 명확한 API를 서비스 형태로 제공하기 때문이다. 그림 7.4에 이 관계를 표시했다.

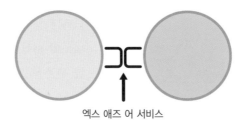

엑스 애즈 어 서비스

그림 7.4 엑스 애즈 어 서비스 팀 상호 작용 모드
오른쪽 팀은 서비스 형태로 무엇인가를 왼쪽 팀에 제공한다(API, 개발 도구 혹은 플랫폼 전체일 수도 있다).

시스템의 한 컴포넌트 혹은 한 측면을 서비스 형태로 효과적으로 제공하기 위해서는 비즈니스 혹은 기술 도메인 컨텍스트에 대한 책임 경계를 명확히 해야 한다. 이와 함께 해당 서비스를 제공하는 팀은 그 서비스를 소비하는 팀들이 무엇을 필요로 하는지 이해해야 하며, 서비스 관리 원칙(버전 관리, 제품 관리 기법 등의 활용)을 사용해 자신들이 제공하는 시스템 측면을 관리해야 한다.

엑스 애즈 어 서비스 팀 상호 작용 모드에서는 상호 작용하는 2개 팀 사이에 서비스로서의 컴포넌트·API·기능을 사용하거나 제공하기 위한 일상적 협력이 거의 필요 없다. 바로 이것이 엑스 애즈 어 서비스 모델의 가장 분명한 장점이다. (서비스로) 제공되는 측면에서 (서비스를) 소비하는 팀이 거의 아무런 주의를 기울이지 않아도 된다면, 이는 그 정의에 따라 목적에 매우 잘 부합하는 것이며 소비하는 팀이 그들의 업무를 효과적으로 수행하는 데 도움이 된다고 할 수 있다. 엑스 애즈 어 서비스 모델에서는 어떤 팀이 다른 팀으로부터 소비하는 서비스 내 낮은 수준의 세부 사항을 무시할 수 있다는 점에서 높은 가치가 발생해야 한다는 것을 의미한다. 이를 통해 (서비스를 소비하는 팀은) 세부적 구현에 신경 쓰지 않고도 빠르게 발전할 수 있다.

어떤 대상(컴포넌트, API, 테스팅 도구, 혹은 전달 플랫폼 전체 등)을 서비스로 제공하고자 할 때, 서비스를 제공하는 팀은 서비스를 소비하는 팀과 자신들이 제공하는 서비스의 생존 가능성을 책임져야 한다. 또한, 뛰어난 개발자 경험(DevEx)을 제공해야 한다. 팀이 제공하는 서비스는 직관적으로 사용할 수 있어야 하고, 테스트와 배포, 디버깅이 가능해야 한다. 서비스 사용 방법에 관한 문서 또한 최신 내용으로 명확하게 잘 기술돼야 한다. 더 나아가 시간이 흘러도 제공하는 서비스를 유지할 방법으로 관리해야 한다. 서비스를 소비하는 팀이 새로운 기능을 요청할 때, 그 구현을 고려할 수는 있으나 한 팀의 요청만으로 곧바로 구현해서는 안 된다. 서비스 목적과 범위를 바탕으로 모든 소비자의 이익을 염두에 두고 발전시켜야 한다. 개선 사항은 다른 팀과의 협의를 통해 세심하게 계획돼야 한다.

예를 들면, 낮은 수준의 XML 전환과 같은 간단한 하나의 코드 라이브러리일지라도 제품 관리 원칙과 개발자 경험 원칙을 적용해 이익을 얻을 수 있다. 해당 XML 라이브러리를 구현하고 지원하는 팀은 버전 관리와 하위 호환성, 라이브러리 구버전 폐기와 관련해 합의된 로드맵, 해당 라이브러리 사용자들이 새로운 버전을 사용하도록 유도하는 방법 등을 고려해야 한다. 제공하는 서비스 규모가 클수록 이런 접근 방식의 필요성 또한 크다고 말할 수 있다.

표 7.2 엑스 애즈 어 서비스 모드의 장단점

장점	단점
• 명확한 오너십과 분명한 책임 경계 • 팀 간 세부 사항과 컨텍스트 감소로 인한 인지 부하 제한	• 경계 혹은 API의 비교적 느린 혁신 • 효과적이지 않은 경계 혹은 API에 의한 흐름 저하 가능성
제약 사항: 한 팀은 단일 서비스를 소비하거나 제공하는 것이 아니라, 여러 팀과 동시다발적으로 엑스 애즈 어 서비스 상호 작용하게 됨	
일반적 사용: 스트림 정렬팀과 난해한 하위시스템 팀은 플랫폼 팀이 제공하는 엑스 애즈 어 서비스를 소비함. 스트림 정렬팀과 난해한 하위시스템 팀은 난해한 하위시스템 팀이 제공하는 컴포넌트 혹은 라이브러리를 서비스로 소비함	

촉진: 역량 차이를 감지하고 줄인다

하나 혹은 그 이상의 팀이 수행하는 업무의 특정 측면을 다른 팀이 촉진(혹은 코칭)함으로써 이익을 얻을 수 있는 상황에서는 촉진 상호 작용 모드가 적합하다. 촉진 상호 작용 모드는 활성화 팀(5장 참조)이 주로 사용하며 다른 여러 팀을 지원하고 필요한 역량을 제공함으로써 상대 팀의 생산성과 효과를 개선하는 데 도움을 준다. 촉진을 수행하는 팀은 다른 팀이 보다 효과적이고 빠르게 학습하며 새로운 기술을 더 잘 이해하도록 함으로써, 팀 내 문제나 장애물을 발견해 제거할 수 있게 한다. 또한, 다른 팀들이 사용하는 기존 컴포넌트나 서비스의 차이 혹은 모순점 등을 발견하는 데 도움을 주기도 한다.

> 촉진: 다른 팀을 돕거나 다른 팀으로부터 도움을 받아 장애물을 제거함

촉진 모드로 상호 작용하는 팀들은 일반적으로 여러 팀과 함께 일하며 교차팀이 가진 문제를 식별해 완화하고, 다른 팀이나 조직이 제공하는 코드 라이브러리와 API 및 플랫폼 관련 정보나 활용법 등을 제공한다.

촉진 영역 업무를 수행하는 팀은 주요 소프트웨어 시스템, 지원 컴포넌트 혹은 플랫폼을 직접 구현하는 데 관여하지 않는다. 대신, 해당

소프트웨어를 구현하고 운영하는 다른 팀들 간 상호 작용 품질에 집중한다. 예를 들면, 3개 스트림 정렬팀의 효과를 촉진하는 팀(5장 참조)은 플랫폼 팀이 제공하는 로깅 서비스의 설정이 매우 어려움을 발견할 수 있다. 3개 스트림 정렬팀 모두가 이를 어려워하기 때문이다. 촉진 팀은 플랫폼 팀이 로깅 서비스에 몇 가지 개선을 적용하도록 촉진함으로써 스트림 정렬팀을 도울 수 있다.

촉진 팀의 상호 작용에 있는 2개 팀 중에서 단 한 팀만 주요 소프트웨어 시스템을 구현하기 때문에 콘웨이의 법칙을 적용함으로써 얻을 수 있는 효과를 기대할 수 있다. 활성화 팀은 원하는 시스템 아키텍처에 기반해 다른 팀들 간 커뮤니케이션을 정의하고 명확히 한다.

표 7.3 촉진 모드의 장단점

장점	단점
• 스트림 정렬팀이 흐름을 증진할 수 있도록 도움 • 팀 간 세부 사항과 컨텍스트 감소로 인한 인지 부하 제한	• 대상을 직접 **구현**하거나 **운영**하지 않기 위한 숙련된 인원 필요 • 촉진에 참여한 팀 중 하나 혹은 양쪽 모두에게 상호 작용이 어색하거나 이상할 가능성
제약 사항: 한 팀은 촉진 제공이나 소비와 관계없이 적은 수의 팀과 촉진 상호 작용 모드를 사용해야 함	
일반적 사용: 활성화 팀은 스트림 정렬팀, 난해한 하위시스템 팀 혹은 플랫폼 팀을 도움. 스트림 정렬팀, 난해한 하위시스템 팀 혹은 플랫폼 팀은 스트림 정렬팀을 도움	

상호 작용 모드에 따른 팀 행동

각 팀의 상호 작용 모드는 그에 적합한 팀 행동이 수반될 때 큰 효과를 발휘한다. 팀 행동이란 행동 **스타일**로 간주할 수 있으며, 이는 마치 콘서트 밴드가 콘서트의 컨텍스트에 맞게 재즈jazz, 스윙swing, 오케스트라 필름 스코어orchestral film score와 같은 다양한 음악 공연 스타일을 선택하는 것과 같다. 밴드(혹은 팀)의 구성원은 같지만, 그룹에서 선택하는 스타일은 그들이 전달하고자 하는 내용에 따라 달라진다. 밴드 (팀)가 다른 그룹(예를 들면, 4인조quarte 혹은 합창단choir)과 협연할 때도 마찬가지다. 밴드의 연주 스타일은 조합된 두 그룹 모두가 성공적인 공연을 할 수 있도록 달라지기 마련이다.

콘서트 밴드가 연주하는 곡과 협연하는 그룹에 따라 연주 스타일을 바꾸는 것처럼 팀 토폴로지 접근 방식을 활용해 소프트웨어 전달을 수행하는 팀 또한 협력하는 팀(들)에 따라 각기 다른 행동 **스타일**을 도입해야 한다.

선도적 기술자인 제임스 우르크하트는 콘웨이의 법칙에 기반해 팀 상호 커뮤니케이션에는 '정치, 대역폭 제한, 사람 간 커뮤니케이션의 간단한 비효율성을 상당수 제거한 커뮤니케이션의 비공식 경로back channel'[4]가 필요하다는 것을 강조했다. 그의 주장은 7장에서 설명한 잘 정의된 팀 상호 작용으로 제공해야 하는 결과와 정확하게 일치한다. 또한, 여러 행동 연구에서 사람은 다른 사람의 행동을 예측할 수 있을 때가 그렇지 않은 때보다 협력이 수월하게 이뤄진다는 결과가 나왔다. 조직 내 구성원들에게 일관된 경험을 제공함으로써 신뢰를 쌓을 수 있는 것이다. 명확한 역할과 책임 경계는 예측 가능한 행동을 정의하며 소위 **보이지 않는 전기 장벽**invisible electric fences[5]을 제거함으로써 이를 돕는다.

> **TIP**
>
> **약속 이론을 사용해 팀 상호 작용을 위한 시스템을 설계하라**
>
> 기술자이자 연구자인 마크 부르게스가 고안한 약속 이론은 팀 관계를 정의할 때 명령(command) 혹은 집행 계약(enforceable contract)이라는 용어보다 약속 (promise)이라는 용어로 정의하는 방법과 이를 더 선호하는 이유를 설명한다. 예를 들어, 시맨틱 버저닝(SemVer)을 나타내는 메이저 · 마이너 · 패치 · 빌드 숫자를 고수함으로써 팀은 코드에 의존하는 소프트웨어를 깨뜨리지 않기로 약속한다.[6]

협력 모드에서의 팀 행동: '높은 상호 작용과 상호 존중'

협력 모드에서 상호 작용하는 팀들은 협력하는 팀과 높은 수준의 상호 작용을 하며 상호 존중할 것을 기대해야 한다. 다시 말해, 팀 구성원들은 상호 작용 과정에서 그들의 생각보다 훨씬 더 많은 시간이 걸린다고 예상해야 한다. 협력의 **경계 확장**boundary spanning 특성에 의해 과거에 알려지지 않았던 문제들을 발견하고 해결하기 때문이다. 한 팀에 다른 팀의 업무에 대한 보상을 함으로써 (팀의) 행동을 정렬할 수 있다. 『Principles of Product Development Flow』(Birkhauser, 2009)의 저자인 도날드 라이너트센은 이를 **중첩 측정의 원칙**Principle of Overlapping Measurement[7]이라 불렀다.

> **TIP**
>
> **협력 모드에서의 훈련 방법**
> 페어 프로그래밍, 몹 프로그래밍 및 화이트보드 스케칭(whiteboard sketching)과 같은 기본 협력 기술에 관한 훈련과 코칭을 경계 확장 협력과 관련된 구체적 훈련과 함께 수행함으로써, 협력 상호 작용 모드에 있는 팀에게 가치를 줄 수 있다.

엑스 애즈 어 서비스 모드에서의 팀 행동: '사용자 경험 공감'

엑스 애즈 어 서비스 모드에서 상호 작용하는 팀들은 서비스로 제공되는 대상의 사용자 경험에 공감해야 한다. 예를 들어, 플랫폼 팀이 일련의 동적 클라우드 테스팅 환경을 제공하고 이를 스트림 정렬팀이 사용한다면, 플랫폼 팀과 스트림 정렬팀은 API가 어떻게 느껴지는지, 사용되는 자원은 쉽게 확인할 수 있는지, 사용하는 기능은 충분히 강력한지 등 제공된 환경에서 일어나는 상호 작용 경험에 공감해야 한다. 플랫폼이 제공하는 기능 자체도 중요하지만, 팀 간 가장 효과적인 상호 작용이 이뤄지려면 해당 플랫폼을 사용하는 경험에 반드시 집중해야 한다.

촉진 모드에서의 팀 행동: '도움 주고 받기'

촉진 모드에서 상호 작용하는 팀들은 서로 도움을 주고받아야 한다.
스트림 정렬팀이 활성화 팀의 도움을 받아 새로운 프랙티스를 도입하
는 경우를 생각해 보자. 스트림 정렬팀의 구성원들은 활성화 팀으로
부터 도움받는 것에 개방적이어야 한다. 또한 새로운 접근 방식에도
열려있어야 하고, 활성화 팀이 보다 나은 접근 방식을 알 수 있다는
사실을 인정해야 한다.

적합한 상호 작용 모드 선택

4가지 기본 팀 토폴로지(스트림 정렬팀, 활성화 팀, 난해한 하위시스템 팀
및 플랫폼 팀)에는 각기 조직의 컨텍스트에서 각 토폴로지가 잘 동작
하도록 하는 특징적 행동이 존재한다. 때로 한 팀은 다른 팀들과 상호
작용할 때 결과를 개선하기 위해 다른 상호 작용 모드(임시적이든, 영구
적이든)를 선택해야 할 수도 있다.

각 기본 팀 토폴로지는 다양한 상호 작용 모드와 만나게 될 것이다.
팀 상호 작용을 3가지 상호 작용 모드와 정렬함으로써, 팀은 현재 그

들이 속한 조직의 목적에 맞춰 가능한 한 효과적으로 운영할 수 있다. 그림 7.5는 각 기본 팀 토폴로지의 가장 주요한 상호 작용 모드를 나타낸다.

각 기본 팀 토폴로지에서 사용하는 전형적이거나 일시적인 팀 상호 작용 모드는 핵심 팀 상호 작용 모드에 적용할 수 있다(표 7.4).

표 7.4 기본 팀 토폴로지의 팀 상호 작용 모드

	협력	엑스 애즈 어 서비스	촉진
스트림 정렬 (팀)	전형적	전형적	일시적
활성화 (팀)	일시적		전형적
난해한 하위시스템 (팀)	일시적	전형적	
플랫폼 (팀)	일시적	전형적	

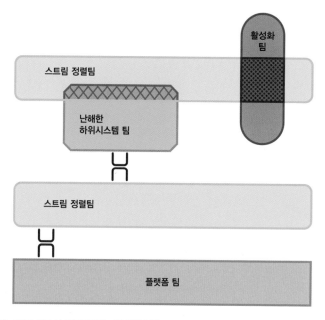

그림 7.5 4가지 기본 팀 토폴로지의 기본 상호 작용 모드
스트림 정렬팀은 엑스 애즈 어 서비스와 협력 모드를 사용한다. 활성화 팀은 촉진 모드를 사용한다. 난해한 하위시스템은 엑스 애즈 어 서비스 모드를 사용한다. 플랫폼 팀은 해당 플랫폼을 사용하는 팀과 엑스 애즈 어 서비스 모드를 사용한다.

표 7.4는 다양한 팀 사이에서 일어나는 조직 내 상호 작용에 관한 유용한 아이디어를 제공한다. 예를 들어, 스트림 정렬팀은 전형적으로 협력 모드 혹은 엑스 애즈 어 서비스 모드에서 다른 팀과 협업할 수 있고, 플랫폼 팀은 대부분 엑스 애즈 어 서비스 모드로 협업한다. 이 표를 통해 팀 유형에 따라 해당 팀 구성원들에게 필요한 대인 기술이 어떤 것인지에 관한 힌트를 얻을 수 있다. 플랫폼 팀은 뛰어난 제품 및 서비스 관리 전문성이 필요하며, 활성화 팀은 멘토링과 퍼실리테이팅 경험이 필요하다.

기본 팀 조직 선택

팀 상호 작용 모드를 이해했다면 필요한 소프트웨어 아키텍처를 만드는 데 도움을 줄 조직 설계의 첫 단계를 선택할 수 있다. 또한, 상호 작용 모드와 팀 구조는 조직이 선택한 경계가 실제로 최선의 경계라고 **감지**했을 때만 조금씩 바뀔 필요가 있다는 것에 인식을 함께해야 한다.

사례 연구: 2014년 전후 IBM의 팀 상호 작용 다양성

에릭 미닉(Eric Minick), 지속적인 전달 프로그램 디렉터(Program Director for Continuous Delivery), IBM

에릭 미닉은 2013년부터 전 세계 IBM 기술팀을 대상으로 새로운 프랙티스를 소개하고 보급하는 업무를 이끌고 있다.

2013년 IBM에 입사했을 당시, 기업 소프트웨어 산업 부문은 클라우드 기술과 유비쿼터스 자동화ubiquitous automation가 가져온 큰 변화를 겪고 있었다. 내 업무 중 일부는 새로운 데브옵스와 애자일 프랙티스를 수십 개 지역(6개 대륙)에서 근무 중인 개발자 4만여 명에게 전파하는 것이었다. 수없이 다양한 종류의 팀 상호 작용이 일어났으며, 새로운 업무 방식으로 전환할 것을 독려했다. 우리는 한 **옹호자**advocates 팀을 운영했다(그림 7.6).

옹호자 팀은 충분한 수의 풀타임 근무자와 몇 명의 파트타임 근무자로 구성했다. 이 팀은 전 세계 팀들로부터 성공적 패턴을 수집하고 다른 팀 구성원들을 독려하고 교육함으로써 그 아이디어들이 IBM 내 각 조직에 널리 퍼지게 했다. 이 과정에는 팀은 물론 경영자를 위한 공식적인 교육 프로그램도 포함됐다. 또한, 수천 명에 이르는 기술자들의 이목을 끌 수 있는 내부 웨비나 개최도 포함됐다.

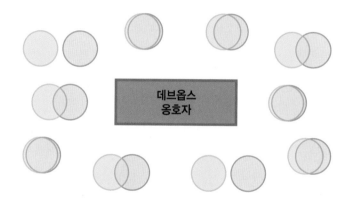

그림 7.6 IBM에서의 팀 상호 작용 모드(2014년 기준)
학습과 팀 변화를 촉진하는 데브옵스 옹호자(DevOps advocates)가 존재하는 팀 상호 작용 모드(IBM, 2014년 경)

옹호자 팀은 팀 토폴로지와 잘 맞지 않을 수도 있다. 팀 스스로 자신의 팀을 임시 조직으로 보고, 수년 내 해체될 것이라고 여긴다. 내가 트위터에 '데브옵스 팀의 목표는 조직 내 다른 부분을 촉진한 뒤 그 자신을 비즈니스에서 제거하는 것이어야 한다'라고 쓴 이유가 이것이다.

역 콘웨이 전략을 협력 및 촉진 상호 작용과 함께 사용하라

역 콘웨이 전략(2장 참조)을 사용하는 경우 콘웨이의 법칙에서 발견한 자기 유사성과 비슷한 형태가 유도되는 것, 즉 조직이 소프트웨어와 시스템 아키텍처에 필요한 커뮤니케이션 경로에 맞춰 조정되길 기대한다. 그러나 새로운 아키텍처는 새로운 팀 구조가 수립된다고 해서 곧바로 발현되지 않는다. 정확히 말하자면 콘웨이 법칙의 기반이 되는 힘 때문에, 처음에는 기존 소프트웨어 아키텍처가 새로운 팀 구조를 **밀어낸다**push back.

새로운 조직 구조가 동작하는지 확인하고 새로운 책임 경계가 정확한지 감지하려면 역 콘웨이 전략을 사용해 해당 소프트웨어를 구현하는 팀 사이에 일시적이지만 명시적인 협력 모드에서 협업해야 한다. 그리고 하나 혹은 그 이상의 활성화 팀(가능한 다른 팀)이 촉진 모드에서 협업하도록 해야 한다. 새로운 경계에 대해서는 일시적이지만 명시적인 협력 모드를 사용하고 스트림 정렬팀과 난해한 하위시스템 팀을 위한 높은 수준의 촉진을 사용함으로써, 새로운 책임 경계에서 발생하는 모든 문제를 빠르게 식별할 수 있으며, 팀은 이를 활용해 조기에 (팀의) 설계를 변경할 수 있다.

협력 단계 과정에서 소프트웨어 하위시스템에 관한 팀의 책임을 앞쪽 (즉, 낮은 수준)으로 돌려보냄으로써 장기적 관점에서 팀 오너십이 효과를 유지할 수 있다. 예를 들면, 거대한 모놀리스 소프트웨어가 스트림, 컴포넌트, 혹은 플랫폼의 새로운 관점에 맞춰 여러 세그먼트로 분할돼야 한다고 가정해 보자. 특히, **위치적**logically으로 상위 수준 컴포넌트를 소유하는 팀들이 최초에 상당 수준으로 결합된 코드를 작성했다면, 해당 코드를 나누기 위해 일정 기간 하위 수준 레이어(플랫폼)에서 업무를 수행해야 할 것이다. 협력이 진행되면서 하위 수준 레이어를 소유한 팀은 원래 코드를 작성한 팀으로부터 더 많은 책임을 넘겨받을 것이며, 이 과정은 새로운 팀이 하위 수준 레이어를 완벽하게 책임지는 시점까지 이어질 것이다.

의도적 팀 토폴로지 발전을 통해 팀 사이의 효과적인 API를 발견하라

5장에서 보았듯, 별도 아키텍처 팀을 두는 것은 일반적으로 피해야 할 안티 패턴이다. 하지만 조직 내 하나의 작은 소프트웨어 및 시스템 아키텍트 그룹은 매우 효과적일 수 있다. 단, 아키텍처 팀의 업무 영역이 결과적으로 시스템 아키텍처 사이의 상호 작용을 발견하고, 조정하고, 그 형태를 변경할 때 한해서다.

이는 시스템을 만드는 조직에 콘웨이의 법칙이 영향을 발휘하기 때문이고, 조직 구조는 시스템의 아키텍처이기 때문이다. 혹은, 루스 말란이 말한 것처럼 '조직 분할은 시스템의 실질적 바느질선을 만들기' 때문이다.[8] 오랫동안 역 콘웨이 전략을 활용해 팀 유형을 다듬어야 한다고 주장해 온 알란 켈리는 이렇게 말한다. "누군가 아키텍트에 기술적 능력과 사회적 능력이 모두 필요하다고 주장한다면…아키텍트는 순수 기술 그 이상의 영역을 다뤄야 할 것이다. 또한 비즈니스 전략은 물론, 조직 구조 그리고 개인 이슈에 관해서도 알아야 한다. 즉, 아키텍트는 관리자여야 한다."[9]

아키텍트는 다음을 생각해야 한다. '이 두 팀에 어떤 팀 상호 작용 모드가 적합할 것인가? 시스템의 두 부분, 혹은 이 두 팀 사이에 어떤 종류의 커뮤니케이션이 필요한가?' 팀 토폴로지 접근 방식을 따르는 조직의 아키텍트는 결과적으로 팀 API 설계자이며, 팀 API는 의도된 소프트웨어 아키텍처를 기대한다.

팀 내 구성원 개인들에게 온전히 의지해 경계를 확장하는 것보다(이는 매우 고되며 사회적 능력과 기술적 능력이 모두 필요하다), API 설계에 뛰어난 사람들을 통해 조직 내 팀 사이의 API를 설계하도록 하는 것이 효과적이다.

불확실성을 줄이고 흐름을 개선하는 팀 상호 작용 모드를 선택하라

팀 상호 작용 모드들은 각기 고유한 특징을 가지고 있으며, 이 특징들에 적합한 활동과 목표 또한 다르다. 이 절에서는 다양한 상황에서 어떤 팀 상호 작용 모드를 활용해야 하는지 살펴본다.

협력 모드를 활용해 생존 가능한 엑스 애즈 어 서비스 상호 작용을 발견하라

엑스 애즈 어 서비스 상호 작용 모드는 소프트웨어 전달팀이 빠른 흐름을 달성하도록 돕는 데 효과적이다. 그러나 어떤 서비스든 그 서비스의 경계가 불명확하거나 유연함 없이 너무 많은 것을 제공하거나, 반대로 너무 적은 것을 제공하려 한다면 엑스 애즈 어 서비스 상호 작용의 효과는 저하되고 결국 해당 서비스는 소비자의 요구를 만족시키지 못한다.

부적절하게 그려진 서비스 경계의 문제를 해결하기 위해 협력팀 상호 작용 모드를 사용해 새로운 곳에 서비스 경계를 그려내고, 서비스 영역을 제한하거나 확장(혹은 보다 많은 유연성을 추가)함으로써 서비스를 소비하는 팀에게 그 서비스가 적합하도록 할 수 있다. 실제로 서비스 경계에서 지속되는 가벼운 협력 상호 작용 모드는 모든 서비스가 충분히 효과적임을 보장해야 한다. 우리는 서비스 경계에서 **꼭 필요한 만큼 충분한** 협력을 통해 서비스 범위를 조정함으로써 서비스를 소비하는 팀과 제공하는 팀 모두의 필요를 만족시키길 원한다.

조직에서 새로운 엑스 애즈 어 서비스 상호 작용을 만들고자 할 때도 같은 방식을 적용한다. 긴밀한 협력을 통해 생존 가능한 **서비스로서의** 경계를 만든 뒤, 가벼운 협력 과정을 거쳐 그 경계가 효과적인지 지속적으로 검증한다.

협력팀 상호 작용 모드를 사용해 애플리케이션과 플랫폼, 인프라스트럭처의 혁신 정도를 이끌 수 있으며 이는 새롭게 발현되는 기술 제품 혹은 서비스를 제공하는 데 특히 유용하다.

> **TIP**
>
> 잠재적으로 모호한 인터페이스가 안정적이고 기능적이라는 것을 확인할 때까지 해당 인터페이스에서 협력하라.

일시적으로 팀 상호 작용 모드를 바꿔 팀의 경험과 공감대를 늘려라

현재 적용 중인 팀 간 상호 작용 모드가 정착된 지 어느 정도의 시간이 흘러 재조정이 필요하다면 상호 작용 모드를 일시적으로 변경하라. 팀 구성원들의 경험을 새롭게 하고 성장시킬 수 있으며 다른 팀에 대한 공감을 높일 수 있다. 피보탈의 에반 와일리Evan Wiley는 다른 팀에 의존성을 가진 팀이 '페어를 바꾸고, 구성원이 며칠 혹은 몇 주 동안 팀을 옮겨서 기능을 완성하는 방법'에 관해 설명했다.[10] 또 하이디 헬판드는 이렇게 말했다. "조직 내 **팀의 변경**을 계획적으로 실행한다면 구성원들에게 새로운 학습 기회를 제공하게 된다."[11]

변경은 관련된 구성원들 사이의 충분한(완전한) 협의와 이해, 그리고 공감에 기반해 의도적으로 (그리고 일시적으로) 이뤄져야 한다. 하이디 헬판드는 『Dynamic Reteaming』에서 팀을 가능한 한 부드럽게 변경하는 여러 가지 효과적 방법들을 소개한다.

어색함을 주입해 팀 상호 작용에 누락된 역량과 잘못된 경계를 감지하라

팀 상호 작용 패턴을 사용해 시스템 설계의 문제점을 발견하고 대응할 수 있다. 이를 활용해 코드가 프로덕션 단계에 이르기 전에 소프트웨어의 잠재적 문제점을 찾아낼 수 있다.

다음 2가지 상황을 살펴보자.

1. 난해한 하위시스템 팀이 제공하는 계산 컴포넌트를 **서비스로** 소비하는 스트림 정렬팀은 해당 컴포넌트를 사용하기 위해 난해한 하위시스템 팀과 인스턴트 메신저를 통하거나 직접 대화하는 데 상당한 시간을 들인다.

2. 새로운 기술 접근 방식을 평가하기 위해 스트림 정렬팀과 밀접하게 협력해야 하는 플랫폼 팀은 다른 팀과 상호 작용을 거의 하지 않는다.

첫 번째 상황에서 우리는 엑스 애즈 어 서비스 상호 작용 모드의 마찰이 적어야 하며 간헐적이거나 제한된 커뮤니케이션만 일어나야 한다는 것을 알고 있다. 스트림 정렬팀이 컴포넌트를 사용하기 위해 수많은 시간을 사용해야 한다면 분명 무언가 잘못됐다는 신호다. 해당 컴포넌트의 경계는 올바른 위치에 있는가? 해당 컴포넌트의 API는 잘 정의돼 있는가? 해당 컴포넌트는 사용하기 쉬운가? 난해한 하위시스템 팀에 사용자 경험이나 개발자 경험과 같은 역량이 누락되지는 않았는가?

두 번째 상황에서 플랫폼 팀은 스트림 정렬팀과 상당한 커뮤니케이션을 해야 한다. 두 팀은 협력 상호 작용 모드에서 새로운 기술 솔루션을 함께 찾아야 하기 때문이다. 이 경우, 팀 간 커뮤니케이션의 부재는 스트림 정렬팀에 무언가가 잘못됐다는 신호다. 두 팀은 협력 모드를 도입한 가치를 이해하는가? 두 팀에게 협력 모드를 감당할 수 있는 충분한 역량이 있는가, 아니면 다른 팀이 더 적합한가? 두 팀이 연결하려는 경계가 너무 모호하지는 않은가?

도날드 라이너트센은 이렇게 말한다. "아무도 책임져야 한다고 생각하지 않는 역할과 차이의 공백에 주의해야 한다."[12]

정리: 잘 정의된 3가지 팀 상호 작용 모드

소프트웨어를 구현하고 운영하는 효과적인 현대 조직은 팀 상호 작용 의 산물이다. 그러나 많은 조직은 좋은 팀 상호 작용이 무엇인지 정의 하지 못한 채 혼란과 짜증, 비효율을 낳고 있다. 단순하게 책임 경계를 따라 팀을 정의하는 것만으로는 효과적인 사회 기술적 시스템을 만들 수 없다. 팀 간 민감하고 효과적인 상호 작용이 이뤄지도록 해야 한다.

7장에서는 3가지 핵심 팀 상호 작용 모드가 조직 내 모든 팀의 상호 작용에 필요한 명확함을 어떻게 제공하는지 살펴봤다.

- **협력**: 두 팀은 새로운 패턴, 접근 방식, 제한 사항을 발견하기 위해 일정 기간 밀접하게 협업한다. 책임은 공유되며 경계 는 흐릿하다. 그러나 문제는 빨리 해결되고, 조직은 신속하 게 학습한다.

- **엑스 애즈 어 서비스**: 한 팀은 다른 팀이 **서비스로** 제공한 무엇 인가(서비스 혹은 API)를 소비한다. 책임은 명확하게 구분되 며 (경계가 유효하다면) 서비스를 소비하는 팀은 빠르게 전달 을 수행할 수 있다. 서비스를 제공하는 팀은 해당 서비스가 가능한 한 쉽게 소비되는 방법을 찾는다.

- **촉진**: 한 팀은 다른 팀을 도와 정해진 시간 동안 새로운 접근 방식을 학습하거나 도입하도록 한다. 촉진을 제공하는 팀은 다른 팀이 가능한 한 빠르게 자급자족할 수 있도록 해야 하 며, 촉진을 받는 팀은 개방적인 학습 태도를 지녀야 한다.

잘 정의된 팀 형태와 팀 상호 작용을 조합함으로써 팀 기반의 조직적 효과를 높이는 명확하고 강력한 방법을 제공할 수 있고, 많은 조직이 경험하는 모호함과 충돌을 피하게 할 수 있다.

8 조직적 감지로 팀 구조를 발전시켜라

대부분의 설계란…최선인 경우는 거의 없었다. (그래서) 우리 중에 만연해 있는 시스템의 개념을 바꿔야 한다. 효과적인 설계를 하기 위해서는 조직의 유연성이 중요하다.

— **멜 콘웨이**, 「How Do Committees Invent?」

현대 조직들은 법률 규제, 시장 상황, 고객과 사용자 요구, 급변하는 트렌드, 강력한 기술 역량 변화와 같이 빠른 변화에 반응해야 하는 큰 도전에 직면해 있다. 성공적인 현대 조직은 형태를 바꿔 가며 적응력을 만듦으로써 이 같은 도전적 상황을 다룰 수 있어야 한다. 그러므로 소프트웨어를 구현하고 운영하는 현대 조직 설계에 있어, 가장 중요한 것은 조직의 형태가 아닌 새로운 어려움이 나타났을 때 조직을 적응 및 변화시키기 위해 활용할 규칙과 휴리스틱을 결정하는 것이다. 다시 말해, 조직 자체가 아니라 조직 구성에 필요한 규칙을 설계해야 한다.

8장에서는 현대 소프트웨어 기반 조직을 설계하는 일련의 규칙을 설명한다. 콘웨이의 법칙에 담긴 실질적 의미, 팀 최우선 의사 결정 및 5장에서 설명한 4가지 기본 팀 토폴로지를 모두 활용한다.

각 팀 상호 작용에 있어 적절한 협력이 어느 정도인가?

7장에서 보았듯, 팀 사이에 존재하는 주요한 2가지 상호 작용 모드는 협력(서로 다른 기술을 보유한 두 팀이 무엇인가를 대상으로 협업함)과 엑스 애즈 어 서비스(한 팀은 제공하고, 한 팀은 소비하며, 협력이 거의 필요하지 않음)다. 두 모드 중 어느 한쪽이 다른 쪽보다 낫거나, 못하지 않음을 인식하는 것이 중요하다. 단지, 유용한 업무의 종류가 다를 뿐이다.

협력은 빠른 발견과 핸드오프 및 지연을 회피하는 데 적합하지만, 팀의 인지 부하를 높이는 것이 단점이다. 협력에 참여하는 두 팀 모두 서로를 더 많이 이해해야 하며, 그에 따라 팀 구성원은 더 많이 고민해야 한다. 그러나 조직이 매우 빠르게 혁신을 달성하고자 한다면 **이 노력**은 투자할만한 가치가 있다.

이와 대조적으로, 엑스 애즈 어 서비스에서는 어떤 팀이 무엇을 소유하는지가 매우 분명하다. 각 팀에 필요한 정서적 컨텍스트 또한 크지 않으므로 관계를 둘러싼 각 팀의 인지 부하 역시 무척 낮다. 전체적으로 엑스 애즈 어 서비스 모드에서의 속도는 협력 모드에서의 그것보다 느린데, 이는 팀 간 상호 작용이 명확한 API를 통해 중재 및 정의되기 때문이다. API는 상호 작용 가능성을 차단한다. 엑스 애즈 어 서비스는 빠른 발견보다 예측 가능한 전달이 중요한 상황에 더욱 적합하다.

이 접근 방식은 고성과 조직에 관한 최근의 연구 결과에 의해 뒷받침되며, 『디지털 트랜스포메이션 엔진』에서 그 결과를 다음과 같이 제시한다.

> 조직적 역량(높은 성과와 직접 연결되는)에서 높은 점수를 기록한 조직은 전달팀 사이에 업무를 완수하는 데 필요한 커뮤니케이션을 거의 하지 않으며, 시스템 아키텍처는 전달팀이 다른 팀에 의존하지 않고도 자신들의 시스템을 테스트하고 배포 및 변경할 수 있도록 설계돼 있다. 다시 말해 아키텍처와 팀이 느슨하게 결합된다.[1]

고성과 조직 수준을 달성하려면, 각 팀 간 상호 작용에 얼마만큼 협력
이 필요한지 결정해야 한다. 팀 A는 팀 B가 제공하는 서비스를 큰 노
력 없이도 소비할 수 있는가? 그렇지 못하다면 팀 A는 팀 B와 일정한
기간(3주? 3개월?) 동안 협업함으로써 팀 B로 하여금 팀 A가 **서비스로**
소비할 수 있는 API를 더 잘 정의하도록 해야 하는가? 협력이 팀 A와
팀 B 사이의 시스템의 각 부분에 대한 경계를 흐리게 만드는 경향이
있음을 고려할 때, 정확히 어떤 협력이 이뤄져야 하는가?

사례 연구: 쿠버네티스 도입을 통한 조직 변화 추진(USWITCH)

폴 잉글스(Paul Ingles), 엔지니어링 수석(Head of Engineering), 유스위치

고객 등급 서비스consumer-rate service를 제공하는 유스위치의 폴 잉글스
는 수년에 걸쳐 복잡성이 매우 천천히 증가한 후, 개발팀이 기반 기술
스택에 관해 이해해야 할 것이 너무 많아 적절한 성과를 내지 못했음을
어떻게 깨달았는지 설명한다.

개발팀의 인지 부하를 최소화하는 데 필요한 것은 추상화된 플랫폼이
었다.[2] 그들은 (쿠버네티스라 불리는) 새로운 클라우드 인프라스트럭처
추상화 기술을 도입해 이 변화를 도왔다. '쿠버네티스를 사용할 목적으
로 조직을 바꾸지 않았다. 우리는 조직을 바꾸기 위한 목적으로 쿠버네
티스를 사용했다.'[3]

팀 상호 작용을 의도적으로 변화시킴으로써 전달 역량 변화를 통한 이익을 만들어내는 것이 강력하고 전략적인 기술 리더십의 핵심이다.

새로운 프랙티스의 학습과 도입을 가속화하라

두 팀의 상호 작용 모드를 협력 모드로 의도적으로 바꿈으로써 새로운 프랙티스와 접근 방식을 빠르게 도입하고 적용하게 할 수 있다. 예를 들어, 첫 번째 팀이 테스트 자동화와 같은 가치가 높은 특정 프랙티스에 관한 많은 경험이 있고, 두 번째 팀이 그 경험을 활용해 이익을 얻을 수 있다고 해보자. 이런 때에는 이 두 팀을 수개월 가량 협력 모드에서 상호 작용하도록 함으로써, 두 팀 사이에 존재하는 API를 정의하고 개선할 수 있을 뿐만 아니라 두 번째 팀의 역량 또한 한 단계 높일수 있다. 이런 **의도적 협력**은 두 그룹이 각자 보유한 기술과 관련된 탁월한 프랙티스에 대한 경험이 다를 때 큰 효과를 얻을 수 있다.

(그림 8.1과 같이) 임베디드 소프트웨어가 실행되고 있는 무수한 사물인터넷 장비로부터 데이터를 입력받아서 지표를 수집하고 분석하는 클라우드 기반 소프트웨어를 능숙하게 구현하는 한 팀이 있다고 가정해 보자. 이 팀을 임베디드 소프트웨어 스페셜리스트들로 구성된 팀(앞서 언급한 특정 부문의 경험이 훨씬 적은 팀)과 밀접하게 협력하게 함으로써, 두 팀은 임베디드 및 클라우드 기술에 걸친 어려운 문제들을 훨씬 잘 이해할 수 있을 뿐만 아니라 테스트 자동화에 대한 이익도 얻을 수 있다.

클라우드 팀은 테스트 환경을 일시적이고 동적인 것으로 간주하기 때문에 임베디드 팀이 테스팅에 더 기민하게 접근할 수 있도록 도울 수 있다. 또한, 임베디드 팀은 클라우드 팀이 임베디드 사물인터넷 장비의 메모리 및 처리와 관련된 제약 사항을 이해하도록 도움으로써 제한된 하드웨어에 더욱 적합하게 코드와 프로토콜을 수정하도록 할 수 있다.

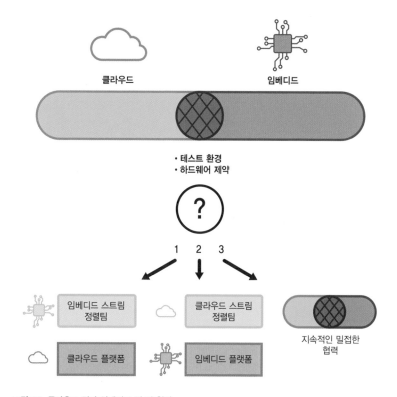

그림 8.1 클라우드 팀과 임베디드 팀 간 협력

두 팀(클라우드 팀 및 임베디드 팀)은 협력을 통해 프랙티스를 공유하고 인식을 향상시킨다. 결과적으로 미래의 팀 상호 작용을 위한 선택, 즉 (1)클라우드 소프트웨어를 임베디드 팀이 사용할 플랫폼으로서 다루는 것 (2)임베디드 장비를 클라우드 팀이 사용할 플랫폼으로서 다루는 것, 혹은 (3)밀접한 협력을 지속하는 것에 대한 인식을 향상시킨다.

이런 협력이 이뤄지는 동안, 조직은 플랫폼을 제공하는 팀에서 기대할 수 있는 행동을 바탕으로 그들의 클라우드 소프트웨어 혹은 임베디드 장비들을 플랫폼으로 간주할 수 있는지 혹은 간주해야 하는지 (이 책에서 언급한 것처럼) 판단하는 데 도움을 얻을 수 있다. 물론, 이 접근 방식의 대안으로 두 팀 사이를 활성화 팀이 중재함으로써, 두 팀이 협력을 지속하도록 할 수도 있다. 협력이 지속됨에 따라 두 팀은 변경 케이던스가 차츰 정렬된다는 것을 인식할 것이다. 이 경우 팀들은 흐름에 정렬된 **쌍을 이룬** 팀 구성을 결정할 수도 있다.

사례 연구: 트랜스유니언(TransUnion)에서의 팀 토폴로지 진화 (2편)

데이브 호치키스(Dave Hotchkiss), 플랫폼 빌드 매니저(Platform Build Manager), 트랜스유니언

(4장에서 계속)

2014년, 전환이 시작되는 시점에서 개발(Dev) 그룹과 운영(Ops) 그룹 간 큰 차이가 있다는 것을 깨달았다. 에반젤리스트로 구성된 별도 팀 1개를 활용해 개발 그룹과 운영 그룹을 가깝게 만들 수 있음을 알았지만 두 그룹의 간극이 너무나 커서 2개 팀을 사용하기로 했다.

개발 그룹으로부터 시스템 구축system-build, SB팀, 운영 그룹으로부터 플랫폼 구축platform-build, PB팀을 만들었다. 다음으로 SB팀과 PB팀이 밀접하게 협력하게 하는 데 집중했다. 개발 그룹과 운영 그룹을 모든 부문에서 단번에 협업하게 하는 것보다는 문제가 훨씬 간단했다(그림 8.2).

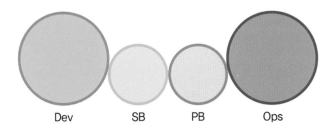

그림 8.2 시스템 구축팀 및 플랫폼 구축팀
개발 그룹으로부터 1개 팀(SB), 운영 그룹으로부터 1개 팀(PB)을 만들어 밀접한 상호 작용을 시작한다.

데브옵스 팀 토폴로지 패턴을 기반으로 팀 진화를 위한 타임 라인을 도출했다. 우선 개발팀의 인식과 운영성에 집중했기 때문에 SB팀이 개발팀 및 PB팀과 밀접하게 협력하도록 했다. 이 과정에서 자동화, 지표, 로깅 및 기타 운영성 측면이 상당 부분 개선됐다(그림 8.3).

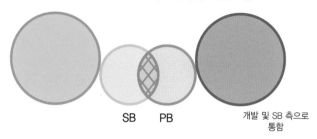

달성 예상 시점: 6개월 후/실제 달성 시점: 2년

SB　PB　　　개발 및 SB 측으로 통합

그림 8.3 시스템 구축팀 및 플랫폼 구축팀의 협력
SB, PB팀이 밀접하게 협업한다.

2014년 시점에서 SB팀, PB팀이 12개월 이내에 멋진 촉진 팀으로 발전할 것이라 기대했다. 그러나 일이 진행되는 도중에 서비스를 애저로 이전하기 시작하면서, 처음 생각했던 것보다 훨씬 긴 시간(3년 이상!)이 소요됐다. 하지만 결과적으로 2018년 초에 목표를 달성했다(그림 5.3). 이를 통해 얻은 성과는 매우 분명했다. 제품 변경은 안전하고 정기적으로 이뤄졌고, 배포 실수가 감소했으며 변경 추적성 역시 향상됐다(트랜스유니온이 속한 금융 분야는 규제가 매우 심한 산업이기에 추적성은 필수다).

달성 예상 시점: 12개월 후/실제 달성 시점: 4년

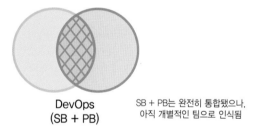

DevOps
(SB + PB)　　　SB + PB는 완전히 통합됐으나, 아직 개별적인 팀으로 인식됨

그림 8.4 시스템 구축팀 및 플랫폼 구축팀 병합
SB팀과 PB팀을 병합해 개발과 운영의 통합을 시도한다.

2018년 후반에는 이를 더 개선해서 마침내 SB팀과 PB팀을 개발팀과 운영팀으로 병합했다. 이를 통해 운영에 관한 인식과 책임을 강화하고, 운영 부서로 하여금 애저 클라우드에서 동작하는 일부 전략적 인프라스트럭처를 포함한 기반 플랫폼을 관리하도록 했다(그림 8.5).

2018

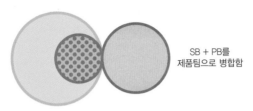

SB + PB를
제품팀으로
병합함

그림 8.5 시스템 구축 팀과 플랫폼 구축 팀을 개발 및 운영 그룹으로 역병합
SB, PB팀을 개발 및 운영 그룹으로 역병합해 플랫폼 애즈 어 서비스를 제공한다.

우리는 이런 팀의 변화가 성공에 매우 중요하다는 것을 일찍이 깨달았다. 구성원들은 변화에 시간이 걸릴 것을 알았다. 그리고 명확하게 변화하는 책임 경계는 구성원 스스로 담당할 부분을 이해하는 데 도움을 줬다.

지속적인 팀 토폴로지 발전

협력에는 비용이 많이 소모되지만 새로운 접근 방식을 발견하는 데 효과적이며, 엑스 애즈 어 서비스는 예측 가능한 전달에 효과적이다. 따라서 팀은 소프트웨어 시스템의 영역과 각 팀의 필요에 맞게 협력 코드를 사용해야 한다. 하지만 요구사항 혹은 운영의 컨텍스트가 변경되면 어떤 일이 벌어지는가?

서로 다른 팀의 상호 작용 모드는 팀이 달성하고자 하는 바에 따라 정기적으로 변경돼야 한다. 팀이 기술 스택 혹은 현재 다른 팀이 다루는 논리적 도메인 모델의 일부를 탐험해야 한다면, 일정 기간 협력 모드를 사용하는 것에 합의해야 한다. 팀이 다른 팀에서 발견한 새로운 성공적 전달의 접근 방식을 활용해 자신들의 전달에 대한 예측성을 높이고자 할 때는 협력 모드에서 엑스 애즈 어 서비스 모드로 바꿔 그 팀과 API를 효과적으로 정의해야 한다.

이처럼 팀은 달성하고자 하는 목표에 따라 정해진 기간 다양한 상호 작용 모드를 도입해야 한다. 물론 콘웨이의 법칙에서 말하는 것처럼 협력 모드 과정에서 발견과 빠른 학습이 일어나는 동안에는 해당 소프트웨어에 관한 책임이 엑스 애즈 어 서비스 모드에서 상호 작용할 때와 달리 **흐릿**해진다. 이런 흐릿함을 인식함으로써 이해하기 어려운 팀 상호 작용('API가 잘 정의돼 있지 않다' 등)은 팀이 엑스 애즈 어 서비스 모드로 이동하는 과정에서 API를 잘 정리함으로써 회피할 수 있다.

팀 토폴로지가 밀접한 협력에서 엑스 애즈 어 서비스를 중심으로 하는 제한된 협력으로 이동하는 과정을 그림 8.6에 나타냈다.

그림 8.6 팀 토폴로지 발전
팀 토폴로지는 엑스 애즈 어 서비스를 활용해 예측 가능한 전달을 구축하는 과정을 거치며, 밀접한 협력에서 제한된 협력으로 발전(발견)한다.

초기의 밀접한 협력은 작은 대상의 제한된 협력 형태로 발전한다. 그 과정에서의 발견은 기술과 제품에 대한 이해를 향상시키고, 제품이나 서비스 경계가 더욱 명확하게 구축되면 엑스 애즈 어 서비스 모드로 한층 더 발전한다.

대규모 기업에서 이와 같은 **발견을 통한 구축**discover to establish 패턴은 다양한 개발 단계에 있는 여러 팀 사이에서 항상 일어나야 한다. 다른 팀들이 잘 정의된 API를 사용해 무언가를 서비스로서 소비하는 과정에서 다양한 발견 활동이 동시다발적으로 일어나야 한다(그림 8.7).

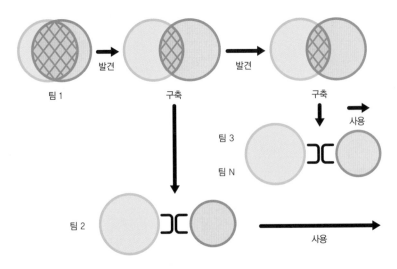

그림 8.7 기업에서의 팀 토폴로지의 발전
팀 1은 플랫폼 팀과 협력을 계속하면서 새로운 패턴과 기술 사용 방법을 발견한다. 이 활동 결과로 팀 2는 플랫폼 팀과 엑스 애즈 어 서비스 관계를 유지할 수 있다. 또한, 팀 3은 플랫폼의 다음 버전을 활용해 플랫폼 팀과 밀접한 협력을 하지 않고도 서비스를 그대로 활용한다.

특히, 혁신율이 매우 높은 경우 어떤 조직에서는 팀이 다른 많은 팀과 협력 모드로 오랫동안(영구적으로) 업무를 수행한다. 다른 조직들은 이미 잘 정의된 문제 공간을 확보한 상태이며 충분히 이해하고 있는 비즈니스 문제의 해결이 중요하기 때문에, 대부분 엑스 애즈 어 서비스 모드를 사용하는 경향을 보이기도 한다. 즉, 팀이 달성하려는 목표와 필요에 따라 적합한 상호 작용 모드를 선택하는 것이 핵심이다.

궁극적으로는 구체적 이유를 바탕으로 팀 상호 작용이 협력 모드에서 엑스 애즈 어 서비스 모드로 변화되도록 유도하고 독려함으로써 조직은 기민함을 달성할 수 있다.

조직 내 팀 간 상호 관계를 잘 정의된 동적 상태로 유지함으로써 제프 수스나가 **지속적 설계 역량**continuous design capability이라고 부른 기반을 내·외부 컨텍스트에 제공할 수 있다.[4] 이와 같은 동적인 형태의 변경이 핵심 전략 역량을 만든다. 조직 변화 전문가 존 코터John Kotter의 말이다. "나는 **전략이란** 지속적인 '탐색, 실행, 학습 및 보완'의 과정이라 생각한다…기업이 전략적 기술을 연습할수록 경쟁을 초월한 환경을 더 능숙하게 다룰 수 있게 된다."[5]

> **TIP**
>
> 팀의 목적과 컨텍스트에 맞춰 다양한 시점에서 조직 내 여러 부분에 서로 다른 팀 토폴로지를 발전시켜라.

우리는 팀이 수행하는 업무가 무엇인지에 따라 팀의 상호 작용이 시간과 함께 명시적으로 발전해야 한다는 것을 확인했다. 발견 단계에서는 일정 수준의 협력이 필요하다. 그러나 밀접한 협업은 대부분 조직 전체로 확장되지 않는다. (협력의) 목적은 다른 많은 팀이 쉽게 서비스로서 사용할 수 있는 잘 정의된 플랫폼 구축을 시도하는 것이다.

새로운 상품 서비스와 플랫폼을 사용할 수 있게 됨에 따라 조직은 발견 활동을 예측 가능한 전달로 바꾸는 것을 목표로 해야 한다. 조직은 스스로 '우리가 무언가를 발견하고자 하는가? 그렇다면 얼마나 빈번하게 그런 대상을 발견해야 하는가?'와 같은 질문을 던져 봐야 한다. 때로는 필요한 만큼 협업을 독려할 수 있을 정도의 친밀함을 형성하기 위해 구성원들을 같은 장소(같은 책상이나 같은 건물의 같은 층 등)에 배치해야 할 수도 있다. 또한, 팀은 다른 층이나 다른 건물에서 업무를 수행하면서 API 경계를 강화할 수도 있다. 이런 상황에서는 커뮤니케이션에 약간 거리를 두는 편이 효과적이다(사무 공간의 구성 및 배치에 관한 보다 자세한 내용은 3장을 참조한다).

조직 내 팀 토폴로지는 며칠 혹은 몇 주가 아니라, 수개월에 이르는 긴 시간에 걸쳐 천천히 변화한다. 수개월 동안 팀 상호 작용 모드가 변화하도록 독려해야 하며, 소프트웨어의 아키텍처 또한 변화돼야 한다.

사례 연구: 스카이 베팅 & 게이밍 - 플랫폼 기능팀 (2부)

마이클 마이바움(Michael Maibaum), 수석 아키텍트(Chief Architect), 스카이 베팅 & 게이밍

(5장에서 계속)

플랫폼 진화팀이 티핑 포인트tipping point[1]에 이르면서, 우리는 결정을 내려야 했다. 그 플랫폼 진화팀을 흡수해 이제는 상대적으로 거대해진 제품팀이 스스로 형상을 관리하게 하거나, 그 팀들을 더 잘 도움으로써 높은 품질과 신뢰성을 얻도록 할 수 있었다.

우리는 플랫폼 진화팀이 서비스를 보유하고 역량을 지원하는 제품팀이 돼야 하며, 그 업적을 다른 팀들이 서비스로 사용할 수 있게 사고하고 설계하도록 했다. 즉, 플랫폼 진화팀은 가치를 비즈니스에 전달하는 기능에 집중해야만 했다.

플랫폼 진화팀은 플랫폼 서비스 팀으로 바뀌었고, 기존과는 전혀 다른 관점에서 업무를 수행하기 시작했다. 그들의 임무는 고객으로부터 도출한 기능과 역량을 활용해 다른 팀들을 지원하도록 설계된 서비스를 제공하는 것이었다. 다시 말해, 플랫폼 서비스 팀은 프로젝트 주도팀이 된 것이다.

플랫폼 서비스 팀은 셰프 모놀리스를 분할하면서 많은 고객 중심 서비스를 개발했다. 이 서비스는 팀에 중앙 집중적 가치를 더한 서비스를 제공했는데, 여기엔 AWS 통합, 빌드 및 테스트 환경, 로깅 플랫폼 이

---

1 인기가 없던 제품이 갑자기 폭발적인 인기를 끌게 되는 시점이나 계기. 원래 노벨경제학상을 받은 토머스 셸링(Thomas Schelling)이 「Models of Segregation(분리 모델)」(1969)이라는 논문에서 제시한 '티핑 이론(The Tipping Theory)'에 등장한 개념이다. '갑자기 뒤집히는 점'이란 뜻이며, 때로는 엄청난 변화가 작은 일들에서 시작될 수 있고 예상치 못한 순간 발생할 수 있다는 의미로 사용된다. 영국 출신의 저널리스트인 말콤 글래드웰이 그의 저서 「티핑 포인트」(김영사, 2020)에서 그 의미를 단순히 '균형을 깨뜨리는 것'에서 '균형이 무너진 뒤, 균형을 유지하던 두 세력 중 한 세력이 절대적 우위를 차지하게 되는 것'까지로 확장한 이후 급격히 사용됐다. - 옮긴이

외에도 많은 것들이 포함됐다. 각각의 경우에 플랫폼 서비스 팀은 다른 팀들이 필요로 하는 기본 기술들(이론적으로는 각 팀이 직접 실현할 수 있는)을 가져가고, 그에 해당하는 매니지드 서비스managed service를 제공했다. 플랫폼 서비스 팀은 시간을 투입해 전달팀이 원하는 맞춤형 서비스를 제공함으로써 표준 도구들을 SB&G 환경에서 더 가치 있고, 더 쉽게 사용하도록 만들었다. 이를 통해 비즈니스에서 동일한 솔루션을 반복하는 많은 팀의 부하를 크게 줄였다.

이런 과정을 거치는 동안 플랫폼 진화 및 서비스는 내부 소프트웨어 팀들과 매우 밀접하게 정렬됐다. 특별히 인프라스트럭처 팀과 플랫폼 서비스 사이에는 적합한 책임 경계에 관한 논란이 많았다. 플랫폼 서비스(팀)는 방화벽firewall 및 로드 밸런서load balancer 자동화, 증가하는 AWS 사용량 증가, 보안 관리 및 PKI를 지원하기 위한 도구들을 만들었지만, 인프라스트럭처 팀과의 조직적 경계에서 고민을 거듭했다. '인스라스트럭처(팀)는 **플랫폼 계층**에 얼마큼의 책임을 져야 하는가?', '좀 더 직접적으로 인프라스트럭처(팀)는 제품을 지원하도록 조직됐는가?'와 같은 질문이 수면 위로 떠올랐다.

이런 대화는 인프라스트럭처 내에서도 일어나고 있었다. 팀 내에서 전달과 운영을 명확하게 구분하는 비즈니스에서 인프라스트럭처는 중요성이 가장 낮은 기능이었다. 그리고 뭔가 다른 것을 시도해보고자 했다. 인프라스트럭처는 제품과 서비스를 재편했고, 더 작은 규모의 팀들이 관련 대상을 응집한 엔드 투 엔드 라이프 사이클을 소유했으며, 비즈니스를 둘러싸고 있는 고객들을 위해 소프트웨어를 개선했다. 트랜스포메이션 과정에서 플랫폼 서비스가 가장 적합한 곳이 어디인지도 명확해졌다. 인프라스트럭처와 나머지 기술군 사이에 인프라스트럭처 기능 일부만 존재했기 때문이다.

일부 서비스(방화벽 혹은 로드 밸런서 자동화 등)는 네트워크와 관련된 스쿼드 내에서 처리됐지만, 일부 다른 서비스들은 두 개 플랫폼 스쿼드, 즉 플랫폼 엔지니어링과 전달 엔지니어링에 동시에 남아 있었다. 우리는 지금까지 자동화 역량을 갖추지 않았던 자동화 엔지니어들을 인프라스트럭처 스쿼드와 서비스에 투입해서 인프라스트럭처 제품 기능을 개발함으로써 팀이 보다 넓은 비즈니스 영역에 참여하도록 지원했다.

이제 고객 대면 제품 피처팀customer-facing product feature team을 가진 것과 마찬가지로 인프라스트럭처 플랫폼 피처팀infrastructure-platform feature team을 갖게 됐다. 이런 변화에는 많은 어려움이 있었지만, 참여도와 오너십에 대한 의식, 비즈니스의 다른 영역 사이에 존재하는 마찰의 감소 등을 볼 때 이 변화가 조직을 전환시켰다고 할 수 있다. 비즈니스 내 다른 영역에서는 이전과 달리 누구와 이야기해야 하는지, 해당 팀이 무슨 목적으로 무슨 일을 하는지 매우 명확해졌다. 과거에는 그저 모두가 **인프라스트럭처**일 뿐이었다.

팀 토폴로지 조합을 통한 보다 큰 성과

조직 내 팀들은 언제나 각기 다른 상호 작용과 협력이 필요하다. 따라서 다양한 팀 토폴로지를 동시다발적으로 고려해야 한다. 팀 사이에는 어느 정도 협력이 필요하지만, 협력 모드는 일반적으로 조직 전체에 퍼져나가지 못하며, 팀이 늘어남에 따라 엑스 애즈 어 서비스 모드를 활성화하는 쪽이 더 효과적이다.

예를 들어, 소프트웨어 시스템의 다른 부분을 각각 만드는 스트림 정렬팀이 4개 있다고 가정하자. 그중 한 팀은 플랫폼 팀과 협력 모드로 협업하면서 새로운 로깅 기술에 관한 탐험 업무를 수행할 수도 있다. 반면, 다른 3개 팀은 단지 플랫폼 팀이 만들어낸 서비스를 소비하기만 할 수도 있다.

동일한 다이어그램에 강조해서 표시해 보면 위에서 설명한 상호 작용은 다음처럼 나타날 것이다. 첫 번째 스트림 정렬팀은 플랫폼 팀과 협업 상호 작용 모드에 있고, 두 팀은 새로운 기술에 관한 접근 방식에 대해 협력하며 새로운 기법을 빠르게 학습한다. 이 스트림 정렬팀은 활성화 팀의 지원을 받는다. 다른 3개 스트림 정렬팀은 플랫폼을 서비스로 다루며, 역시 스트림 정렬팀의 지원을 받는다. 이 상이한 상호 작용은 스트림 정렬팀들이 수행하는 업무 특성과 그들이 구현하는 소프트웨어에 존재하는 상호 작용 유형을 반영한다.

앞의 예시에서는 서로 다른 3가지 상호 작용이 동시다발적으로 나타난다. 1개 스트림 정렬팀은 활성화 팀과 촉진 모드에 있고, 나머지 3개 스트림 정렬팀은 플랫폼 팀과 엑스 애즈 어 서비스 상호 작용을 기대하며, 1개 스트림 정렬팀은 플랫폼 팀과 협력 상호 작용을 통해 탐색(발견) 업무를 수행한다.

상호 작용 모드는 분명하고 명시적이며 잘 정의된 목적과 일치하기 때문에, 조직 내 서로 다른 팀에 속한 구성원들은 다른 방식으로 상호 작용하는 이유를 이해한다. 이는 팀 내 협업을 증진하며, 팀은 그 상호 작용에 존재하는 마찰을 활용해 문제 범위를 뚜렷이 분별한다. 다음 절에서 몇 가지 신호(트리거)들을 살펴본다.

팀 토폴로지를 시켜야 할 트리거

5장의 내용을 참고하면 특정한 시점을 기준으로 조직 구조를 4가지 기본 팀 토폴로지에 직관적으로 매핑할 수 있다. 그러나 조직은 팀 구조를 변경할 시점인지 아닌지를 잘 인식하지 못한다. 조직 내 팀 토폴로지를 다시 설계해야 할 때가 됐음을 알려주는 상황 예시(트리거)를 몇 가지 소개한다. 조직은 이와 같은 시점을 파악하는 학습을 통해 필요에 따라 팀 토폴로지를 지속적으로 적용하고 발전시킬 수 있다.

트리거: 소프트웨어의 규모가 한 팀이 다룰 수 없을 만큼 커짐

징후

- 한 스타트업 기업이 15명을 넘는 규모로 커진다(던바의 수).
- 다른 팀은 한 팀이 변화를 해결할 때까지 기다리느라 많은 시간을 소모한다.
- 팀 구성원(들)이 바쁨에도 불구하고, 시스템 내 특정한 컴포 넌트나 워크플로우 변경 업무가 동일한 사람에게 반복적으로 할당된다.
- 팀 구성원(들)이 시스템 문서 부재에 대해 불평을 늘어놓는다.

컨텍스트

성공적 소프트웨어 제품은 기능이 추가되고 고객이 제품을 도입함에 따라 더욱 크게 성장하는 경향을 보인다. 초기에는 제품팀 구성원 모두가 코드 베이스에 대해 광범위하게 이해하고 있으나 시간이 지남에 따라 이해하기가 어려워진다.

이런 징후는 팀 내에서 시스템의 서로 다른 부문에 대한 전문화(주로 명시적 언급 없이)로 이어진다. 특정한 컴포넌트나 워크플로우에 대한 변경 요청은 관습적으로 같은 팀 구성원(들)에게 할당된다. 그 구성원들이 팀의 해당 처리 요청을 누구보다 빠르게 완료할 수 있기 때문이다.

이런 전문화 사이클 강화를 국지적 최적화(이 요청을 최대한 빨리 전달해야 한다)라고 부르며 이는 팀의 전체 업무 흐름에 부정적 영향을 미칠 수 있다. 업무 계획은 '우리가 지금 해야 할 일 중 가장 우선순위가 높은 것은 무엇인가?'라는 질문이 아닌 '누가 무엇을 알고 있는가'라는 질문에 따라 결정된다. 바로 이 전문화 단계가 전달에 병목현상을 가져온다(『데브옵스 핸드북』(에이콘, 2018)에서 소개한 피닉스 프로젝트The Pheonix Project에 이 사건이 등장한다). 습관적 관점은 개인 동기에 부정적 영향을 미친다.

또 다른 관점은 팀이 더 이상 시스템을 전체적으로 보지 못할 때 나타 난다. 이런 상황에서 팀은 시스템이 너무 커진 시점을 자각하지 못한 다. 시스템 규모와 코드 라인 수 혹은 기능과는 어느 정도 관련이 있 지만, 여기에서의 핵심은 인지 역량을 제한함으로써 시스템 변화를 효과적으로 다루지 못 하게 한다는 점이다.

트리거: 전달 케이던스가 점점 느려짐

징후

- 팀 구성원은 변경 사항을 릴리스하는 데 과거보다 시간이 오래 걸린다고 느낀다.
- 팀 속도^{velocity}와 처리량^{throughput} 지표가 1년 전에 비해 명백 하게 저하되는 형태로 바뀐다(물론, 변동은 언제나 존재하므로 우발적 변동이 아님을 분명히 확인한다).
- 팀 구성원들은 이전 전달 프로세스가 현재의 그것보다 더 낫다고 불평한다.
- 다른 팀이 변경 사항에 대응하지 않아 진행하지 못하고 대 기 중인 업무의 수가 증가한다.

컨텍스트

오랜 기간 유지되며 높은 성과를 내는 제품팀은 전달 과정에서 함께 효율적으로 업무를 수행하고 병목을 제거함으로써, 전달 케이던스를 지속해서 개선해야 한다. 그러나 팀이 이런 개선을 수행하도록 하려 면 제품 전체 수명 주기에 대한 자율성을 팀에 부여해야 한다. 즉, 새 로운 인프라스트럭처를 만들기 위해 다른 팀을 기다리는 등 외부 팀 에 강하게 의존하는 일이 없도록 해야 한다. 내부 플랫폼을 사용해 새 로운 인프라스트럭처를 직접 만들 수 있는 것은 약한 의존성에 해당 한다(단, 플랫폼 팀이 인프라스트럭처 프로비저닝을 관리한다고 가정한다).

많은 조직에서 이런 수준의 자율성을 달성하기는 어렵다. 일반적으로는 오히려 반대 현상이 나타난다. 팀 간 강한 의존성을 도입해 자율성을 낮춘다. 품질보증 팀을 조직해 모든 제품을 집중적으로 테스팅하고, 이론적으로 테스터에게 업무를 보다 효율적으로 할당함으로써 테스트 영역을 늘리려고 시도할 수 있다. 목표 자체는 매우 칭찬할 만하나, 이런 설계는 **기능적 사일로**를 초래하며, 결과적으로 소프트웨어를 전달하는 모든 팀은 자신들이 구현한 업데이트를 품질보증 팀이 테스트할 수 있을 때까지 대기해야만 한다.

데브옵스는 그 출현과 함께 2010년대에 개발팀과 운영팀의 단절을 조명했다. 그러나 정도 차이가 있을 뿐 제품 전달 수명 주기에 개입하는 모든 사일로는 동일한 문제다.

청산하지 않은 기술 부채는 전달 속도를 늦출 수 있다. 심지어 코드 베이스의 복잡도가 높아 작은 변경에도 큰 비용이 들며 빈번한 리그레션regression이 필요한 상태에 이르렀을 수 있다. 즉, 코드 베이스가 처음 만들어졌을 당시보다 전달할 대상을 개발하고 안정화하는 데 더 많은 시간이 소요된다는 의미다.

트리거: 여러 비즈니스 서비스가 거대한 모놀리스 기반 서비스 셋에 의존함

징후

- 스트림 정렬팀은 자신들이 서비스하는 영역 내 엔드 투 엔드 흐름을 제한적으로만 볼 수 있다.
- 수많은 하위시스템 통합 및 복잡성으로 인해 부드럽고 빠른 변화 흐름을 달성하기가 어려워진다.
- 기존 서비스 및 하위시스템 설정을 **재사용**하기가 점점 어려워진다.

컨텍스트

금융이나 보험, 법률 및 정부 사업과 같이 규제가 매우 높은 몇몇 영역에서는 다양한 상위 수준 비즈니스 서비스들이 하나의 거대한 별도 기반 서비스, 그리고 API 및 하위시스템에 의존한다. 예를 들어, 보험 회사는 갱신된 보험 견적을 내기 위해 장황한 물리적 확인을 수행할 수 있다. 은행은 신규 계좌를 개설하기 전에 거주지 증명proof-of-address 문서 수령을 기다려야 할 수도 있다. 이처럼 상위 수준 비즈니스 서비스들이 의존하는 하위 수준 시스템은 해당 업무 전문가들에게 결제 메커니즘, 데이터 클렌징, 신원 확인, 기반 법규 판단과 같은 기능을 제공할 것이다. 비즈니스 프로세스 관리business process management, BPM(어쩌면 머신러닝machine learning, ML의 도움을 받을 수도 있다)를 활용해 이런 업무를 자동화할 수 있다. 그러나 자동화 관련 팀은 여전히 BPM 워크플로우 시나리오를 설정하고 테스트해야 한다. 일부 서비스와 하위시스템들은 기업 내부에서 구현해 제공하지만, 다른 서비스 및 하위시스템들은 외부 공급자가 공급할 수도 있다.

유용한 비즈니스 가치를 전달하려면 상위 수준 스트림이 수많은 하위 수준 서비스들과 통합돼야 한다(기업 서비스 관리enterprise service management, ESM의 정수다). 각 스트림이 기반 서비스와 별도로 통합돼야 한다면 사람이 직접 개입해 결정을 내려야 하는 방식으로는 장기적 흐름의 효과를 판단하거나 오류를 진단하기가 매우 어렵다. 예를 들면, 기반 서비스가 추적 메커니즘을 제공하지 않거나 별도 방법으로 트랜잭션을 확인해야 할 수도 있다.

이와 같은 다중 서비스 통합 문제는 2단계 방법으로 해결할 수 있다. (1)얇은 **플랫폼 래퍼**platform wrapper를 사용해 하위 수준 서비스와 API를 **플랫폼화**해서 스트림 정렬팀에 요청추적 관련 IDrequest-tracking correlation ID, 헬스체크 엔드포인트health-check endpoint, 테스트 하네스test harness, 서비스 레벨 목표SLO, 진단 APIdiagnostic API 등 지속적인 개발자 경험

(DevEx)을 제공한다. (2)운영 원격 측정과 오류 진단을 담당하는 상위 수준 서비스는 각 스트림 정렬팀을 활용한다. 즉, **꼭 필요한 만큼**만 원격 측정 통합 및 오류 진단 기능을 개발하고 발전시킴으로써 각 스트림 정렬팀이 해당 스트림의 변화 흐름을 추적하고 개선할 수 있도록 한다(그림 8.8 참조).

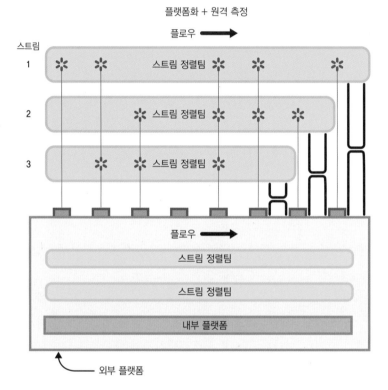

그림 8.8 '플랫폼 래퍼' 예시

플랫폼 래퍼를 사용해 하위 수준 서비스와 API를 플랫폼화함으로써 상위 수준 비즈니스 서비스(스트림)의 흐름 예측성을 높인다. 이를 통해 각 스트림은 그 모든 의존성을 전체 로드맵과 일관된 개발자 경험을 제공하는 단일 플랫폼으로 취급할 수 있게 된다. 스트림들은 풍부한 원격 측정 도구를 통해 흐름과 플랫폼 사용 자원을 추적할 수 있다.

상위 수준 비즈니스 서비스가 제공하는 풍부한 원격 측정 수단을 활용해 각 스트림 정렬팀은 (1)플랫폼 내 다른 기반 서비스 및 API를 호출하는 경우의 지속적인 로깅 타임 스탬프, 연관 ID 지속성, 요청·응답 식별 및 로깅 등을 제공하는 경량의 디지털 서비스 **래퍼**wrapper (2) 추적해야 할 모든 **스트림 측**stream side의 조정을 수행하는 로깅, 지표 및 대시보드를 제공하는 디지털 서비스 래퍼(심지어 최초에는 **플랫폼 측** platform side의 가시성에 변동이 있더라도)를 구현하고 소유한다.

상위 수준 비즈니스 서비스에서의 지속 및 예측 가능한 흐름을 지원하기 위해 플랫폼 래퍼는 플랫폼 서비스(로깅, 지표, 대시보드, 관련 ID의 일관성 및 표준화 등)의 개발자 경험을 개선해야 한다. 그래서 스트림 정렬팀들이 구현한 디지털 서비스 래퍼 내에서 더욱 높은 추적성을 확보할 수 있어야 한다.

자기 조정 주도 설계와 개발

역사적으로 많은 조직은 **개발**과 **운영**을 소프트웨어 전달에서 구분해 다뤘기 때문에, 운영과 개발 간 상호 작용은 매우 드물었으며 운영에서 개발로의 피드백은 거의 없었다. 현대 소프트웨어 전달에서는 완전히 다른 접근 방식을 취해야 한다. 소프트웨어 운영 부분은 개발 활동에 가치 있는 신호들을 전달해야 한다. 운영 부문이 개발 부문에 풍부하고 민감한 정보들을 입력하도록 함으로써 사이버네틱cybernetic 피드백 시스템이 만들어지며 조직은 이를 통해 자기 조정을 할 수 있다.

팀과 팀 상호 작용을 감각 및 신호로 활용하라

시스템의 다양한 부분을 효과적으로 소유하고, 잘 정의된 패턴을 사용해 상호 작용하는 안정된 팀을 확보한 조직은 매우 강력한 전략적 역량인 조직적 감지organizational sensing 역량을 활성화할 수 있다.

조직적 감지는 팀의 내·외부 커뮤니케이션을 조직의 **감각**(시각, 청각, 촉각, 후각, 미각)으로 활용한다. 피터 드러커Peter Drucker는 이를 '외부 세계를 감지하는 합성 감각 기관synthetic sense organs for the outside'이라 불렀다.[6] 안정되고 잘 정의된 신경 커뮤니케이션 경로가 없다면 그 어떤 생명체도 사물을 효과적으로 감지하지 못한다. 생물체는 신뢰할 수 있고 잘 정의된 커뮤니케이션 경로가 있어야만 사물을 감지(즉, 인식)할 수 있다. 마찬가지로 팀 사이에 잘 정의되고 안정된 커뮤니케이션 경로를 확보함으로써 조직은 조직 내·외부로부터의 신호를 식별할 수 있다.

많은 조직(불안정하고 잘 정의되지 않은 팀으로 구성됐으며, 몇몇 핵심 구성원에만 의존하고 대다수 구성원의 목소리를 무시하는)은 효과적으로 **무감각**하다(두 가지 의미 모두에서). 이들은 스스로가 처한 환경적 상황을 감지하지 못하기 때문에 이들이 하는 일 또한 상식적이지 않다. 변화의 속도가 수개월 혹은 수년 간격으로 측정된다면(과거에 그랬던 것처럼) 조직은 매우 느리게 제한적으로 그 환경을 감지한다. 그러나 오늘날과 같이 네트워크로 연결된 세계에서 조직은 살아남기 위해 매우 정확하게 감지해야 한다. 마치 동물이나 다른 생물체들이 경쟁적이고 역동적인 자연환경에서 살아남으려 모든 수단을 동원해 감지하는 것처럼 말이다.

조직은 사물을 정확하게 감지함과 동시에 신속하게 대응해야 한다. 생물체들은 일반적으로 감각에 특화된 조직(눈, 귀 등)과 입력에 대한 반응에 특화된 별도 조직(팔이나 다리, 몸 등)을 지녔다. 다양한 팀이 식별할 수 있는 신호의 종류는 그 팀이 무엇을 하는지와 팀이 외부 고객이나 다른 팀들과 얼마나 가까운지에 따라 다르다. 그러나 모든 팀은 조직에 민감한 입력을 제공하고 팀 상호 작용 패턴을 조정함으로써 그 정보에 대응할 수 있다.

현대 디지털 도구를 활용해 스탠포드가 **환경 조사**environmental scanning[7]라 명명한 작업을 수행할 수 있다. 디지털 지표와 로깅에 기반한 풍부한 측정을 함으로써 팀은 자신들이 담당한 소프트웨어 상태와 성능을 실시간으로 확인할 수 있다. 또한, 네트워크에 연결된 경량의 장비들(사물인터넷 혹은 4차 산업 혁명이라 불리는)을 통해 물리적으로 수천 개 지역의 정기적 센싱 데이터도 얻을 수 있다.

그렇다면 조직이 감지해야 하는 대상은 무엇인가? 다음 질문들이 그 답을 찾는 데 도움이 될 것이다.

- 우리가 사용자들이 요구하는 것이나 원하는 것을 오해했는가?
- 조직이 업무를 수행하는 방법을 개선하기 위해 팀 상호 작용 모드를 바꿀 필요가 있는가?
- X를 계속 내부에서 개발해야 하는가? 외부 공급자로부터 빌릴 수는 없는가?
- 팀 A와 팀 B의 밀접한 협력 모드는 여전히 유효한가? 엑스 애즈 어 서비스 모델로 이동할 필요는 없는가?
- 팀 C의 업무 흐름은 원활한가? 흐름을 방해하는 요소는 무엇인가?
- 팀 D, E, F, G가 사용하는 플랫폼은 팀에서 필요로 하는 모든 것을 제공하는가? 한동안 활성화 팀을 활용해야 하지는 않는가?
- 두 팀 간 약속은 여전히 유효하며 달성할 수 있는가? 약속을 보다 현실적으로 달성하기 위해 어떤 변화가 필요한가?

IT 오퍼레이션을 개발에 있어 가치 높은 민감 정보로서 취급하라

신속하게 움직이려면 환경에 대한 민감한 피드백에 의존해야 한다. 빠른 소프트웨어 변경을 지속적으로 유지하기 위해서 조직은 반드시 조직적 감지와 사이버네틱 통제에 투자해야 한다. IT 운영팀이 개발팀에게 매우 충만하고 민감한 정보를 전달하도록 하는 것이 민감한 피드백의 핵심이며, 이를 위해서는 시스템 운영팀(Ops)과 시스템 개발팀(Dev) 간 통합된 커뮤니케이션이 필요하다. 안타깝게도 많은 조직은 스스로를 빠르고 안전하게 움직이지 못하도록 하고 있다. 스리람 나라얀Sriram Narayan의 말이다. "프로젝트 스폰서들은 유지보수에 드는 비용을 줄이려 인건비가 낮은 인력으로 구성된 운영팀을 찾는다. 그러나 이는 잘못된 것이다. 이런 방식은 큰 비즈니스 성과를 내기 어렵게 만들고, IT의 기민함을 줄인다."[8]

소위 **유지보수**maintenance라 불리는 영역을 최저 비용에 맞춰 최적화하는 것보다 유지보수 영역에서 흘러들어오는 신호들을 소프트웨어 개발 활동에서 활용하는 것이 바람직하다. 진 킴과 그 동료들은 그들의 저서 『데브옵스 핸드북』에서 높은 성과를 내는 그룹을 위한 데브옵스의 3가지 길The Three Ways of DevOps을 제시한다.[9]

1. **시스템 사고**System thinking: 조직 일부가 아닌 조직 전체에 걸쳐 빠른 흐름을 최적화하라.
2. **피드백 루프**Feedback loop: 운영 부문을 통해 개발 부문에 정보와 가이드를 제공하라.
3. **지속적 실험과 학습 문화**Culture of continual experimentation and learning: 모든 팀의 상호 작용을 감지하고 피드백을 제공하라.

두 번째 방법과 세 번째 방법은 운영 부문과 개발 부문의 강한 커뮤니케이션 경로에 의존한다. 5장에서 봤듯, 운영 부문에서 개발 부문으로 충성도 높은 정보가 꾸준히 흐르도록 하는 가장 간단한 방법은 운영과 개발을 같은 팀에 두는 것이다. 아니면, 최소한 스트림 정렬팀과 쌍을 이뤄 동일한 변화의 흐름에 정렬함으로써 운영 측면의 사건을 함께 다루도록 해야 한다. 아직 이런 모델을 사용하지 않거나 별도의 운영체를 둔 조직이라면 운영 부문과 개발 부문의 커뮤니케이션 경로를 만들고 다듬어야 한다. 이를 통해 운영성과 신뢰성, 사용성, 보안성 등 충성도가 높은 정보들을 개발팀으로 전달할 수 있으며, 개발팀은 이를 활용해 소프트웨어 설계를 교정하고 다듬어 운영 오버헤드를 줄이고 신뢰성을 개선할 수 있다.

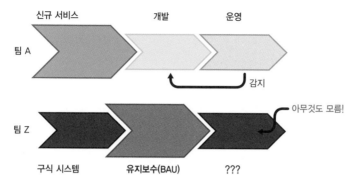

그림 8.9 신규 서비스 팀과 '일상 업무 수행(BAU)'팀

새로운 것들을 접하는 팀과 일상 업무를 수행하는 팀의 분리는 학습은 물론 자기 조정을 통한 개선과 역량 함양을 저해한다. 이는 사이버네틱한 접근 방식이 아니다.

운영을 개발에 대한 입력으로 취급하려면 대부분 분할된 그룹의 역할에 관한 급진적 재사고가 필요하다. 『Designing Delivery』의 저자 제프 수스나는 이렇게 말한다. "비즈니스는 일반적으로 운영을 설계의 결과로 간주한다. 그러나 공감하려면 누군가 반드시 들을 수 있어야 한다. 듣기 위해 누군가는 운영으로부터의 입력이 필요하다. 그러므로 운영은 설계의 입력이 된다."[10]

제프의 말은 우리가 구현한 소프트웨어와 서비스를 사용하는 다양한 그룹에 공감해야 한다는 의미다. 사용자가 원하는 바에 공감해 개발함으로써 사용자들과 상호 작용을 개선할 수 있으며, 결과적으로 사용자 요구를 만족시켜 사용자 경험을 개선할 수 있다.

소프트웨어는 점점 사용자를 **위한 제품**이 아니라 사용자와의 **지속적 대화** 개념으로 변하고 있다. 이 지속적 대화가 효과적이고 성공적으로 이뤄지려면, 소프트웨어를 **지속적으로 보살펴야** 한다. 소프트웨어를 설계하고 구현하는 팀은 첫 단계부터 이를 효과적으로 구현할 수 있도록 전체 운영 과정에 참여해야 한다. 이 같은 지속적 보살핌을 **설계하고 운영해서** 제공하는 팀은 해당 소프트웨어가 가진 상업적 지속성에 대한 책임도 일부 담당해야 한다. 그렇지 않으면 (중요한) 결정들이 재무와 동떨어진 곳에서 일어날 것이다.

팀이 기능 개발(즉, 코딩)을 완료한 이후에도 그 소프트웨어를 오랫동안 지속적으로 보살피게 하려면 어떻게 해야 하는가? 지속적인 보살핌 문제를 개선하는 데 가장 중요한 변화는 단순히 기존 소프트웨어를 유지보수하는 영역의 업무만 수행하는 **유지보수** 혹은 **일상 업무 수행**(BAU)팀을 운영하지 않는 것이다. 『Agile IT Organization Design(애자일 IT 조직 설계)』(Addison Wesley, 2015)의 저자 스리람 나라얀은 이렇게 말한다. "유지보수 팀과 매트릭스 조직의 분리는…반응성 responsiveness을 저해한다."[11] 유지보수 업무를 초기 설계 업무에서 분리하면 운영과 개발 사이의 피드백 루프가 끊어지고 소프트웨어 운영 과정에서 소프트웨어 설계에 영향을 줄 수 있는 요소들이 사라진다 (그림 8.9 참조).

새로운 것들과 BAU라는 용어를 구분하면 두 그룹 간 일어나는 학습은 저해된다. 신규 서비스 팀new-service team은 새로운 기술과 접근 방식을 개발하지만, 과연 그 접근 방식이 효과적인지 판단하지 못한다. 새로운 접근 방식은 피해를 야기할 수도 있지만, 신규 서비스 팀은 이를 보살피려 하지 않는다. BAU팀만 오판에 따른 고통을 감내한다. 게다가 BAU팀은 새로운 측정 기술을 기존 소프트웨어에 적용할 기회를 얻지 못할 때가 많아, 고객 만족 혹은 불편을 의미하는 잠재적 신호들을 보지 못하게 된다.

신규 개발을 책임지는 한 팀과 기존 시스템을 책임지는 BAU팀을 나란히 운영하는 것이 더욱더 효과적이다. BAU팀은 새로운 시스템에서 사용한 측정 기법들을 기존 시스템에 적용해 신호 품질을 높임으로써 조직이 환경을 감지하고 스스로 움직일 수 있는 능력을 증진한다(그림 8.10 참조).

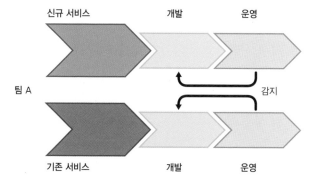

그림 8.10 나란히 움직이는 신규 서비스 팀과 BAU팀

구식 시스템을 유지보수하는 데 있어 사이버네틱한 접근 방법은 스트림 정렬팀(혹은 팀 페어)이 새로운 서비스와 기존 시스템 모두를 개발하고 운영하도록 하는 것이다. 이는 팀이 새로운 특정 기술을 구식 시스템에 적용하도록 함으로써, 두 시스템 모두로부터 감지의 품질을 증진한다.

실제로 각 스트림 정렬팀은 그들이 구현하고 운영하는 신규 시스템과 함께 하나 이상의 구식 시스템을 관리해야 한다. 이를 통해 팀은 다양한 범위의 사용자 행동과 시스템 행동을 학습함으로써, 초기 시스템에서 범했던 실수의 반복을 줄일 수 있다.

일선 및 운영 시스템으로부터 충실도 높은 정보를 생성하고 확보하기 위해서는 숙련된 기술과 높은 인식을 가진 구성원들이 필요하다. 이는 과거 수많은 IT 운영팀이 구성됐던 것과는 정반대로, IT 운영을 하는 구성원들이 문제를 신속하고 정확하게 식별하고 대처함으로써, 정확하고 유용한 정보들을 새로운 기능을 구현하는 데 집중하는 동료들에게 제공해야 한다는 것을 의미한다. IT 운영 서비스 데스크는 가장 미숙한 구성원들이 아니라, 오히려 가장 숙련되고 경험 많은 엔지니어들이 담당하게 해야 한다. 또는 일부 주니어 엔지니어와 함께 일하도록 할 수도 있다.

정리: 진화하는 팀 토폴로지

기술, 시장, 고객, 사용자 요구 그리고 규제 요구사항의 급격한 변화는 성공을 바라는 조직에게 정기적으로 그 조직 구조에 적응하고 바꿀 것을 요구한다. 그러나 소프트웨어 시스템을 구현하고 운영하는 조직은 조직 내 팀 상호 작용이 흐름은 물론 콘웨이의 법칙, 팀 최우선 접근 방식에 최적화됐는지 확인해야 한다. 4개 기본 팀 토폴로지와 3개 핵심 팀 상호 작용 모드를 함께 적용하면, 지속적으로 조직 내 팀들의 주요 목적을 명확히 할 수 있다. 팀은 이를 통해 어떤 방식으로, 어떤 시점에, 어떤 목적으로 다른 팀과 협력해야 하는지, 혹은 무언가를 **서비스로** 사용하거나 제공해야 하는지, 또는 다른 팀을 촉진하거나 도움을 받아야 하는지 이해한다. 그러므로 조직은 새로운 변화에 대응하는 매 순간 다양한 팀 사이에서 이뤄지는 상호 작용을 고려해야 한다.

잘 정의된 팀과 상호 작용이 조합되면 조직은 내·외부 상황에 구조적으로 적응할 수 있는 강력하고도 유연한 역량을 얻게 된다. 이를 활용해 조직은 그 환경을 **감지**하고, 활동을 수정하고, 적합한 곳에 집중할 수 있다.

결론
차세대 디지털 운영 모델

작고 강력한 유닛을 만들어 얻게 되는 부수 효과는 새로운 정보에 적응하는 속도의 비약적 향상이다.

— **존 로버츠**(John Roberts), 『경영의 미학』

대부분 조직에서 소프트웨어 전달 과정은 수년 동안의 갖가지 문제들(새로운 기술을 사용하면 해결 가능하다고 약속했지만 실제로는 거의(혹은 전혀) 그러지 못한 문제들)로 골병을 앓아왔다. 참여도가 낮은 팀, 기술과 시장 변화에서 수없이 반복되는 당혹스러움, 콘웨이의 법칙 위반, 팀 규모에 비해 너무나 거대한 소프트웨어, 혼란하기 그지없는 조직 설계 옵션과 전달 프레임워크, 이리저리 끌려다니는 팀, 거의 매년 반복되는 고통스러운 조직 개편, 형편없는 변화의 흐름이 그러했다. 모든 조직이 이런 문제를 겪었다고는 할 수 없지만, 대부분의 조직이 앞서 언급한 문제를 겪고 있었다. 이런 문제를 피하려 끊임없이 시도했음에도 불구하고 문제가 지속되는 이유는 무엇일까?

많은 조직이 소프트웨어 전달을 둘러싼 다양한 문제를 경험하는 이유는 조직 대부분이 소프트웨어 개발 본질과 동떨어진 모델을 활용하기 때문이다. **피처 전달**feature delivery에 너무 집착하면 현대 소프트웨어에 내재한 사람과 팀의 역학 관계를 무시하게 된다. 이는 특히 구성원들의 인지 부하가 과도할 때, 그들의 참여 부족과 직결된다.

콘웨이의 법칙에서 진정으로 의미하는 바는 대부분 조직에서 완전히 무시되고 있다. 그나마 잘 적용됐다면 구조적 선택과 관련한 행복한 사고에 지나지 않겠지만, 최악의 상황에는 조직이 준동형의 힘과 **싸우는 데** 시간과 노력을 들이는 동안 매우 큰 마찰력이 계속해서 조직의 발목을 잡는다. 기업 대부분은 잘못 이뤄진 **조직 개편**이 조직 혁신과 지속 가능한 소프트웨어 전달 역량을 완전히 파괴할 수 있다는 사실을 인식하지 못하고 있다.

놀라울 만큼 광범위한 팀 모델과 확장 가능한 전달 프레임워크가 존재하며, 이들 중 대부분은 명확하게 구분하기도 어렵다. 게다가 팀의 행동 패턴은 거의 기술돼 있지 않기 때문에 팀은 다른 팀과의 효과적 상호 작용을 위한 명확한 지침을 확보하지 못하고, 결과적으로 팀들은 지나치게 긴밀한 결합 상태이거나 확장 불가능한 일종의 고립 상태의 자율성을 초래한다.

팀 토폴로지는 이 모든 문제를 해결하는 데 도움을 준다. 팀 토폴로지는 소프트웨어 전달에 팀 최우선 접근 방식을 활용하며 4가지 기본 팀 종류와 3가지 팀 상호 작용 패턴, 그리고 전달의 어려움을 활용해 조직이 스스로 처한 환경을 감지하는 방법을 제시한다. 실제로 팀 토폴로지는 팀이 상호 작용하고 상호 관계를 맺을 수 있는 잘 정의된 방법을 제공한다. 이를 활용해서 구현하는 소프트웨어 아키텍처를 보다 명확하고 지속 가능하게 만들 수 있으며, 팀 간 문제를 자기 주도 조직을 만드는 데 활용할 가치 있는 신호로 바꿀 수 있다. 그림 9.1에 이를 요약해서 표시했다.

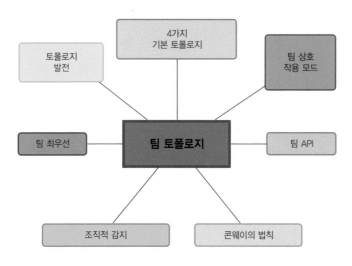

그림 9.1 팀 토폴로지의 핵심 아이디어

4가지 팀 유형 및 3가지 상호 작용 모드

4가지 팀 유형을 활용해 소프트웨어 시스템을 구현하고 운영할 수 있다. 4가지를 제외한 다른 팀 유형은 조직에 해를 끼칠 수도 있다.

4가지 기본 팀 토폴로지는 다음과 같다.

- **스트림 정렬**Stream-aligned: 주요 비즈니스의 변화 흐름에 정렬돼 있고 교차기능 기량을 갖춘 구성원들로 조합돼 다른 팀을 기다리지 않고도 중요한 증분을 전달할 수 있는 팀.

- **플랫폼**Platform: 스트림 정렬팀의 소프트웨어 전달을 지원하는 기반 플랫폼에 관한 업무를 수행하는 팀. 플랫폼은 복잡한 기술을 단순화해 그 기술을 사용해야 하는 팀이 가진 인지 부하를 감소시킨다.

- **활성화**Enabling: 다른 팀들이 전환 혹은 학습 과정에서 소프트웨어를 도입하고 수정하는 것을 지원하는 팀.

- **난해한 하위시스템**Complicated subsystem: 일반적인 스트림 정렬팀 혹은 플랫폼 팀이 다루기 너무 어려운 하위시스템을 전문 영역으로 하는 팀. 꼭 필요한 경우에만 선택해 한시적으로 운영한다.

위의 팀 유형을 조합하면 빠른 흐름의 효과적인 소프트웨어 전달을 할 수 있다. 그러나 4가지 기본 팀 토폴로지 사이의 상호 작용 모드는 효과적인 소프트웨어 전달을 이해하고 육성하는 데 매우 중요하다.

- **협력**Collaboration **모드**: 두 팀은 공동의 목표(특별히 새로운 기술이나 접근 방식의 발견과 같은)를 두고 밀접하게 협업한다. 오버헤드가 발생하지만 빠른 학습 속도에서 얻는 가치가 크다.
- **엑스 애즈 어 서비스**X-as-a-Service **모드**: 한 팀은 다른 팀이 제공한 무언가(API, 도구 혹은 소프트웨어 제품 전체 등)를 소비한다. 협력은 최소화된다.
- **촉진**Facilitation **모드**: 한 팀(일반적으로 활성화 팀)은 다른 팀이 새로운 접근 방식을 학습하거나 적용하는 것을 촉진한다.

위 3가지 핵심 범주 이외의 상호 작용은 불필요하다. 다시 말해, 다른 상호 작용을 선택했다면 팀의 책임 경계를 잘못 결정하고 팀의 목적을 잘못 이해한 것이다.

팀 최우선 사고: 인지 부하, 팀 API, 팀 규모 아키텍처

목적의 명확성을 높이고 팀의 책임 경계를 설정하려면 기본 팀 유형 하나와 상호 작용 모드 하나를 선택한다. 팀 토폴로지는 지속 가능한 소프트웨어 전달을 위한 강력한 결과를 도출하는 팀 관련 기준을 추가적으로 제공해 **팀 최우선** 접근 방식을 한층 강화한다.

팀 토폴로지 접근 방식에서는 팀을 전달의 기본 수단으로 간주한다. 여기에서 팀이란 단순히 동일한 관리자를 둔 개인의 집합이 아니라, 그 자체로 학습과 목표, 임무 및 합리적 자율성을 지닌 개체를 의미한다. 팀은 학습과 전달을 동시에 수행함으로써, 단순한 개인 집단보다 훨씬 나은 성과를 낸다. 팀은 자신이 개발한 코드와 산출 문서, 온보딩 프로세스, 대면 및 채팅 도구를 사용한 다른 팀과의 상호 작용, 다른 팀의 구성원이 해당 팀의 구성원과 상호 작용에 필요한 모든 것을 외부 API로 간주한다.

소프트웨어 규모가 급격히 커지면서 팀을 압도하는 일이 발생하지 않도록 하려면, 한 하위시스템(혹은 컴포넌트) 규모를 한 팀이 관리할 수 있는 수준으로 제한해야 한다. 특히, 한 팀이 견딜 수 있는 최대 인지 부하를 절대로 초과하지 않도록 해야 한다. 팀 전체가 복잡성과 정신적 오버헤드를 감당할 수 있어야 한다. 이런 **팀 규모 아키텍처**는 가장 먼저 사람에 집중한다. 이는 소프트웨어 아키텍처에 있어, 기술에 집중하는 모놀리식 혹은 마이크로서비스 아키텍처보다 훨씬 지속 가능하며 인간적인 접근 방법이다.

전략적인 콘웨이의 법칙 적용

1968년, 멜 콘웨이는 조직의 커뮤니케이션 구조와 그 조직이 만든 시스템 설계의 관계에 대해 놀라운 통찰력을 제공했다. 그리고 그 통찰력은 오늘날의 소프트웨어 기반 조직에게 강력한 유인enabler(그리고 제약constraint)이 됐다. '설계자designer들 사이에서 필요한 보다 효율적인 커뮤니케이션을 허용하는 기법으로 이어지는 연구는 시스템 관리 기술 분야에서 중요한 역할을 할 것이다.'[1]

오늘날의 컨텍스트 혹은 용어들과 비교해 보면, **설계자들**은 **소프트웨어 팀**으로 대체할 수 있다. 다시 말해 팀 구조를 변경하고 팀 간 커뮤니케이션을 촉진(혹은 의도적으로 제한)함으로써 프로덕션 환경에서 더 잘 동작하며, 시간이 지남에 따라 자연스럽게 시스템을 구현할 기회를 얻게 된다. 협력하는 정도가 증가하는 만큼 커뮤니케이션의 빈도가 증가하는 것은 아니다. 시스템의 다른 부분을 독립적으로 짧은 리드 타임에 배포할 수 있음을 안다면, 이를 위해 작은 규모의 결합되지 않는 서비스를 사용하기로 결정할 것이다. 팀 역시 명확한 책임 경계가 있는 소규모의 결합되지 않은 형태로 만들어야 한다.

성과 중심 조직이라 할지라도 그들이 가진 팀 구조 때문에 효과적인 기술이나 프랙티스 도입을 방해받을 수 있다. 예를 들어, 소프트웨어 아키텍트에 의한 대규모의 초기 설계는 팀의 커뮤니케이션 방법에 맞춰 설계되지 않는 한 반드시 실패한다.

마이크로서비스와 같은 클라우드 소프트웨어를 구현하고 운영하는 접근 방식에서는 향상된 배포성^{deployability}과 함께 개인 규모 기능의 필요를 수용한다. 팀은 조립 부문 작업자처럼 취급받기보다 코드의 구성 요소를 이해하고 오너십을 느낄 때, 시스템을 혁신하고 지원할 가능성이 더욱 크다. 약속 이론(7장 참조)과 같은 접근 방식을 사용함으로써 팀이 일상에서 코드와 API에 대한 오너십을 높이도록 할 수 있다. 그러므로 자체 소프트웨어 시스템을 개발하고 운영하는 조직이라면 반드시 과거 조직들이 그랬던 것과는 완전히 다르게 바꿔야 한다. 팀 구조는 필요한 소프트웨어 아키텍처나 의도치 않았던 설계를 만들어 낼 리스크와 일치해야 한다.

적응력과 감지를 위해 조직 설계를 발전시켜라

조직은 특정한 시점에서 필요한 팀 구조를 고려할 뿐만 아니라, 팀 구조와 커뮤니케이션 경로가 기술적·조직적 성숙도를 따라 함께 변화하도록 해야 한다. 기술 발견 및 제품 발견 시기에는 성공하기 위해 전형적으로 높은 수준의 협력 환경(흐릿한 팀 경계)이 필요하다. 그러나 발견이 완료된 시점(기술과 제품이 만들어진 시점) 이후에도 동일한 구조를 고집하는 것은 노력을 낭비할 뿐만 아니라, 오히려 오해를 초래한다. 특히, 팀 간 협력을 통해 새로운 패턴을 발견하고 모델을 구축했다면, 이를 하위 수준 플랫폼이나 지원 도구로 바꿔야 한다.

팀 토폴로지는 고정된 것이 아니라, 상황에 따라 변화할 수 있어야 하고 변화해야만 한다. 특정한 시점에서 조직의 필요에 적합한 기본 팀 토폴로지와 상호 협력 모드가 어떤 것인지 결정하는 데는 수많은 요소가 고려돼야 한다.

팀 토폴로지만으로 IT 효과를 달성하긴 충분하지 않다

소프트웨어 시스템에 관한 팀 토폴로지 접근 방식은 많은 조직에 통찰력을 제공해 큰 걸음을 내디딜 수 있게 한다. 서로 다른 팀 조합과 상호 작용이 어떤 이유로 어떻게 효과를 발휘하는지, 이들을 언제 활용하는지와 같은 구체적 상황에 적용 가능한 실질적 조언과 유형들을 제공한다.

그러나 팀 토폴로지만으로 효과적으로 소프트웨어를 전달하고 운영하는 조직을 만들기는 충분하지 않다. 이 책에서 제시한 구조와 역동 이외에도, 다양한 성공 요인이 존재한다. 이 요인에는 다음도 포함된다.

- **건강한 조직 문화**: 개인과 팀의 전문적 개발을 지원하는 환경이 필요하다. 이런 환경 속에서 구성원들은 문제에 관해 이야기할 수 있는 권한을 부여받은 동시에 안전성을 보장받았다고 느낀다. 또한 조직은 지속적으로 학습한다.
- **훌륭한 엔지니어링 프랙티스**: 시스템의 모든 영역에 대한 테스트 우선 설계와 개발 적용, 지속적 전달과 운영 프랙티스,

페어링 및 몹 코드 리뷰, 오류의 단일 **근본 원인** 찾기 금지, 테스트 가능한 설계 등의 프랙티스를 실천한다.

- **건강한 자금 및 재무 프랙티스**: IT 조직의 각 부분 사이의 자본 지출^{CapEx}과 운영 지출^{OpEx} 구분에 의한 역효과를 피하고(혹은, 업무 샘플링에 의한 CapEx 및 OpEx 추정을 통해 지출 구분과 관련된 최악의 상황 완화), 프로젝트 주도 데드라인과 대규모 배치 예산 책정을 하지 않으며, 개인이 아닌 팀 혹은 그룹 단위로 훈련 예산 등을 배정한다.

- **명확한 비즈니스 비전**: 경영진이나 리더십은 조직에 명확하고 모순되지 않는 비전과 방향을 제시해야 한다. 비전과 방향은 사람의 관점에서 적절한 달성 시한(3개월, 6개월 혹은 12개월 등)과 그 기반 원칙에 관한 분명한 이유가 있어야 한다. 이를 통해 조직 구성원들은 어떤 방법과 목적을 위해 그와 같은 비전과 방향을 선택했는지 이해할 수 있다.

위 항목들은 마치 정원을 만들고 가꾸는 데 필요한 요소들처럼 생각할 수 있다. 팀 토폴로지 접근 방식은 꽃과 식물들을 배치하고, 가지를 치거나 손질하는 방법을 알려주는 설명서이다. 문화, 엔지니어링, 재무 요소들은 꽃과 식물들이 건강하게 자라도록 돕는 토양, 물, 비료와 같다.

건강하지 않은 문화나 잘못된 엔지니어링 프랙티스, 부정적 재무는 정원에 독과 같이 작용한다. 팀 토폴로지가 아무리 훌륭한 가지치기나 손질 방법을 제공한다고 하더라도, 환경 요소가 좋지 않으면 소프트웨어는 번성하지 못한다.

명확한 비즈니스 비전의 부재는 원예팀에게 정원을 만드는 목적에 대해 아무런 설명도 없이 단지 **정원을 만들라**고 요구하는 것과 같다. 정원에서 과일이나 채소를 기를 것인가? 다채로운 색상의 꽃들을 1년 내

내 기를 것인가, 아니면 여름에만 기를 것인가? 정원을 명상하는 데 사용할 것인가, 혹은 다른 목적으로 사용할 것인가? 명확한 조직 목적과 비전은 조직 내 모든 구성원이 그 목적을 달성하기 위한 행동의 컨텍스트를 만든다.

다음 단계: 팀 토폴로지 적용 시작하기

1: 팀과 함께 시작하라

우선 조직 스스로 다음 질문을 던져라.

'다음을 달성하려면 팀에 무엇이 필요한가?'

- 하나의 효과적인 팀으로 행동하고 운영한다.
- 소프트웨어 일부를 효과적으로 소유한다.
- 사용자 필요를 만족시키는 데 집중한다.
- 불필요한 인지 부하를 줄인다.
- 다른 팀이 만든 소프트웨어나 정보를 소비하거나, 반대로 다른 팀에게 소프트웨어나 정보를 제공한다.

위 질문에 솔직하게 대답함으로써 사무 공간, 개발자 도구, 플랫폼 사용성, 현실적 하위시스템과 도메인 분할, 팀 친화적 아키텍처, 풍부한 측정 기법 등에 팀 최우선 접근 방식을 적용할 수 있다.

팀에서 시작해 현대 소프트웨어의 빠른 흐름이 지닌 다른 중요한 측면들(스트림 정렬, 플랫폼, 그리고 다른 팀의 업무를 지원하고 개선하는 추가적 역량)도 다룰 수 있다.

2: 적합한 변화 스트림을 식별하라

다음으로 각 조직은 가장 중요한 변화가 흘러가는 **파이프**와 같이 작용하는 변화 스트림 집합을 선택해야 한다. 이 스트림들은 조직 내 흐름에서 가장 중요한 부분으로, 조직 내 모든 업무는 이 스트림 집합 흐름이 잘 흐르도록 (직간접적으로) 지원하는 방향으로 진행돼야 한다. 스트림 집합의 선택은 조직 특성과 연관될 때가 많으나, 전형적으로 다음과 같은 스트림 유형이 있다.

- **정부 온라인 서비스에서의 시민 대상 태스크**: 여권 신청, 세금 납부 혹은 의료 보험 등록 등(태스크 중심 스트림)
- **비즈니스 뱅킹 제품**: 온라인 재무 관리, 은행 거래 자동화, 고객 청구(역할 중심 스트림)
- **온라인 티켓 구매**: 티켓 검색, 티켓 구매, **내 계정** 관리 및 환불 (활동 스트림)
- **지역별 제품**: 유럽 시장, 북미 시장, 아시아 시장 등(지역 스트림)
- **시장 세그먼트**: 고객, 중소 비즈니스, 기업, 대기업(사용자 유형 스트림)

스트림 정렬팀은 여러분이 식별한 스트림에 정렬돼야 한다. 상위 수준 스트림은 조직의 핵심 **변화 압력**change pressure과 일치해야 한다. 명확하거나 분명한 변화 스트림 집합을 아직 확인하지 못했다면 다른 어떤 것보다 이를 먼저 확인하는 것이 좋다.

3: 최박 기능 플랫폼을 식별하라

조직과 가장 관련성이 높은 스트림을 확인했다면, 다음으로 그 스트림에서 신뢰할 만한, 그리고 신속한 변화의 흐름을 지원하는 데 필요한 서비스를 확인하라. 실제로 이런 서비스들은 그 스트림이 의존하는 플랫폼을 생성하지만 5장에서 언급한 것처럼 한 플랫폼에 대규모 투자를 할 필요는 없다. 반대로 플랫폼은 스트림에서 필요한 흐름을 만족시킬 수 있을 만큼의 규모를 갖추는 것이 좋다. 팀이 기반 서비스를 활용하는 데 도움을 주는 위키 문서에서 스트림 정렬팀의 전문적 요구를 만족시키는 데 알맞은 사내 맞춤형 기술 솔루션에 이르는 모든 것이 이에 해당할 수 있다.

자연히 플랫폼은 기술을 둘러싼 에코 시스템 진화와 함께 변화한다. 플랫폼 팀은 초기에는 맞춤형 솔루션(인프라스트럭처 프로비저닝이라고 하자)을 구축해야 했을 수 있지만, 수년이 지난 후에는 업계 트렌드에 더 잘 맞는 오픈소스 혹은 클라우드 솔루션을 사용할 수 있게 됨으로써 그 업무를 버릴 수도 있다.

기술은 단지 플랫폼의 일부에 불과하다. 로드맵, 유도된 변화, 명확한 문서, 개발자 경험 고려, 기반 복잡성의 적절한 캡슐화 등은 스트림 정렬팀을 위한 효과적 전달 플랫폼의 핵심 요소들이다.

4: 팀 코칭, 멘토링, 서비스 관리 및 문서화 영역에서 역량 차이를 식별하라

플랫폼을 활용함으로써 가능해진 핵심 변화 흐름에 기반한 팀 최우선 접근 방식은 조직 입장에서 좋은 시작점이다. 그러나 이 초기 단계 구축하는 데 필요한 역량과 기술은 많은 조직이 기대하는 것보다 훨씬 다양하며 일반적이지도 않다. 앞 장에서 보았듯(특히 5장과 7장), 팀은 코드나 컴퓨터 시스템에 집중하는 기술자뿐만 아니라 다른 기술을 가진 인원들을 포함해 구성해야 한다. 특히, 다음과 같은 영역을 이해하고 수행할 수 있는 구성원이 필요하다.

- 팀 코칭
- 멘토링(특별히 시니어 스태프 중에서)
- 서비스 관리(팀은 물론 프로덕션 시스템만이 아닌 모든 영역 대상)
- 잘 작성된 문서
- 프로세스 개선

조직에서 대규모 변혁을 수행하는 방법에 관한 논의는 의도적으로 생략했다. 조직 변화와 관련된 훌륭한 패턴들은 매리 린 맨스(Mary Lynn Manns)와 린다 라이징(Linda Rising)의 작업을 참조하자.[2]

위와 같은 역량들은 조직 내 팀이 팀의 프랙티스, 커뮤니케이션, 다른 팀과의 상호 작용을 지속적으로 개선하도록 도우며, 결과적으로 조직 전체가 안전하게 변화 흐름 속도를 높이도록 한다. 진지한 스포츠팀이라면 당연히 코치와 트레이너 고용을 고려할 것이다. 진지한 조직도 이와 다르지 않다.

5: 다양한 상호 작용 모드를 공유하고 연습하라. 그리고 새로운 업무 방식의 원칙들을 설명하라

실제로 많은 이들이 단 한 번도 팀 최우선 업무 방식을 경험해 보지 못했기 때문에 그들에겐 이 업무 방식이 이상하게 느껴질 것이다. 시간을 충분히 두고 팀 상호 작용 모드를 설명하고 실제로 보여 줘라. 왜 어떤 팀들은 더욱 가깝게 일하고, 또 다른 팀들은 멀리 떨어져 일하는지 설명하라. 콘웨이 법칙의 기본을 설명하고, 팀과 그 상호 작용을 섬세하게 설계하는 것이 해결책 탐색 공간을 제한하고 모두의 시간과 노력을 절약해 구현할 시스템의 소프트웨어 아키텍처를 개선하는 데 어떻게 도움을 주는지 설명하라.

팀에 관한 집중, 인지 부하의 명시적 제한, 팀 최우선 사무 공간을 적용함으로써 얻을 수 있는 소음과 방해 감소, 전방위 커뮤니케이션 제한과 같은 팀 토폴로지의 인간적 측면에 공감하라. **최박 기능 플랫폼**, 팀 및 코칭의 지원을 받는 핵심 비즈니스 스트림의 빠른 변화 흐름에 초점을 맞춰라.

무엇보다 팀 토폴로지 접근 방식이 인간과 소프트웨어 시스템, 그리고 조직 자체에 더 좋은 결과를 안겨 줬다는 점을 공유하라.

요약문

"조직은 자신의 커뮤니케이션 경로를 반영한 설계를 하도록 제약 받는다."

— **콘웨이**, 1968

팀 토폴로지는 엔터프라이즈 소프트웨어 전달에 효과적인 팀 구조에 관해 새로운 사고방식으로 접근한다. 팀 토폴로지는 일관되고 적용 가능한 가이드를 제공한다. 이 가이드에 따라 진화하는 팀을 설계하고, 기술과 사람 그리고 비즈니스 변화를 끊임없이 다룬다. 여기에는 최신 소프트웨어를 구현하고 운영하는 팀의 규모와 형태, 배치, 책임, 상호 교류 모두가 해당된다.

팀 토폴로지는 스트림 정렬stream-aligned, 플랫폼platform, 권한 부여enabling, 난해한 하위시스템complicated subsystem 등 기본 팀 유형 4가지와 협업collaboration, 엑스 애즈 어 서비스X-as-a-Service, 촉진facilitating 등 핵심 팀의 상호 작용 방식 3가지를 제공한다. 이와 함께 콘웨이의 법칙, 팀 인지 부하, 조직 감지 방법을 조합함으로써 소프트웨어 시스템을 구축하고 운영하는 데 효과적이고 인간적인 접근 방식을 취한다.

팀 토폴로지의 궁극적 목적은 팀이 고객의 요구를 제대로 반영한 소프트웨어를 만들고, 구현과 운영, 소유가 보다 쉬운 소프트웨어를 제작하도록 돕는 것이다. 팀 토폴로지는 콘웨이의 법칙에 기반한 역동적 팀 설계와 함께 솔루션을 개발하는 전략적 도구라 할 수 있다.

용어

APIapplication programming interface: 소프트웨어와 프로그래밍적으로 상호 작용하는 방법에 관한 기술 및 명세

모놀리스 애플리케이션application monolith: 여러 서비스를 노출하며 다양한 사용자가 활용하는 많은 의존성과 책임을 갖는 하나의 대규모 애플리케이션

경계 컨텍스트bounded context: 대규모 도메인(혹은 시스템) 모델을 여러 작은 부분으로 나누는 단위, 각 책임 경계는 내부적으로 일관적인 비즈니스 도메인 영역을 나타냄

브룩스의 법칙 Brooks's law: 프레드 브룩스가 주장한 개념으로 팀에 새로운 구성원을 추가하더라도 팀의 역량이 즉시 증가하지 않음을 의미함

인지 부하cognitive load: 업무 기억이 사용된 양

협력 모드collaboration mode: 팀(들)은 다른 팀과 밀접하게 함께 업무를 수행함

난해한 하위시스템 팀complicated-subsystem team: 특정한 전문 지식과 깊이 의존하는 시스템의 일부를 구현하고 유지보수하는 팀

콘웨이의 법칙 Conway's law: 멜 콘웨이가 주장한 개념으로 시스템 설계는 해당 시스템을 설계한 조직의 커뮤니케이션 구조를 복제함을 의미함

도메인 복잡도domain complexity: 소프트웨어를 사용해 해결된 문제의 복잡한 정도

던바의 수 Dunbar's number: 인류학자 로빈 던바가 주장한 개념으로 한 사람이 신뢰 가능한 사람의 수는 15명으로 제한되며 깊이 신뢰하고 알 수 있는 사람은 5명 이하임을 의미함

활성화 팀enabling team: 팀(들)은 특정 기술(혹은 제품) 도메인 전문가로 구성되며 팀 간 역량 차이를 메꾸도록 돕는 팀

외적 인지 부하extraneous cognitive load: 해당 태스크가 수행되는 환경의 측면과 관련된 인지 부하(예, '이 컴포넌트를 어떻게 다시 배포할 수 있는가?', '이 서비스는 어떻게 설정해야 하는가?' 등)

촉진 모드facilitating mode: 팀(들)은 다른 팀을 도움(혹은 도움을 받음)으로써 장애물을 제거함

변화 흐름flow of change: 소프트웨어 서비스 혹은 시스템과 관련된 업데이트 혹은 변경의 스트림. 일반적으로 사용자 목표 혹은 비즈니스의 다른 핵심 중점 영역과 정렬됨

파단면fracture plane: 소프트웨어 시스템을 둘 혹은 그 이상의 부분으로 쉽게 나눌 수 있도록 하는 자연스러운 **재봉선**

관련 인지 부하germane cognitive load: 학습을 하거나 높은 성과를 내기 위해 특별히 주의해야 할 태스크의 측면과 관련된 인지 부하(예, '이 서비스가 ABC 서비스와 어떻게 상호 작용하는가?' 등)

내적 인지 부하intrinsic cognitive load: 문제 영역의 근본적 태스크의 측면과 관련된 인지 부하(예, '자바 클래스 구조란 무엇인가?', '새로운 메서드는 어떻게 만들 수 있는가?' 등)

모놀리스 데이터베이스 결합joined-at-the-database monolith: 여러 애플리케이션 혹은 서비스로 구성돼 있으며, 이들이 모두 동일한 데이터베이스 스키마와 결합돼 있어 별도의 변경이나 테스트, 배포 등을 수행하기가 어려움

모놀리식 빌드monolithic build: 거대한 하나의 지속적 통합CI 빌드를 실행함으로써 새로운 버전을 가진 컴포넌트 하나를 얻음

모놀리식 모델monolithic model: 단 한 가지 도메인 언어 혹은 표상representation(포맷format)을 서로 다른 여러 컨텍스트에 획일적으로 적용하려는 소프트웨어

모놀리식 릴리스monolithic release: 하나로 함께 묶여서 **출시**되는 일련의 작은 컴포넌트

모놀리식 사고monolithic thinking: **어떤 상황에도 적용 가능한 단 하나**one size fits all의 방법이 존재한다는 사고방식으로 팀 간 기술과 구현 방식을 제한함

모놀리식 업무 공간monolithic workspace: 지역적으로 같은 장소에 있는 모든 팀과 개인에게 단 하나의 동일한 업무 공간 레이아웃 패턴을 적용함

조직적 감지organizational sensing: 팀 내·외부 커뮤니케이션을 조직의 **감각**sense(시각, 청각, 촉각, 후각, 미각)으로써 활용함

플랫폼 팀platform team: 스트림 정렬팀이 충분한 자율성을 갖고 업무 결과를 전달하도록 돕는 것을 목적으로 하는 팀

역 콘웨이 전략reverse Conway maneuver: 조직은 원하는 (소프트웨어) 아키텍처를 달성하기 위해 그 팀과 조직 구조를 바꿔야 함

스트림 정렬팀stream-aligned team: 가치 있는 단일 업무 스트림에 정렬된 팀

팀 APIteam API: 각 팀을 둘러싼 API

팀 토폴로지 Team Topologies: 조직 설계를 위한 모델로 핵심적인 기술 불가지론적technology agnostic 메커니즘을 제공함. 현대 소프트웨어 중심 기업은 이를 활용해 언제 전략을 변화시켜야 할지 (비즈니스 관점 혹은 기술 관점에서) 감지할 수 있음

최박 기능 플랫폼thinnest viable platform: 플랫폼 규모를 작게 유지하면서도 플랫폼 위에서 업무를 수행하는 팀들이 소프트웨어 전달을 빠르고 간단하게 할 수 있도록 세심하게 균형을 맞추는 것

엑스 애즈 어 서비스 모드X as a Service mode: 최소한으로 협력하며 무언가를 소비하거나 제공함

권장 도서

신뢰할 수 있는 빠른 흐름을 위한 핵심 관리 개념과 프랙티스

- Accelerate: The Science of Lean Software and DevOps: Building and Scaling High Performing Technology Organizations by Nicole Forsgren, PhD, Jez Humble, and Gene Kim (Portland, Oregon: IT Revolution, 2018).

- Designing Delivery: Rethinking IT in the Digital Service Economy by Jeff Sussna (Beijing: O'Reilly Media, 2015).

- Fearless Change: Patterns for Introducing New Ideas by Mary Lynn Manns and Linda Rising (Boston: Addison Wesley, 2004).

조직, 소프트웨어 및 시스템을 위한 핵심 프랙티스와 접근 방식

- Team Genius: The New Science of High-Performing Organizations by Rich Karlgaard and Michael S. Malone (New York, NY: HarperBusiness, 2015).

- Agile Development in the Large: Diving into the Deep by Jutta Eckstein (New York: Dorset House Publishing Co Inc.,US, 2004).

- Domain-Driven Design: Tackling Complexity in the Heart of Software by Eric Evans (Boston: Addison-Wesley, 2003).

- Thinking in Promises by Mark Burgess (Sebastopol, California: O'Reilly Media, 2015).

빠른 흐름을 만드는 핵심 엔지니어링 프랙티스

- Continuous Delivery: Reliable Software Releases through Build, Test, and Deployment Automation by Jez Humble and David Farley (Upper Saddle River, NJ: Addison Wesley, 2010).

- Release It! Design and Deploy Production-Ready Software by Michael T. Nygard (Raleigh, North Carolina: O'Reilly, 2018).

- Team Guide to Software Operability, Team Guide Series 1, by Matthew Skelton and Rob Thatcher (Leeds, UK: Conflux Books, 2016).

- Team Guide to Software Testability, Team Guide Series 3, by Ash Winter and Rob Meaney (Leeds, UK: Conflux Books, 2018).

- Team Guide to Software Releasability, Team Guide Series 4, by Manuel Pais and Chris O'Dell (Leeds, UK: Conflux Books, 2018).

참고 문헌

Ackoff, Russell L. Re-Creating the Corporation: A Design of Organizations for the 21st Century. Oxford: Oxford University Press, 1999.

Ackoff, Russell L., Herbert J. Addison, and Sally Bibb. Management F-Laws: How Organizations Really Work. United Kindgom, Triarchy Press, 2007.

Adams, Paul. "Scaling Product Teams: How to Build and Structure for Hypergrowth." Inside Intercom (blog). January 28, 2015. https://www.intercom.com/blog/how-we-build-software/.

Adkins, Lyssa. Coaching Agile Teams: A Companion for ScrumMasters, Agile Coaches, and Project Managers in Transition. Upper Saddle River, NJ: Addison-Wesley Professional, 2010.

Allen, Thomas J. Managing the Flow of Technology. Cambridge, MA: MIT Press, 1984.

Allspaw, John. "Blameless PostMortems and a Just Culture." Code as Craft (blog), May 22, 2012. https://codeascraft.com/2012/05/22/blameless-postmortems/.

Almeida, Thiago. "DevOps Lessons Learned at Microsoft Engineering." InfoQ, May 22, 2016. https://www.infoq.com/articles/devops-lessons-microsoft.

Ancona, Deborah Gladstein, and David F. Caldwell. "Demography and Design: Predictors of New Product Team Performance." Organization Science 3 no. 3 (1992): 321-341. https://doi .org/10.1287/orsc.3.3.321.

Axelrod, Robert A. Complexity of Cooperation: Agent-Based Models of Competition and Collaboration. Princeton, NJ: Princeton University Press, 1997.

Bauernberger, Joachim. "DevOps in Telecoms-Is It Possible?" Telecom Tech News, October 1, 2014. http://www.telecomstechnews.com/news/2014/oct/01/devops-telecoms-it-possible/.

Beal, Helen. "The Industry Just Can't Decide about DevOps Teams." InfoQ, October 26, 2017. https://www.infoq.com/news/2017/10/devops-teams-good-or-bad.

Beer, Stafford. Brain of the Firm, 2nd edition. Chichester, UK: John Wiley & Sons, 1995.

Bennett, Drake. "The Dunbar Number, From the Guru of Social Networks." Bloomberg. com, January 11, 2013. http://www.bloomberg.com/news/articles/2013-01-10/the-dunbar -number-from-the-guru-of-social-networks.

Bernstein, Ethan, John Bunch, Niko Canner, and Michael Lee. "Beyond the Holacracy Hype." Harvard Business Review, July 1, 2016. https://hbr.org/2016/07/beyond-the-holacracy-hype.

Bernstein, Ethan, Jesse Shore, and David Lazer. "How Intermittent Breaks in Interaction Improve Collective Intelligence." Proceedings of the National Academy of Sciences 115 no. 35 (August, 2018): 8734–8739. https://doi.org/10.1073/pnas.1802407115.

Bernstein, Ethan S., and Stephen Turban. "The Impact of the 'Open' Workspace on Human Collaboration." Philosophical Transactions of the Royal Society B 373 no. 1753 (2018). https:// doi.org/10.1098/rstb.2017.0239.

Betz, Charles. Managing Digital: Concepts and Practices. The Open Group, 2018.

Beyer, Betsy, Jennifer Petoff, Chris Jones, and Niall Richard Murphy (eds). Site Reliability Engineering: How Google Runs Production Systems. Sebastopol, CA: O'Reilly, 2016.

Blalock, Micah. "Of Mustard Seeds and Microservices." Credera (blog), May 6, 2015. https://www.credera.com/blog/technology-insights/java/mustard-seeds-microservices/.

Bosch, Jan. "On the Development of Software Product-Family Components." In Software Product Lines, edited by Robert L. Nord, 146–164. Berlin: Springer, 2004.

Bottcher, Evan. "What I Talk About When I Talk About Platforms." MartinFowler.com (blog), March 5, 2018. https://martinfowler.com/articles/talk-about-platforms.html.

Brandolini, Alberto. "Strategic Domain Driven Design with Context Mapping." InfoQ, November 25, 2009. https://www.infoq.com/articles/ddd-contextmapping.

Bright, Peter. "How Microsoft Dragged Its Development Practices into the 21st Century." Ars Technica, August 6, 2014. https://arstechnica.com/information-technology/2014/08/how-microsoft-dragged-its-development-practices-into-the-21st-century/.

Brooks, Fred. The Mythical Man-Month: Essays on Software Engineering. Boston, MA: AddisonWesley, 1995.

Brown, Simon. "Are You a Software Architect?" InfoQ, February 9, 2010. https://www.infoq.com/articles/brown-are-you-a-software-architect.

Bryson, Brandon. "Architects Should Code: The Architect's Misconception." InfoQ, August 6, 2015. https://www.infoq.com/articles/architects-should-code-bryson.

Burgess, Mark. Thinking in Promises: Designing Systems for Cooperation. Sebastopol, CA: O'Reilly Media, 2015.

Carayon, Pascale. "Human Factors of Complex Sociotechnical Systems." Applied Ergonomics, Special Issue: Meeting Diversity in Ergonomics 37 no. 4 (2006): 525–535. https://doi.org/10.1016/j .apergo.2006.04.011.

Casella, Karen. "Improving Team Productivity by Reducing Context Switching | LinkedIn." LinkedIn Pulse, October 26, 2016. https://www.linkedin.com/pulse/ improving–team –productivity–reducing–context–karen–casella/.

Chaudhary, Mukesh. "Working with Component Teams: How to Navigate the ComplexityScrum Alliance." ScrumAlliance.org, September 5, 2012. https://www. scrumalliance.org /community/member–articles/301.

Cherns, Albert. "The Principles of Sociotechnical Design." Human Relations 29 no. 8 (1976): 783–792. https://doi.org/10.1177/001872677602900806.

Clegg, Chris W. "Sociotechnical Principles for System Design." Applied Ergonomics 31 no. 5 (2000): 463–477. https://doi.org/10.1016/S0003–6870(00)00009–0.

Cockcroft, Adrian. "Goto Berlin–Migrating to Microservices (Fast Delivery)." Presented at the GOTO Berlin conference, Berlin, November 15, 2014. http://www.slideshare. net/adriancockcroft/goto–berlin.

Cohn, Mike. "Nine Questions To Assess Scrum Team Structure." Mountain Goat Software (blog), March 9, 2010. https://www.mountaingoatsoftware.com/blog/ nine–questions–to –assess–team–structure.

Conway, Melvin E. "How Do Committees Invent? Design Organization Criteria." Datamation, 1968.

Conway, Mel. "Toward Simplifying Application Development, in a Dozen Lessons," MelConway .com, January 3, 2017. http://melconway.com/Home/pdf/simplify.pdf.

Cooley, Faith. "Organizational Design for Effective Software Development." SlideShare, posted by Dev9Com, November 12, 2014. http://www.slideshare.net/Dev9Com/ organizational –design–for–effective–software–development.

Coplien, James O., and Neil Harrison. Organizational Patterns of Agile Software Development. Upper Saddle River, NJ: Pearson Prentice Hall, 2005.

Cottmeyer, Mike. "Things to Consider When Structuring Your Agile Enterprise." LeadingAgile (blog), February 5, 2014. https://www.leadingagile.com/2014/02/ structure–agile–enterprise/.

Coutu, Diane. "Why Teams Don't Work." Harvard Business Review, May 1, 2009. https://hbr.org/2009/05/why–teams–dont–work.

Crawford, Jason. "Amazon's 'Two-Pizza Teams': The Ultimate Divisional Organization." JasonCrawford.org (blog), July 30, 2013. http://blog.jasoncrawford.org/two-pizza-teams.

Cunningham, Ward. "Understand the High Cost of Technical Debt by Ward Cunningham -DZone Agile." Dzone.com, August 24, 2013. https://dzone.com/articles/understand-high-cost-technical.

Cusumano, Michael A. Microsoft Secrets: How the World's Most Powerful Software Company Creates Technology, Shapes Markets and Manages People, 1st Touchstone edition. New York: Simon and Schuster, 1988.

Cutler, John. "12 Signs You're Working in a Feature Factory." Hacker Noon, November 17, 2016. https://hackernoon.com/12-signs-youre-working-in-a-feature-factory-44a5b938d6a2.

Davies, Rachel, and Liz Sedley. Agile Coaching. Raleigh, NC: Pragmatic Bookshelf, 2009.

DeGrandis, Dominica. Making Work Visible: Exposing Time Theft to Optimize Workflow. Portland, OR: IT Revolution Press, 2017.

DeMarco, Tom, and Timothy Lister. Peopleware: Productive Projects and Teams, 2nd revised edition. New York, NY: Dorset, 1999.

Deming, W. Edwards. Out of the Crisis. Cambridge, MA: MIT Press, 1986.

DeSanctis, Gerardine, and Marshall Scott Poole. "Capturing the Complexity in Advnaced Technology Use: Adaptive Structuration Theory." Organization Science 5 no. 2 (May 1994): 121–147.

Dogan, Jaana B. "The SRE Model." Medium, July 31, 2017. https://medium.com/@rakyll/the-sre-model-6e19376ef986.

Doorley, Scott, and Scott Witthoft. Make Space: How to Set the Stage for Create Collaboration. Hoboken, NJ: John Wiley & Sons, 2012.

Driskell, James E., and Eduardo Salas. "Collective Behavior and Team Performance." Human Factors 34 no. 3 (1992): 277–288. https://doi.org/10.1177/001872089203400303.

Driskell, James E., Eduardo Salas, and Joan Johnston. "Does Stress Lead to a Loss of Team Perspective?" Group Dynamics: Theory, Research, and Practice 3, no. 4 (1999): 291–302.

Drucker, Peter. The Daily Drucker: 366 Days of Insight and Motivation for Getting the Right Things Done. New York: HarperCollins, 2018.

Dunbar, R. I. M. "Neocortex Size as a Constraint on Group Size in Primates." Journal of Human Evolution 22, no. 6 (1992): 469?493. https://doi.org/10.1016/0047-2484(92)90081-J.

Dunbar, Professor Robin. How Many Friends Does One Person Need?: Dunbar's Number and Other Evolutionary Quirks. London: Faber & Faber, 2010.

Eckstein, Jutta. Agile Development in the Large: Diving into the Deep. New York: Dorset, 2004.

Eckstein, Jutta. "Architecture in Large Scale Agile Development." In Agile Methods. Large-Scale Development, Refactoring, Testing, and Estimation, edited by Torgeir Dingsøyr, Nils Brede Moe, Roberto Tonelli, Steve Counsell, Cigdem Gencel, and Kai Petersen. Switzerland, Springer International Publishing, 2014.

Edmondson, Amy. "Psychological Safety and Learning Behavior in Work Teams." Administrative Science Quarterly 44 no. 2 (1999): 350-383. https://doi.org/10.2307/2666999.

Edmondson, Amy C. Managing the Risk of Learning: Psychological Safety in Work Teams. In International Handbook of Organization Teamwork and Cooperative Working, edited by Michael A. West, Dean Tjosvold, and Ken G. Smith. Hoboken, NJ: Wiley & Sons, 2003.

Edwards, Damon. "What is DevOps?" Dev2Ops.org, February 23, 2010. http://dev2ops.orgg/2010/02/what-is-devops.

The Essential Elements of Enterprise PaaS. Palo Alto, CA: Pivotal, 2015. https://content.pivotal.io/white-papers/the-essential-elements-of-enterprise-paas.

Evans, Eric. Domain-Driven Design: Tackling Complexity in the Heart of Software. Boston, MA: Addison Wesley, 2003.

Evans, William. "The Need for Speed: Enabling DevOps through Enterprise Architecture | #DOES16." SlideShare, posted by William Evans, November 2, 2016. https://www.slideshare.net/willevans/the-need-for-speed-enabling-devops-through-enterprise-architecture.

Fan, Xiaocong, Po-Chun Chen, and John Yen. "Learning HMM-Based Cognitive Load Models for Supporting Human-Agent Teamwork." Cognitive Systems Research 11, no. 1 (2010): 108-119.

Feathers, Michael. Working Effectively with Legacy Code. Upper Saddle River, NJ: Prentice Hall, 2004.

Forrester, Russ, and Allan B. Drexler. "A Model for Team—Based Organization Performance." The Academy of Management Executive 13 no. 3 (1999), 36—49.

Forsgren, PhD, Nicole, Jez Humble, and Gene Kim. Accelerate: The Science of Lean Software and Devops: Building and Scaling High Performing Technology Organizations. Portland, Oregon: IT Revolution Press, 2018.

Fowler, Martin. "Bliki: BoundedContext." MartinFowler.com (blog), January 15, 2014. https://martinfowler.com/bliki/BoundedContext.html.

Fowler, Martin. "Bliki: MicroservicePrerequisites." MartinFowler.com (blog), August 28, 2014. https://martinfowler.com/bliki/MicroservicePrerequisites.html.

Fried, Jason, and David Heinemeir Hansson. Remote: Office Not Required. NY: Crown Business, 2013.

Gothelf, Jeff, and Josh Seiden. Sense and Respond: How Successful Organizations Listen to Customers and Create New Products Continuously. Boston, Massachusetts: Harvard Business Review Press, 2017.

Greenleaf, Robert K. The Servant as Leader, Revised Edition. Atlanta, GA: The Greenleaf Center for Servant Leadership, 2015.

"Guide: Understand Team Effectiveness." re:Work website, https://rework.withgoogle.com/guides/understanding—team—effectiveness/steps/define—team/.

Hall, Jon. "ITSM, DevOps, and Why Three—Tier Support Should Be Replaced with Swarming." Medium, December 17, 2016. https://medium.com/@JonHall_/itsm—devops—and—why—the—three—tier—structure—must—be—replaced—with—swarming—91e76ba22304.

Hastie, Shane. "An Interview with Sam Guckenheimer on Microsoft's Journey to Cloud Cadence." InfoQ, October 17, 2014. https://www.infoq.com/articles/agile2014—guckenheimer.

HBS Communications. "Collaborate on Complex Problems, but Only Intermittently." Harvard Gazette (blog), August 15, 2018. https://news.harvard.edu/gazette/story/2018/08/collaborate—on—complex—problems—but—only—intermittently/.

Helfand, Heidi Shetzer. Dynamic Reteaming: The Art and Wisdom of Changing Teams. Heidi Helfand, 2018.

Hoff, Todd. "Amazon Architecture." High Scalability (blog), September 18, 2007. http://highscal ability.com/blog/2007/9/18/amazon—architecture.html.

Holliday, Ben. "A 'Service–Oriented' Approach to Organisation Design." FutureGov (blog), September 25, 2018. https://blog.wearefuturegov.com/a–service–oriented–approach–to–organisation–design–1e075be7f578.

Hoskins, Drew. "What Is It like to Be Part of the Infrastructure Team at Facebook?" Quora, last updated February 15, 2015. https://www.quora.com/What–is–it–like–to–be–part–of–the–Infrastructure–team–at–Facebook.

Humble, Jez. "There's No Such Thing as a 'Devops Team'." Continuous Delivery (blog), October 19, 2012. https://continuousdelivery.com/2012/10/theres–no–such–thing–as–a–devops–team/.

Humble, Jez, and David Farley. Continuous Delivery: Reliable Software Releases through Build, Test, and Deployment Automation. Upper Saddle River, NJ: Addison Wesley, 2010.

Humble, Jez, Joanne Molesky, and Barry O'Reilly. Lean Enterprise: How High Performance Organizations Innovate at Scale. Sebastopol, CA: O'Reilly Media, 2015.

Ilgen, Daniel R., and John R. Hollenbeck. 'Effective Team Performance under Stress and Normal Conditions: An Experimental Paradigm, Theory and Data for Studying Team Decision Making in Hierarchical Teams with Distributed Expertise'. DTIC Document, 1993. http://oai.dtic.mil/oai/oai?verb=getRecord&metadataPrefix=html&identifier=ADA284683.

Ingles, Paul. "Convergence to Kubernetes." Paul Ingles (blog), June 18, 2018. https://medium.com/@pingles/convergence–to–kubernetes–137ffa7ea2bc.

innolution. n.d. "Feature Team Definition | Innolution." Accessed October 14, 2018. https://innolution.com/resources/glossary/feature–team

"DevOps Over Coffee?Adidas." YouTube video, 32:03, posted by IT Revolution, July 3, 2018. https://www.youtube.com/watch?v=oOjdXeGp44E&feature=youtu.be&t=1071.

Jang, Sujin. "Cultural Brokerage and Creative Performance in Multicultural Teams." Organization Science 28 no. 6 (2017): 993?1009. https://doi.org/10.1287/orsc.2017.1162.

Jay, Graylin, Joanne Hale, Randy Smith, David Hale, Nicholas Kraft, and Charles Ward. "Cyclomatic Complexity and Lines of Code: Empirical Evidence of a Stable Linear Relationship." Journal of Software Engineering & Applications 2 (January): 137–143. https://doi.org/10.4236 /jsea.2009.23020.

John, Wolfgang. "DevOps for Service Providers—Next Generation Tools." Ericsson Research Blog. December 7, 2015. https://www.ericsson.com/research-blog/cloud/devops-for-service -providers-next-generation-tools/.

Johnston, Joan H., Stephen M. Fiore, Carol Paris, and C. A. P. Smith. "Application of Cognitive Load Theory to Developing a Measure of Team Decision Efficiency." Military Psychology 3 (2003). https://www.tandfonline.com/doi/abs/10.1037/h0094967.

Karlgaard, Rich, and Michael S. Malone. Team Genius: The New Science of High-Performing Organizations. New York, NY: HarperBusiness, 2015.

Kelly, Allan. Business Patterns for Software Developers. Chichester, UK: John Wiley & Sons, 2012.

Kelly, Allan. "Conway's Law v. Software Architecture." Dzone.com (blog), March 14, 2013. https://dzone.com/articles/conways-law-v-software.

Kelly, Allan. "Conway's Law & Continuous Delivery." SlideShare, posted by Allen Kelly, April 9, 2014. https://www.slideshare.net/allankellynet/conways-law-continuous-delivery.

Kelly, Allan. "No Projects—Beyond Projects." InfoQ, December 5, 2014. https://www.infoq.com/articles/kelly-beyond-projects.

Kelly, Allan. Project Myopia: Why Projects Damage Software #NoProjects. Allan Kelly: 2018.

Kelly, Allan. "Return to Conway's Law." Allan Kelly Associates (blog), January 17, 2006. https://www.allankellyassociates.co.uk/archives/1169/return-to-conways-law/.

Kersten, Mik. Project to Product: How to Survive and Thrive in the Age of Digital Disruption with the Flow Framework. Portland, OR: IT Revolution Press, 2018.

Kim, Gene, Jez Humble, Patrick Debois, and John Willis. The DevOps Handbook: How to Create World-Class Agility, Reliability, and Security in Technology Organizations. Portland, OR: IT Revolution Press, 2016.

Kim, Dr. Kyung Hee, and Robert A. Pierce. "Convergent Versus Divergent Thinking." In Encyclopedia of Creativity, Invention, Innovation and Entrepreneurship, edited by Elias G. Carayannis, 245–250. New York: Springer, 2013.

Kitagawa, Justin. "Platforms at Twilio: Unlocking Developer Effectiveness." InfoQ, October 18, 2018. https://www.infoq.com/presentations/twilio-devops

Kitson, Jon. "Squad Health Checks." Sky Betting & Gaming Technology (blog), February 1, 2017. https://technology.skybettingandgaming.com/2017/02/01/squad-health-checks/.

Kniberg, Henrik, and Anders Ivarsson. "Scaling Agile @ Spotify with Tribes, Squads, Chapters & Guilds." Crisp's Blog. October 2012. https://blog.crisp.se/wp-content/uploads/2012/11 /SpotifyScaling.pdf.

Kniberg, Henrik. "Real-Life Agile Scaling." Presented at the Agile Tour Bangkok, Thailand, November 21, 2015. http://blog.crisp.se/wp-content/uploads/2015/11/Real-life-agile-scaling.pdf.

Kniberg, Henrik. "Squad Health Check Model-Visualizing What to Improve." Spotify Labs (blog), September 16, 2014. https://labs.spotify.com/2014/09/16/squad-health-check-model/

Knight, Pamela. "Acquisition Community Team Dynamics: The Tuckman Model vs. the DAU Model." Proceedings from the 4th Annual Acquisition Research Symposium of the Naval Postgraduate School (2007). https://apps.dtic.mil/dtic/tr/fulltext/u2/a493549.pdf.

Kotter, John P. "Accelerate!" Harvard Business Review, November 1, 2012. https://hbr.org/2012/11 /accelerate.

Kramer, Staci D. "The Biggest Thing Amazon Got Right: The Platform." Gigaom, October 12, 2011. https://gigaom.com/2011/10/12/419-the-biggest-thing-amazon-got-right-the-platform/.

Laloux, Frédéric. Reinventing Organizations: An Illustrated Invitation to Join the Conversation on Next-Stage Organizations. Oxford, UK: Nelson Parker, 2016.

Lane, Kim. "The Secret to Amazon's Success-Internal APIs." API Evangelist (blog), January 12, 2012. http://apievangelist.com/2012/01/12/the-secret-to-amazons-success-internal-apis/.

Larman, Craig, and Bas Vodde. "Choose Feature Teams over Component Teams for Agility." InfoQ, July 15, 2008. https://www.infoq.com/articles/scaling-lean-agile-feature-teams.

Larman, Craig, and Bas Vodde. Large-Scale Scrum: More with LeSS. Upper Saddle River, NJ: Addison-Wesley Professional, 2016.

Leffingwell, Dean. "Feature Teams vs. Component Teams (Continued)." Scaling Software Agility (blog), May 2, 2011. https://scalingsoftwareagility.wordpress.com/2011/05/02/feature-teams-vs-component-teams-continued/.

Leffingwell, Dean. "Organizing at Scale: Feature Teams vs. Component Teams—Part 3." Scaling Software Agility (blog), July 22, 2009. https://scalingsoftwareagility. wordpress.com/2009/07/22/organizing-agile-at-scale-feature-teams-versus-component-teams-part-3/.

Leffingwell, Dean. Scaling Software Agility: Best Practices for Large Enterprises. Upper Saddle River, NJ: Addison-Wesley Professional, 2007.

Lencioni, Patrick M. The Five Dysfunctions of a Team: A Leadership Fable. San Francisco, CA: John Wiley & Sons, 2002.

Leveson, Nancy G. Engineering a Safer World: Systems Thinking Applied to Safety. Cambridge, MA: MIT Press, 2017.

Levina, Natalia, and Emmanuelle Vaast. "The Emergence of Boundary Spanning Competence in Practice: Implications for Information Systems' Implementation and Use." MIS Quarterly 29 no. 2 (June 2005): 335-363. https://papers.ssrn.com/abstract=1276022.

Lewis, James. "Microservices and the Inverse Conway Manoeuvre?James Lewis." YouTube video, 57:57, posted by NDC Conferences, February 16, 2017. https://www.youtube.com/watch?v=uamh7xppO3E.

Lim, Beng-Chong, and Katherine J. Klein. "Team Mental Models and Team Performance: A Field Study of the Effects of Team Mental Model Similarity and Accuracy." Journal of Organizational Behavior 27, no. 4 (June 1, 2006): 403?418. https://doi.org/10.1002/job.387.

Linders, Ben. "Scaling Teams to Grow Effective Organizations." InfoQ, August 11, 2016. https://www.infoq.com/news/2016/08/scaling-teams.

Long, Josh. "GARY (Go Ahead, Repeat Yourself)." Tweet @starbuxman, May 25, 2016. https://twitter.com/starbuxman/status/735550836147814400.

Lowe, Steven A. "How to Use Event Storming to Achieve Domain-Driven Design." TechBeacon, October 15, 2015. https://techbeacon.com/introduction-event-storming-easy-way-achieve -domain-driven-design.

Luo, Jiao, Andrew H. Van de Ven, Runtian Jing, and Yuan Jiang. "Transitioning from a Hierarchical Product Organization to an Open Platform Organization: A Chinese Case Study." Journal of Organization Design 7 (January): 1. https://doi.org/10.1186/s41469-017-0026-x.

MacCormack, Alan, John Rusnak, and Carliss Y. Baldwin. "Exploring the Structure of Complex Software Designs: An Empirical Study of Open Source and Proprietary Code." Management Science 52, no. 7 (2006): 1015–1030. https://doi.org/10.1287/mnsc.1060.0552.

MacCormack, Alan, Carliss Y. Baldwin, and John Rusnak. "Exploring the Duality Between Product and Organizational Architectures: A Test of the 'Mirroring' Hypothesis." Research Policy 41, no. 8 (October 2012): 1309–1024. http://www.hbs.edu/faculty/Pages/item.aspx?num=43260.

Malan, Ruth. "Conway's Law." TraceintheSand.com (blog), February 13, 2008. http://traceinthe sand.com/blog/2008/02/13/conways-law/.

Manns, Mary Lynn, and Linda Rising. Fearless Change: Patterns for Introducing New Ideas. Boston, MA: Addison Wesley, 2004.

Marshall, Bob. "A Team Is Not a Group of People Who Work Together. A Team Is a Group of People Who Each Put the Team before Themselves." Tweet, @flowchain sensei, October 29, 2018. https://twitter.com/flowchainsensei/status/1056838136574152704.

McChrystal, General Stanley, David Silverman, Tantum Collins, and Chris Fussell. Team of Teams: New Rules of Engagement for a Complex World. New York, NY: Portfolio Penguin, 2015.

Meadows, Donella. Leverage Points: Places to Intervene in a System. Hartland, VT: Sustainability Institute, 1999. http://donellameadows.org/wp-content/userfiles/Leverage_Points.pdf.

"Microservices: Organizing Large Teams for Rapid Delivery." SlideShare, posted by Pivotal, August 10, 2016. https://www.slideshare.net/Pivotal/microservices-organizing-large-teams-for-rapid-delivery.

Mihaljov, Timo. "Having a Dedicated DevOps Person Who Does All the DevOpsing Is like Having a Dedicated Collaboration Person Who Does All the Collaborating." Tweet. @noidi. April 14, 2017. https://twitter.com/noidi/status/852879869998501889.

Miller, G. A. "The Magical Number Seven, Plus or Minus Two: Some Limits on Our Capacity for Processing Information." Psychological Review 63 no. 2 (1956): 81–97.

Minick, Eric. "The Goal for a 'DevOps Team' Should Be to Put Itself out of Business by Enabling the Rest of the Org." Tweet, @ericminick, October 8, 2014. https://twitter.com/ericminick/status/517335119330172930.

Minick, Eric, and Curtis Yanko. "Creating a DevOps Team That Isn't Evil." SlideShare, posted by IBM Urban Code Products, March 5, 2015. http://www.slideshare.net/Urbancode/creating-a-devops-team-that-isnt-evil.

Mole, David. "Drive: How We Used Daniel Pink's Work to Create a Happier, More Productive Work Place." InfoQ, September 10, 2015. https://www.infoq.com/articles/drive-productive-workplace.

Morgan-Smith, Victoria, and Matthew Skelton. Internal Tech Conferences. Leeds, UK: Conflux Digital, 2019.

Morris, Kief. Infrastructure as Code: Managing Servers in the Cloud. Sebastopol, CA: O'Reilly Media, 2016.

Munns, Chris. "Chris Munns, DevOps @ Amazon: Microservices, 2 Pizza Teams, & 50 Million Deploys per Year." SlideShare.net, posted by TriNimbus, May 6, 2016. http://www.slideshare.net/TriNimbus/chris-munns-devops-amazon-microservices-2-pizza-teams-50-million-deploys-a-year.

Murphy, Niall. "What is 'Site Reliability Engineering'?" Landing.Google.com, https://landing.google.com/sre/interview/ben-treynor.html.

Murphy, Niall and Ben Treynor. "What is 'Site Reliability Engineering'?" Landing.Google.com (blog), accessed March 21, 2019. https://landing.google.com/sre/interview/ben-treynor .html.

Narayan, Sriram. Agile IT Organization Design: For Digital Transformation and Continuous Delivery. New York: Addison-Wesley Professional, 2015.

Neumark, Peter. "DevOps & Product Teams-Win or Fail?" InfoQ, June 29, 2015. https://www.infoq.com/articles/devops-product-teams.

Netflix Technology Blog. "Full Cycle Developers at Netflix?Operate What You Build." Medium.com, May 17, 2018, https://medium.com/netflix-techblog/full-cycle-developers-at-netflix-a08c31f83249.

Netflix Technology Blog. "The Netflix Simian Army." Netflix TechBlog, July 19, 2011. https://medium.com/netflix-techblog/the-netflix-simian-army-16e57fbab116.

Newman, Sam. Building Microservices: Design Fine-Grained Systems. Sebastopol, CA: O'Reilly Media, 2015.

Newman, Sam. "Demystifying Conway's Law." ThoughtWorks (blog) June 30, 2014. https://www.thoughtworks.com/insights/blog/demystifying-conways-law.

Nygard, Michael. "The Perils of Semantic Coupling–Wide Awake Developers." MichaelNygard .com (blog), April 29, 2015. http://michaelnygard.com/blog/2015/04/the–perils–of –semantic–coupling/.

Nygard, Michael T. Release It! Design and Deploy Production–Ready Software, 2nd edition. Raleigh, North Carolina: O'Reilly, 2018.

O'Connor, Debra L., and Tristan E. Johnson. "Understanding Team Cognition in Performance Improvement Teams: A Meta–Analysis of Change in Shared Mental Models." Proceedings of the Second International Conference on Concept Mapping (2006). https://pdfs.semanticscholar.org/4106/3eb1567e630a35b4f33f281a6bb9d193ddf5.pdf.

O'Dell, Chris. "You Build It, You Run It (Why Developers Should Also Be on Call)." Skelton Thatcher.com (blog), October 18, 2017. https://skeltonthatcher.com/blog/build–run–developers–also–call/.

Overeem, Barry. "How I Used the Spotify Squad Health Check Model–Barry Overeem–The Liberators." BarryOvereem.com (blog), August 7, 2015. http://www.barryovereem.com/how–i–used–the–spotify–squad–health–check–model/.

Pais, Manuel. "Damon Edwards: DevOps is an Enterprise Concern" InfoQ, May 31, 2014. https://www.infoq.com/interviews/interview–damon–edwards–qcon–2014.

Pais, Manuel. "Prezi's CTO on How to Remain a Lean Startup after 4 Years." InfoQ, October 5, 2012. https://www.infoq.com/news/2012/10/Prezi–lean–startup.

Pais, Manuel, and Matthew Skelton. "The Divisive Effect of Separate Issue Tracking Tools." InfoQ, March 22, 2017. https://www.infoq.com/articles/issue–tracking–tools.

Pais, Manuel, and Matthew Skelton. "Why and How to Test Logging." InfoQ, October 29, 2016. https://www.infoq.com/articles/why–test–logging.

Pearce, Jo. "Day 3: Managing Cognitive Load for Team Learning." 12 Devs of Xmas (blog), December 28, 2015. http://12devsofxmas.co.uk/2015/12/day–3–managing–cognitive–loa–for–team–learning/.

Pearce, Jo. "Hacking Your Head : Managing Information Overload (Extended)." SlideShare, posted by Jo Pearce, April 29, 2016. https://www.slideshare.net/JoPearce5/hacking–your–head–managing–information–overload–extended.

Perri, Melissa. Escaping the Build Trap: How Effective Product Management Creates Real Value. Sebastopol, CA: O'Reilly, 2018.

Pflaeging, Niels. Organize for Complexity: How to Get Life Back Into Work to Build the High-Performance Organization, 1st edition. Germany: BetaCodex Publishing, 2014.

Pflaeging, Niels. "Org Physics: The 3 Faces of Every Company." Niels Pflaeging (blog), March 6, 2017. https://medium.com/@NielsPflaeging/org-physics-the-3-faces-of-every-company-df16025f65f8.

Phillips, Amy. "Testing Observability." InfoQ, April 5, 2018. https://www.infoq.com/presentations /observability-testing.

Pink, Daniel. Drive: The Surprising Truth About What Motivates Us. New York: Riverhead Books, 2009.

Raymond, Eric. The New Hacker's Dictionary, 3rd Edition. Boston, MA: MIT Press, 1996.

Reed, J. Paul. "Blameless Postmortems Don't Work. Be Blame-Aware but Don't Go Negative." TechBeacon, March 22, 2016. https://techbeacon.com/blameless-postmortems-dont-work-heres-what-does.

Reinertsen, Donald. The Principles of Product Development Flow: Second Generation Lean Product Development. Redondo Beach, CA: Celeritas Publishing, 2009.

Rensin, Dave. "Introducing Google Customer Reliability Engineering." Google Cloud Blog, October 10, 2016. https://cloud.google.com/blog/products/gcp/introducing-a-new-era-of-customer-support-google-customer-reliability-engineering/.

Roberts, John. The Modern Firm: Organizational Design for Performance and Growth. Oxford: Oxford University Press, 2007.

Robertson, Brian J. Holocracy: The New Management System for a Rapidly Changing World. NY: Henry Holt, 2015.

Rock, David, and Heidi Grant. Why Diverse Teams Are Smarter. Cambridge, MA: Harvard Business Review, 2016.

Rother, Mike. Toyota Kata: Managing People for Improvement, Adaptiveness and Superior Results. New York: McGraw-Hill Education, 2009.

Rozovsky, Julia. "Re:Work-The Five Keys to a Successful Google Team." re:Work (blog), November 17, 2015. https://rework.withgoogle.com/blog/five-keys-to-a-successful-google-team/.

Rubin, Kenneth S. Essential Scrum: A Practical Guide to the Most Popular Agile Process. Upper Saddle River, NJ: Addison Wesley, 2012.

Rummler, Geary, and Alan Brache. Improving Performance: How to Manage the White Space on the Organization Chart, 3rd edition. San Francisco, CA: Jossey–Bass, 2013.

Salas, Eduardo, and Stephen M. Fiore, eds. Team Cognition: Understanding the Factors That Drive Process and Performance. Washington, DC: American Psychological Association, 2004.

Scholtes, Ingo, Pavlin Mavrodiev, and Frank Schweitzer. "From Aristotle to Ringelmann: A Large–Scale Analysis of Team Productivity and Coordination in Open Source Software Projects." Empirical Software Engineering 21 no. 2 (2016): 642?683. https://doi.org/10.1007/s10664–015–9406–4.

Schotkamp, Tom, and Martin Danoesastro. "HR's Pioneering Role in Agile at ING." BCG (blog), June 1, 2018. https://www.bcg.com/en–gb/publications/2018/human-resources–pioneering–role–agile–ing.aspx.

Schwartz, Mark, Jason Cox, Jonathan Snyder, Mark Rendell, Chivas Nambiar, and Mustafa Kapadia. Thinking Environments: Evaluating Organization Models for DevOps to Accelerate. Portland, OR: IT Revolution Press, 2016.

Seiter, Courtney. "We've Changed Our Product Team Structure 4 Times: Here's Where We Are Today." Buffer (blog), October 20, 2015. https://open.buffer.com/product-team–evolution/.

Shibata, Kenichi. "How to Build a Platform Team Now! The Secrets to Successful Engineering." Hacker Noon (blog), September 29, 2018. https://hackernoon.com/how–to–build–a–platform–team–now–the–secrets–to–successful–engineering-8a9b6a4d2c8.

Simenon, Stefan, and Wiebe de Roos. "Transforming CI/CD at ABN AMRO to Accelerate Software Delivery and Improve Security." SlideShare, posted by DevOps.com, March 27, 2018. https://www.slideshare.net/DevOpsWebinars/transforming–cicd–at–abn–amro–to–accelerate–software–delivery–and-improve–security.

Sinha, Harsh. "Harsh Sinha on Building Culture at TransferWise." InfoQ, February 19, 2018. https://www.infoq.com/podcasts/Harsh–Sinha–transferwise–building-culture.

Skelton, Matthew. "How Different Team Topologies Influence DevOps Culture." InfoQ, September 2, 2015. https://www.infoq.com/articles/devops–team–topologies.

Skelton, Matthew. "How to Find the Right DevOps Tools for Your Team." TechBeacon, 2018. https://techbeacon.com/how–find–right–devops–tools–your–team.

Skelton, Matthew. "Icebreaker for Agile Retrospectives—Empathy Snap." MatthewSkelton.net (blog), November 15, 2012. http://empathysnap.com/.

Skelton, Matthew. Tech Talks for Beginners. Leeds, UK: Conflux Digital, 2018.

Skelton, Matthew. "What Team Structure Is Right for DevOps to Flourish?" Matthew Skelton.net (blog), October 22, 2013. https://blog.matthewskelton.net/2013/10/22/what-team-structure-is-right-for-devops-to-flourish/.

Skelton, Matthew. "Your Team's API Includes: – Code: REST Endpoints, Libraries, Clients, UI, Etc.—Wiki / Docs—Especially 'How To' Guides—Your Approach to Team Chat Tools (Slack/Hipchat)—Anything Else Which Other Teams Need to Use to Interact with Your Team It's Not Just about Code. #DevEx." Tweet, @matthewpskelton, July 25, 2018. https://twitter.com/matthewpskelton/status/1022111880423395329.

Skelton, Matthew, and Rob Thatcher. Team Guide to Software Operability. Leeds, UK: Conflux Books, 2016.

Skulmowski, Alexander, and Rey, Günter Daniel. "Measuring Cognitive Load in Embodied Learning Settings." Frontiers in Psychology 8 (August 2, 2017). https://doi.org/10.3389/fpsyg.2017.01191.

Smith, Steve, and Matthew Skelton, eds. Build Quality In. Leeds, UK: Conflux Digital, 2015.

Snowden, Dave. "The Rule of 5, 15 & 150." Cognitive Edge (blog), December 10, 2006. http://cognitive-edge.com/blog/logn-0-093-3-389-logcr-1-r20-764-t3410-35-p0-001/.

Sosa, Manuel E., Steven D. Eppinger, and Craig M. Rowles. "The Misalignment of Product Architecture and Organizational Structure in Complex Product Development." Management Science 50 no. 12 (December 2004): 1674–1689.

Stanford, Naomi. Guide to Organisation Design: Creating High-Performing and Adaptable Enterprises (Economist Books), 2nd Edition. London: Economist Books, 2015.

Stompff, Guido. "Facilitating Team Cognition: How Designers Mirror What NPD Teams Do." ResearchGate, September 2012. https://www.researchgate.net/publication/254831689_Facilitating_Team_Cognition_How_designers_mirror_what_NPD_teams_do.

Strode, Diane E., Sid L. Huff, Beverley Hope, and Sebastian Link. "Coordination in Co-Located Agile Software Development Projects." Journal of Systems and Software, Special Issue: Agile Development 85, no. 6 (June 1, 2012): 1222–38. https://doi.org/10.1016/j.jss.2012.02.017.

Sussna, Jeff. Designing Delivery: Rethinking IT in the Digital Service Economy. Sebastopol, CA: O'Reilly Media, 2015.

Sweller, John. "Cognitive Load During Problem Solving: Effects on Learning." Cognitive Science 12 no. 2 (1988): 257–285.

Sweller, John. "Cognitive Load Theory, Learning Difficulty, and Instructional Design." Learning and Instruction 4 (1994): 295–312.

"System Team." Scaled Agile Framework website, last updated October 5, 2018. https://www.scaledagileframework.com/system–team/.

Tuckman, Bruce W. "Developmental Sequence in Small Groups." Psychological Bulletin 63 no. 6 (1965): 384–399. https://doi.org/10.1037/h0022100.

Tune, Nick. "Domain–Driven Architecture Diagrams." Nick Tune's Tech Strategy Blog, August 15, 2015. https://medium.com/nick–tune–tech–strategy–blog/domain–driven–architecture –diagrams–139a75acb578.

Tune, Nick, and Scott Millett. Designing Autonomous Teams and Services. Sebastopol, CA: O'Reilly Media, 2017.

Urquhart, James. "Communications and Conway's Law." Digital Anatomy (blog), September 28, 2016. https://medium.com/digital–anatomy/communications–and–conways–law–6a1a9deae32.

Urquhart, James. "IT Operations in a Cloudy World." CNET, September 15, 2010. https://www.cnet.com/news/it–operations–in–a–cloudy–world/.

Wardley, Simon. "An Introduction to Wardley 'Value Chain' Mapping." CIO UK, March 19, 2015. https://www.cio.co.uk/it–strategy/introduction–wardley–value–chain–mapping–3604565/.

Wastell, Katherine. "What We Mean When We Talk about Service Design at the Co–Op." Co–Op Digital Blog, October 25, 2018. https://digitalblog.coop.co.uk/2018/10/25/what–we–mean–when–we–talk–about–service–design–at–the–co–op/.

Webber, Emily. Building Successful Communities of Practice. San Francisco, CA: Blurb, 2018.

Weinberg, Gerald M. An Introduction to General Systems Thinking. 25th Silver Anniversary Edition. New York: Dorset, 2001.

Wiener, Norbert. Cybernetics: Or Control and Communication in the Animal and the Machine, 2nd edition. Cambridge, Mass: MIT Press, 1961.

Westrum, R. 2004. "A Typology of Organisational Cultures." Quality & Safety in Health Care 13 Suppl. 2 (1961): ii22–27. https://doi.org/10.1136/qshc.2003.009522.

"What Team Structure is Right for DevOps to Flourish?" DevOpsTopologies.com, accessed March 21, 2019. http://web.devopstopologies.com.

Wiley, Evan. "Scaling XP Through Self–Similarity at Pivotal Cloud Foundry." Agile Alliance (blog), July 28, 2018. https://www.agilealliance.org/resources/experience–reports/scaling–xp–through–self–similarity–at–pivotal–cloud–foundry/.

Womack, James P., and Daniel T. Jones. Lean Thinking: Banish Waste and Create Wealth In Your Corporation. NY: Simon & Schuster/Free Press, 2003.

Zambonelli, Franco. "Toward Sociotechnical Urban Superorganisms." Computer, 2012. http://spartan.ac.brocku.ca/~tkennedy/COMM/Zambonelli2012.pdf.

노트

추천의 글

1. Conway, "How Do Committees Invent?."

들어가며

1. Skelton, "What Team Structure Is Right for DevOps to Flourish?"
2. Skelton, "How Different Team Topologies Influence DevOps Culture."

1장

1. Schwartz et al., Thinking Environments, 21.
2. Pflaeging, Organize for Complexity, 34–41.
3. Pflaeging, Organize for Complexity.
4. Laloux, Reinventing Organizations; Robertson, Holocracy.
5. Stanford, Guide to Organisation Design, 14–16.
6. Conway, "How do Committees Invent?, 31.
7. Conway, "How do Committees Invent?"; Kelly, "Conway's Law & Continuous Delivery."
8. Kelly, "Conway's Law v. Software Architecture."
9. Raymond, The New Hacker's Dictionary, 124.
10. Lewis, "Microservices and the Inverse Conway."
11. Pink, Drive, 49.

2장

1. "DevOps Over Coffee — Adidas;" Fernando Cornago, person email communication with the authors, March 2019.
2. MacCormack et al., "Exploring the Structure of Complex Software Designs," 1015–1030; MacCormack et al., "Exploring the Duality Between Product and Organizational Architectures," 1309–1024.
3. Sosa et al., "The Misalignment of Product Architecture and Organizational Structure in Complex Product Development," 1674–1689.
4. Malan, "Conway's Law."
5. Conway, "How do Committees Invent?" 28.
6. Forsgren et al., Accelerate, 63.
7. Nygard, Release It!, 4.
8. MacCormack et al., "Exploring the Structure of Complex Software Designs."

9. Roberts, The Modern Firm, 190.
10. Reinertsen, The Principles of Product Development Flow, 257.
11. Malan, "Conway's Law."
12. Kelly, "Return to Conway's Law."
13. Stanford, Guide to Organisation Design, 4.
14. Sosa et al., "The Misalignment of Product Architecture."
15. Cohn, "Nine Questions to Assess Scrum Team Structure."
16. Kniberg, "Real-Life Agile Scaling."

3장

1. Driskell and Salas, "Collective Behavior and Team Performance," 277–288.
2. McChrystal et al., Team of Teams, 94.
3. Rozovsky, "Re:Work?The Five Keys to a Successful Google Team."
4. Crawford, At opening quotes. "Amazon's 'Two-Pizza Teams.'" 5. Dunbar, "Neocortex Size as a Constraint on Group Size in Primates," 469–493.
5. Snowden, "The Rule of 5, 15 & 150;" Dunbar, How Many Friends Does One Person Need?;
6. Bennett, "The Dunbar Number, From the Guru of Social Networks;" Burgess, Thinking in Promises, 87.
7. Snowden, "The Rule of 5, 15 & 150;" Karlgaard and Malone, Team Genius, 201–205.
8. Lewis, "Microservices and the Inverse Conway Manoeuvre."
9. Munns, "Chris Munns, DevOps @ Amazon."
10. Brooks, The Mythical Man-Month.
11. Tuckman, "Developmental Sequence in Small Groups," 384–399.
12. Kelly, Project Myopia, 72.
13. Helfand, Dynamic Reteaming, 123.
14. Knight, "Acquisition Community Team Dynamics."
15. Humble et al., Lean Enterprise, 37.
16. Driskell and Salas, "Collective Behavior and Team Performance;" Rock and Grant, Why Diverse Teams Are Smarter.
17. Jang, "Cultural Brokerage and Creative Performance in Multicultural Teams," 993–1009; Carayon, "Human Factors of Complex Sociotechnical Systems," 525–535.
18. DeMarco and Lister, Peopleware, 156.
19. Stanford, Guide to Organisation Design, 287.
20. Deming, Out of the Crisis, 22.
21. Roberts, The Modern Firm, 277.

22. Sweller, "Cognitive Load During Problem Solving: Effects on Learning," 257–285.

23. Pearce, "Day 3: Managing Cognitive Load for Team Learning;" Pearce, "Hacking Your Head."

24. Driskell et al., "Does Stress Lead to a Loss of Team Perspective," 300.

25. Jay et al., "Cyclomatic Complexity and Lines of Code," 137–143.

26. MacChrystal et al., Team of Teams, 94.

27. Lim and Klein, "Team Mental Models and Team Performance," 403–418.

28. Evan Wiley, as quoted in Helfand, Dynamic Reteaming, 121.

29. Jeff Bezos, as quoted in Lane, "The Secret to Amazon's Success."

30. Axelrod, Complexity of Cooperation; Burgess, Thinking in Promises, 73.

31. Kniberg and Ivarsson, "Scaling Agile @ Spotify."

32. Kniberg and Ivarsson, "Scaling Agile @ Spotify."

33. Forsgren et al., Accelerate, 181.

34. Jeremy Brown, personal communication with the authors, March 2019.

35. Doorley and Witthoft, Make Space, 16.

36. Fried and Hansson, Remote, 91.

4장

1. Stanford, Guide to Organisation Design, 3.

2. Kniberg and Ivarsson, "Scaling Agile @ Spotify."

3. Kniberg and Ivarsson, "Scaling Agile @ Spotify."

4. Kniberg and Ivarsson, "Scaling Agile @ Spotify."

5. Forsgren et al., Accelerate, 63.

6. Skelton, "What Team Structure Is Right for DevOps to Flourish?"

7. John, "DevOps for Service Providers?Next Generation Tools."

8. Hastie, "An Interview with Sam Guckenheimer on Microsoft's Journey to Cloud Cadence."

9. Ben Treynor, as quoted in Niall Murphy, "What is 'Site Reliability Engineering'?"

10. Dogan, "The SRE Model."

11. Rensin, "Introducing Google Customer Reliability Engineering."

12. Netflix Technology Blog, "Full Cycle Developers at Netflix?Operate What You Build."

13. DeGrandis, Making Work Visible, 82.

14. Strode and Huff, "A Taxonomy of Dependencies in Agile Software Development."

15. Pulak Agrawal, personal communication with the authors, March 2019.

16. Pulak Agrawal, personal communication with the authors, March 2019.

5장

1. Luo et al., "Transitioning from a Hierarchical Product Organization to an Open Platform Organization."

2. Reinertsen, The Principles of Product Development Flow, 265.

3. Lane, "The Secret to Amazon's Success?Internal APIs;" Hoff, "Amazon Architecture."

4. Crawford, "Amazon's 'Two-Pizza Teams;'" Munns, "Chris Munns, DevOps @ Amazon."

5. Kramer, "The Biggest Thing Amazon Got Right."

6. Sussna, Designing Delivery, 148.

7. Pink, Drive, 49.

8. Eckstein, "Architecture in Large Scale Agile Development," 21-29.

9. Robert Greenleaf, The Servant as Leader.

10. DeMarco and Lister, Peopleware, 212.

11. Webber, Building Successful Communities of Practice, 11.

12. Bottcher, "What I Talk About When I Talk About Platforms."

13. Eckstein, Agile Development in the Large, 53.

14. Neumark, "DevOps & Product Teams-Win or Fail?"

15. Reinertsen, The Principles of Product Development Flow, 292.

16. Womack and Jones, Lean Thinking.

17. Urquhart, "IT Operations in a Cloudy World."

18. Kniberg, "Real-Life Agile Scaling."

19. Kelly, Business Patterns for Software Developers, 88-89.

20. Conway, "Toward Simplifying Application Development, in a Dozen Lessons."

21. Shibata, "How to Build a Platform Team Now!"

22. Shibata, "How to Build a Platform Team Now!"

23. Beer, Brain of the Firm, 238.

24. Shibata, "How to Build a Platform Team Now!"

25. Hall, "ITSM, DevOps, and Why Three-Tier Support Should Be Replaced with Swarming."

26. Forsgren et al., Accelerate, 68.

6장

1. Forsgren et al., Accelerate, 63.

2. Forsgren et al., Accelerate, 66 3. Bernstein and Turban, "The Impact of the 'Open' Workspace on Human Collaboration."

3. Evans, Domain-Driven Design.

4. Fowler, "Bliki: BoundedContext."

5. Tune and Millett, Designing Autonomous Teams and Services, 38.

6. Nygard, "The Perils of Semantic Coupling."

7. Helfand, Dynamic Reteaming, 203.

8. Hering, DevOps for the Modern Enterprise, 45.

9. Phillips, "Testing Observability."

7장

1. Bernstein et al., "How Intermittent Breaks in Interaction Improve Collective Intelligence," 8734–8739.

2. Rother, Toyota Kata, 236.

3. Kim and Pierce, "Convergent Versus Divergent Thinking," 245–250.

4. Urquhart, "Communications and Conway's Law."

5. Betz, Managing Digital, 253.

6. Burgess, Thinking in Promises, 105.

7. Reinertsen, The Principles of Product Development Flow, 233.

8. Malan, "Conway's Law."

9. Kelly, "Return to Conway's Law."

10. Helfand, Dynamic Reteaming, 121; Wiley, as quoted in Helfand, Dynamic Reteaming, 121.

11. Helfand, Dynamic Reteaming, 13.

12. Reinertsen, The Principles of Product Development Flow, 254.

8장

1. Forsgren et al., Accelerate, 63.

2. Ingles, "Convergence to Kubernetes."

3. Ingles, "Convergence to Kubernetes."

4. Sussna, Designing Delivery, 61.

5. Kotter, "Accelerate!"

6. Drucker, The Daily Drucker, 291.

7. Stanford, Guide to Organisation Design, 17.

8. Narayan, Agile IT Organization Design, 65.

9. Kim et al., The DevOps Handbook, 11.

10. Sussna, Designing Delivery, 58.

11. Narayan, Agile IT Organization Design, 31.

결론

1. Conway, "How do Committees Invent?" 31.

2. Manns and Rising, Fearless Change.

찾아보기

팀 토폴로지

빠른 업무 플로우를 만드는 조직 설계

발　행 | 2021년 1월 4일

지은이 | 매튜 스켈톤 · 마누엘 페이스
옮긴이 | 김 연 수

펴낸이 | 권 성 준
편집장 | 황 영 주
편　집 | 이 지 은
디자인 | 윤 서 빈

에이콘출판주식회사
서울특별시 양천구 국회대로 287 (목동)
전화 02-2653-7600, 팩스 02-2653-0433
www.acornpub.co.kr / editor@acornpub.co.kr

ISBN 979-11-6175-480-2
http://www.acornpub.co.kr/book/team-topologies

이 도서의 국립중앙도서관 출판시도서목록(CIP)은 서지정보유통지원시스템 홈페이지(http://seoji.nl.go.kr)와
국가자료공동목록시스템(http://www.nl.go.kr/kolisnet)에서 이용하실 수 있습니다.(CIP제어번호: CIP2020053435)

책값은 뒤표지에 있습니다.